U0683020

从1到100
用心求 变

| 你我都需要的63个持续改进与提升策略 |

Mary Lynn Manns　Linda Rising　著

Evelyn Tian　仲若冰　译

清华大学出版社

北京

内 容 简 介

在日新月异的当下，新知识，新工具，新方法，曾出不穷，如何采用适当的策略实现从个人到部门乃至整个组织的持续改进和提升，是我们每一个人在日常生活与工作中必须面对的问题。真正意义上的变，也许并不是立即着手制定上而下由粗到细的计划，也不是马上下达行动指令，而是从个人做起，逐步带领部门乃至整个组织以迭代的方式小步快跑，一边积累经验教训，一边向前推进，从而实现大范围的提升，始终保持活力与创新。

经过全球几千名变革引领者的实践证明，本书介绍的 63 个模式简单好用，行之有效，能从逻辑、情感和意愿三个方面积极拥抱变化，实现个人日常生活与工作的整体提升。

Authorized translation from the English language edition, entitled MORE FEARLESS CHANGE: STRATEGIES FOR MAKING YOUR IDEAS HAPPEN, 1E, by MANNS, MARY LYNN; RISING, LINDA, published by Pearson Education, Inc., Copyright ©2015 Pearson Education, Inc.

All rights reserved. No part of this book may be reproduced or transmitted in any form or by any means, electronic or mechanical, including photocopying, recording or by any information storage retrieval system, without permission from Pearson Education, Inc.

CHINESE SIMPLIFIED language edition published by PEARSON EDUCATION ASIA LTD., and TSINGHUA UNIVERSITY PRESS CO., LTD. Copyright ©2017.

本书简体中文版由 Pearson Education 授予清华大学出版社在中国大陆地区(不包括香港、澳门特别行政区以及台湾地区)出版与发行。未经许可之出口，视为违反著作权法，将受法律之制裁。

本书封底贴有 Pearson Education 防伪标签，无标签者不得销售。
版权所有，侵权必究。侵权举报电话：010-62782989　13701121933
北京市版权局著作权合同登记号　图字：01-2015-3022

图书在版编目(CIP)数据

从 1 到 100，用心求变：你我都需要的 63 个持续改进与提升策略/（美）玛丽莲·曼斯（Mary Lynn Manns），（美）琳达·瑞欣（Linda Rising）著；（加）伊芙琳·田（Evelyn Tian），仲若冰译. —北京：清华大学出版社，2017(2017.7 重印)
书名原文：More Fearless Change: Strategies for Making Your Ideas Happen
ISBN 978-7-302-45873-9

Ⅰ．①从… Ⅱ．①玛… ②琳… ③伊… ④仲… Ⅲ．①技术革新—研究 Ⅳ．①F062.4

中国版本图书馆 CIP 数据核字(2016)第 294598 号

责任编辑：文开琪
装帧设计：杨玉兰
责任校对：周剑云
责任印制：杨　艳
出版发行：清华大学出版社
　　　　　网　　址：http://www.tup.com.cn，http://www.wqbook.com
　　　　　地　　址：北京清华大学学研大厦 A 座　　邮　编：100084
　　　　　社　总　机：010-62770175　　　　　　　邮　购：010-62786544
　　　　　投稿与读者服务：010-62776969，c-service@tup.tsinghua.edu.cn
　　　　　质量反馈：010-62772015，zhiliang@tup.tsinghua.edu.cn
印　刷　者：北京富博印刷有限公司
装　订　者：北京市密云县京文制本装订厂
经　　销：全国新华书店
开　　本：185mm×230mm　　印　张：24　　插　页：1　　字　数：278 千字
版　　次：2017 年 3 月第 1 版　　　　　　印　次：2017 年 7 月第 2 次印刷
定　　价：69.00 元

产品编号：064916-01

译者序：用心求变

Evelyn Tian（伊芙琳·田）

国际 Scrum 联盟认证企业级教练（CEC），

敏捷领导力培训师（CALE），Scrum 讲师（CST）

作为敏捷教练，我每次参加敏捷联盟（Agile Alliance）、Scrum 联盟（Scrum Alliance）和极限编程（eXtreme Programming）等学术会的时候，都会受邀到教练诊所（Coaching Clinic）提供义务的教练服务。教练诊所是学术会主办方为参会者提供的福利之一。大家可以在大会期间前往教练诊所咨询自己所面临的状况或者一直困扰自己的问题。教练通常是 Scrum 联盟的企业级教练（Certified Enterprise Coach），在企业中的各个层次，从个人，到团队，到组织层面，都有丰富的经验和深厚的教练能力。教练通常穿着统一的 T 恤衫或带着同样的帽子。教练时间一般为 15 到 30 分钟，参会者可以预约教练或随时进入教练诊所，看哪位教练有时间提供咨询。

理工科出身的我喜欢收集数据。提供了几次这样的义工服务之后，我开始收集数据。我和大家分享一下我收集的最新数据。2016 年，我分别在英国爱丁堡（XP2016）、美国亚特兰大（Agile2016）和德国慕尼黑（Global SG 2016）学术会上提供了教练诊所服务。服务话题包括个人成长，组织转型，Scrum 相关（Scrum 事件、工件和人员等），看板和技术实践，团队发展，等等。这样的分类是按照他们自我介绍时的内容分类。通常，通过教练诊所服务之后，整个状况梳理得更加清晰。例如，有个自由敏捷教练在德国找我咨询的问题是"怎么让 CEO 帮忙写组织转型的愿景"。等快要离开时，他自己也意识到怎么写不是问题，重要的是厘清高层心中的担忧和顾虑。因此，每次教练诊所服务结束之后，我都会再次对内容进行总结和分类。

年复一年，数据都很接近：在 2016 年的 55 个教练服务话题中，有 36 个其实是关于变革管理、推广新主意以及创新的。每次教练诊所服务快要结束的时候，我都会像医生开处方一样，写下推荐的书籍，大多数时候，《拥抱变革》和《从 1 到 100，用心求变》都在我的处方单上。而且，在教练诊所服务之后的几个月之后，我总会时不时收到表达感谢的邮件，和我分享他们是如何尝试运用创新实践的，如何尝试在团队范围推广新想法及其在组织层面的影响。这也让我更加坚定地推荐《拥抱变革》及《从 1 到 100，用心求变》。也是基于这个原因，尽管飞来飞去，我仍然抽时间翻译了《拥抱变革》和《从 1 到 100，用心求变》。

　　《拥抱变革》是国际敏捷圈子里面被引用最多的书籍之一，Linda 关于拥抱变革的演讲也是连续多年大家颇为期待的主题演讲。最有趣的是这本书其实与敏捷无关，但它对敏捷圈却非常有价值。这本书就像菜谱一样，可以一页页地从头读到尾，也可以先读第 1 章，之后选择自己想读的任何章节，并且也和菜谱一样，可以几个菜谱一起组合使用。

　　《从 1 到 100，用心求变》加入了可以进一步帮助读者理解的实际经验信息，使得书中介绍的模式更有价值。如果你正在纠结于如何把新想法引入自己的工作坊或者团队与组织中，这本书可以给你很多想法，让你大步向前。如果你觉得自己很有变革管理经验，还可以用这本书充充电，让你更接近于成功，更加如鱼得水地进行变革。

　　在翻译第一本书的时候，我就想写一些模式应用心得，此外也有小伙伴请我分享变革管理心得。但当时因为要主办公司内部精益敏捷大会，还要在 Linda 抵达北京之前完成印刷，只好放弃了这个想法。幸运的是，我还有机会在三年之后翻译第二本书，这一次我留出时间来写后记，回顾和总结自己的变革经历和书中模式的运用经验，希望对大家有帮助。

　　《从 1 到 100，用心求变》的翻译应该比《拥抱变革》流畅一些，但是肯定还是有很多可以提高的地方。如果大家在阅读过程中中有任何问题或者有什么建议，请随时联系我。

很开心在翻译这本书的时候有若冰帮忙，把我尚需提高的中文流畅程度完美了许多。同时，也感谢 IBM 敏捷教练刘丛 Light Cavalry 帮忙阅读部分新增内容，提供阅读意见，指出阐述不清楚的问题。这给我们的翻译工作提供了非常宝贵的反馈信息，让我们有机会提高翻译内容的可读性。在此特别表示感谢。

最后我要感谢我的家人。谢谢 Adam 对妈妈无条件的关心和支持。尽管远在法国读书，但还是为我提供精神上的鼓励。在我纠结是否有时间翻译的时候，Adam 说："妈妈，如果你觉得这本书翻译之后，对中文读者更有帮助，那你再忙些也是值得的！"还要感谢我的另一半 Jonas 对我一如既往的支持。由于工作原因，我经常穿梭于三大洲，聚少离多，我们在一起的时间非常有限，但他还是支持我腾出时间做工作之外但有意义的事情。同时，他是一个大规模组织转型（可能算是大规模，大约一万员工）的引领者，对变革管理也有自己独特的经验和见解，每次讨论都让我受益匪浅。谢谢你们，你们的爱和支持让我持续向前。

推荐序：变什么，怎么变

Tim Lister（蒂姆·李斯特）

纽约大西洋系统协会（The Atlantic Systems Guild）

第一眼看到这本书的英文书名 More Fearless Change 时，说不定你会觉得它是以前那本书 Fearless Change 的后续版本。不过呢，没有读过那本书，问题也不大。你完全可以从这本书开始，因为这本书就是希望可以成为一本独立使用的指导用书，对实用性强且可以灵活运用的策略和战术进行汇总，从而帮助读者真正实现变革，让好的、新的想法落地变成现实，加大成功的可能性，顺利达成既定的目标。

本书不提供变革具体步骤和配方，两位作者在变革方面有丰富的经验，所以她们没有授之以鱼，而是授之以渔，提供的是引导变革的有效方式和方法。这也是一本关于模式的书，书中包含很多有价值的模式，可以信手拈来，加以审视之后，再根据具体情况来决定某个模式是否可以帮助自己在组织内部沟通和落实新的想法。战术和策略可以根据组织的具体情景而变化。如果你看到可以促进组织长期健康发展的需求或机遇，希望自己的想法可以在组织内部顺利实施，再加上自己也愿意为此努力，那么我们有理由相信这本书可以为你提供指导和帮助，可以为你提供成功的钥匙。

说真的，这本书，我建议你至少读两遍，读的时候换换角度。读第一遍的时候，可以试着选择变革引导这个有安全感的视角：看出需要变革的苗头，自己正好也有可以促成其落地的想法。你希望说服身边的人加入自己的行列，一起投入时间、精力甚至金钱，使这个想法生根发芽，最后结出胜利的果实。

读第二遍的时候，换一个可能有些令人生畏的角度：读完第一遍之后，尽量不要马上重新开始读第二遍，至少一周以内不看。之后，重新开始读，这一次，不要把自己当作变革引导者，而是想象自己正在经历变革。如果有一定的工作资历，可能可以从自己的亲身经历中挑一个真实的事件；如果没有，也可以大胆虚构一个场景来体会这些模式的具体运用。

设想一下这样的例子，你的工作已经外包了，公司打算让你前往外包公司任职，新的工作地点在<某个对你来说很不方便的距离较远的地方>。你发现这些要求基本上还算是合理，也理解公司正在实施的商业计划，你知道这绝不是在肆无忌惮地赶自己走。总之，你理解公司的这种举措。那么，你希望公司如何对待自己呢？你希望获得哪些信息？从哪里了解这方面的信息？你希望得到哪些承诺？你需要多长时间来做决定？

在现实世界的背景下，本书就好比是一幅三维立体图。首先，你觉得它可以帮助自己落实新的想法。之后，你会发现它还可以进一步帮助自己理解人们在面对变革时可能有的各种复杂的反应。对于常规意义上的变革管理，两位作者的态度真诚而公正。变革管理其实并不是所谓的变革"管理"。她们倡导的是"变革"，每一个敏锐、感性而真性情的人都可以从自己的过往经历中获得个人经验和工作经验。**这本书的主张是改变思维意识和行为方式，提出变革管理要解决的不是"管理"问题，而是"变革"的问题，所以这本书的价值在于可以为我们每一个人提供帮助**[编注：这也是英文版书名为 More Fearless Change（意为"掌握更多招式，影响更多人，大家一起变得更从容"）以及中文版书名为《从 1 到 100，用心求变：你我都需要的 63 个持续改进与提升策略》的原因]。现在，我们大家一起来读一读这本书。至于本书的前一版本《拥抱变革》（*Fearless Change*），我相信你总有一天会回头读一读的。

中文版序：变的三个层次

刘朋，诺基亚成都研发中心

2015 年，第一次在赫尔辛基 XP2015 学术会议的"拥抱变革"工作坊听琳达博士介绍组织转型模式的时候，我真的觉得这才是我自己的一个"ah-hah"（顿悟时刻）。当年初识模式，是由建筑师克里斯托弗·亚历山大（Christopher Alexander）提出并由 Erich Gamma 等四人在 1995 年引入软件设计领域，此后模式的使用一直被我们软件从业人员局限于设计模式领域内。琳达和玛丽莲别出心裁，以创新方式把模式引入推动组织变革当中，并借由《拥抱变革》一书的发行，让更多的人体会到这些组织变革模式的巨大价值。十年之后，两位作者再一次带来此书的升级版，我正好有幸在第一时间通读英文原版，在享受了一次模式大餐之余，脑海中印象最深的，就是这个"变"字。

第一层的变，是思维方式之变。我想很多软件从业人员似乎都和我一样，往往都将模式（pattern）等同于设计模式（design pattern）。玛丽莲和琳达不正是应用创新者模式以创新方式把模式引入组织变革领域了吗？反观两位作者引入这个变革之初，不正是践行创新者模式中的"在组织中引发大家对新想法的兴趣"（琳达在 1996 年的 OOPSLA 学术会议上主持了一个工作坊，主题为如何把模式引入工作过程）并"向喜欢尝新的同事寻求帮助"（琳达在 2000 年的 ChiliPLoP 学术会议上，在讨论改进后的模式的同时，还让参与者齐心协力将所有模式整合为一个模式语言雏形）。有了这个思维方式之变，我突然发现自己也开始不知不觉地在工作中运用这些模式。我仍然清晰地记得**准备食物**让我所在 Scrum 团队的 **Retro**spective 会议变得不再争锋相对和咄咄逼人，而是充满了趣味和欢乐。同时，我也体会到了**集体形象**和**表达感谢**在帮助我以研发经理的身份顺利融入一个新团队之初的巨大价值。同时，我也非常吃惊地发现，我开始不自觉地在更多新的领域寻找更多的模式，例如软件团队的领导力提升领域。答案终于由琳达在本书中揭晓："认知科学家发现，人类大脑本身就倾向寻找模式，即使只是一些随机和孤立的事件。"有了这个思维方式的改变，模式的神奇力量就被激活了。

第二层的变，是模式本身之变。本书从英文书名来看，似乎是前一本的续集。实际上，本书的确有一些新的模式，与此同时，更精彩的是对之前的模式提供了更多的洞见。正如两位作者指出的，模式是灵活的，而非一成不变。这也和我自己的实践经验相吻合：例如**走廊政治**，并非在做重大决定之前需要和每一个拥有决策权的人一一进行非正式的沟通，而是利用四两拨千斤的 80∶20 原则，和少数关键决策者（作者在书中提到的魔数是 3 个）进行非正式的事前沟通，一样能够达到期望的影响力效果。同时，对模式的理解并非只有一个标准答案。在我们每一个模式使用者的实践中，只要能够起到预期的效果，就说明模式是有效的。在这里，效果比所谓对模式的"正确理解"更为重要。

这恰好也引出了我想说的第三层的变，也是最重要的变，就是我们所有希望应用这些模式的人自身的改变。正如作者指出的，模式是简单的（simple），但绝非轻松容易的（easy）。这也符合我们中国人所谓的"知易行难"的道理。然而，就像前面提到的，最重要的不是去做模式的理论家，而是要做积极践行模式的实干家，哪怕从最最简单的模式开始。例如，我自己就是从使用**寻求帮助**和**表达感谢**开始，敢于厚着脸皮在推动变革期间去向其他同事和智者寻求帮助，或者放下架子去向下属或者同事说一声"谢谢你"，我惊喜地发现，小模式，真的引发了大不同。所以，希望你接下来继续享受本书中的模式大餐，也一定不要忘了合上书页之后亲自付诸实践。我坚信，你一定会为**小有成绩**而欣喜。做到了这一点，距离你所期望的成功变革还会远吗？

中文版序：小变化创造奇迹

张林，大卫张 33

不管从事什么工作，在经历职业发展的初期后，总会面临一个重要的问题："如何给他人带去改变？"在我所在的软件研发领域及合作过的多个行业的业务领域，许多人都觉得自己怀才不遇，其根本原因在于无法有效把自己的想法变成更多人的共识与行动，所以"才"一直都只好在自己怀里，没有入到别人心坎里，更没有落地变成真实的结果。《从1到100，用心求变》是一本让人告别怀不遇和帮助别人有效发挥个人才华的书。如果我能早点看到这本书，命运的改变也许会来得更快一些。

我一直认为自己很有才，但从未在工作中取得过对应的成功。2009年下半年，经过一年多的辗转反侧，我终于决定离开参与创业近5年的卓凡科技，挥泪告别自己的创业梦。当时已过而立之年的我，唯有开发能力上有一点点自信，我希望从头再来，从一线开发从头做起。

然而，在找工作时就遭遇挫折。在这么一个"吃青春饭"的行业中，自己相信自己有能力并不重要，关键是别人是否相信缺少亮眼履历且超龄的你，说不定人家心里嘀咕的是"廉颇老矣，尚能饭否？"即使一再降低薪酬期望，还是有许多企业在为月薪上下浮动几百块而讨价还价，这让人觉得自己就像菜市场里任人挑选的大白菜。于是，极端厌恶这种感觉的我给自己定下了一个小目标，希望在未来的人生中，再也不会为找工作的事情而烦恼。

以此为由，我开始寻找一种让自己永远不失业的方法。有没有这样一种工作，现在有用，未来也能一直有用，同时，还用不着因为年龄原因而离开自己热爱的软件研发行业？慢慢的，我似乎找到并摸索出一些门道。当我们梳理产品需求时，我们改变的是自己对业务的理解和想法；当我们做架构规划时，我们需要让团队对架构达成一致，需要改变合作者的看法与行为；当我们推出产品时，我们希望我们的产品能够影响到用户的看法和行为。软件研发虽然研发的是软件，但研发团队和最终用户都是人或由人组成的组织，软件研发的过程和目标都是引发人们做出改变。当我环顾整个行业，发现有这种认识的人寥寥无几，也发现与之相关的问题其实一直持续困扰着从业者和组织，我意识到这也许是一个有长期发展潜力的机会，于是乎，"做懂软件研发的人中最懂人的"就成为我个人的小志向了。

后来，我的经历也证明了这一方向的价值。在后续的工作中，我能更容易地找到客户需要的改变，也能更高效地推动研发团队达成一致，这让我在解决研发问题、特别是与人相关的研发问题方面成为专家，也帮助从零开始的我走上职业发展的快车道。

但是，带动他人做出改变并不容易。人们不抗拒改变，抗拒的是被改变，特别是巨大的被改变，将大改变改成潜移默化的小改变，通过一次次互动让改变发生；让人们能够改变也不能一蹴而就，练习在每次互动中给人们带去一点点小改变，不断优化自己引导变化的综合素质，需要长期的修炼。好在这项技能有一个特点，每练就其中一项，工作成效就会变得好一点点，这一点一滴的小改变最终成就职业生涯的大改变。我后来把这种现象总结为"小变化创造奇迹"。

"我的爱好是技术，与人打交道不是我的发展方向。""我只想找个地方安安静静做技术，这样的要求不高吧。"软件研发是一种群体创造，信息的碰撞与交换是这种创造的基础，这就是我们之所以需要与用户、产品、交互、架构、项目、管理、测试、运维及 DBA 等人打交道的根本原因，你根本无法回避。**尝试驾驭信息的碰撞与交换，让群体创造过程变得更加顺畅，这才是让新技术理想落地的关键手段。**

"我性格如此。""我年龄这么大了，变不动了。"你不是因为老了所以才不能改变，而是因为不能改变所以才老了。琳达本身就是一个活生生的传奇。她的经历对我个人产生了很大的激励。（1964 年，获得堪萨斯大学化学学士学位；1984 年，获得南伊利诺伊大学计算机理学硕士学位；1987 年，获得西南密苏里州立大学数学硕士学位；1992 年，获得亚利桑那州立大学计算机科学博士学位，时年 51 岁）。只要你一直持续在变，你就不会老。

这一篇序写给所有希望带动别人做出改变的人，其中也包括我自己。

愿你期望的改变能够早日发生！！！

May you make the change you wish happen ASAP

中文版序：变革之风林火山

刘丛，IBM 敏捷教练

第一次知道 *Fearless Change* 及其中文版《拥抱变革：从优秀走向卓越的 48 个组织转型模式》，是在爱立信东北亚区内部的一次敏捷大会上。那次大会上，我们几个人有幸与该书作者之一 Linda Rising 女士及译者 Evelyn Tian 女士共进午餐。在我胆大妄为地和两位大师交流想法的时候，受到她们平易近人的指点和极大的鼓励，也被她们的领导力深深地打动。此后多年的敏捷变革工作中，我持续从这本书中获得启发并实践总结，反复研读，受益匪浅。

当我得知 *More Fearless Change* 出版并且中文版《从 1 到 100，用心求变》也在翻译过程中的时候，兴奋异常，很幸运有机会读到本书的译稿，当时的心情真的可以用如获至宝来比喻。这本书以"**人人都有机会成为变革引领者**"这一理念向大家分享基于实例的可以落地的实用策略，原书名中的"More"体现的不仅仅是更多的策略模式，更是从量变到质变的升华。

至于我个人的收获，从 *Fearless Change* 到 *More Fearless Change*，带给我的不仅仅是有很多易懂可用的一个个小场景模式，还让我得到了很多启发。这些年在一些企业或组织引导变革的过程中，我在实践书中模式的同时，也逐步形成了自己的理解和经验总结——敏捷变革心兵法"风林火山"，有兴趣的读者欢迎访问网盘：https://pan.baidu.com/s/1pKJ1yqv。我的想法很简单，诚如我个人也受益于前辈，我也希望在自我成长的同时能够帮助到其他人。这是 Linda 的书带给我的更深层次的影响。

我相信这本新书能够使有志于让变革发生的人受益匪浅。

中文版序：与变革化敌为友

王友强，中生代技术

从05年接触到敏捷以来，结识了很多优秀的敏捷圈人士，他们有一个共同的特点，就是不拘泥于窠臼，不甘于现状，总是积极寻找各种方法，总是试图跳出舒适区，自我提升和修炼，我称他们是自我变革者，他们拥抱变革，积极做变革的朋友，主动从变革中寻找机会。

改变，是让人恐惧的事情，对未知的恐惧，对失败的恐惧，对打破现有平衡的恐惧……既然不变是死路一条，就只有主动求变了！

在成都敏捷之旅分享会上，自组织变化派发起人大卫张推荐了琳达的书，讲到一些模式。变化从人开始，最终落实在人的执行，人是变革中的核心，这也和敏捷的一个重要特征"以人为核心驱动"殊途同归。自身有变化，才能真正引发变革。

在 GE 的五年，作为公司敏捷教练，我做的事情有引入 Scrum，拥抱规模化敏捷框架，甚至心理学……改变，是持续的，需要坚持。

后来到药王科技，从智造效能角度如何让研发团队在群体智慧创造软件过程中持续改进？如何优化研发流程？从持续集成、结对编程、从快速版本迭代发布等开始。改变，是具体的，需要落实，两周甚至一个月才能看得见一些细微的变化！

我个人的变化还在继续，和右军发起中生代技术，就是为了改变技术交流的不平衡，因而联合有志之士，一起打通技术交流线下最后一公里，让更多软件从业人员有机会参与，一起交流和学习。改变，是未知的，需要探索，更需要合作。

有人说："我想变，但我没有方法。"没错，改变，需要指引，更需要套路。我个人强烈推荐《从 1 到 100，用心求变》，期待它也带给大家更多启发。

改变的第一步，从阅读开始！

中文版序：越变，越新

吴舜贤，IBM 中国实验室全球化项目经理，敏捷与设计思维教练

在大众创业、万众创新的当下，"创新"已经成为人们的口头禅。但任何创新都会涉及一个永恒不变的话题：变。大到世界、国家、公司，小到家庭、团队、个人，时时刻刻都在进行着某种程度的改变。人们常说，这个世界唯一不变的就是变。变化、变革、创新，是个人成长、团队成熟、组织进步以及世界发展中不可回避的主题。

但是，面对每天都在发生的变化，不同的人，态度不同。有人热烈欢迎，有人疑惑、观望，有人唯恐避之不及，更有人坚决反对。作为变革的推动者，新措施、新方法的布道者，你一定会遇到重重阻力。如何有效、高效地在组织中推广新想法，不断帮助个人成长、推动组织转型，是每一个变革者必须不断思考的问题。所幸的是，你不是一个人在战斗。本书作者在其长期的推动组织转型与企业变革的努力中，总结和记录了可以有效帮助我们成功推动团队、组织进行变革和转型的模式。这些模式中，有些模式显而易见，根本无需太多解释便可心神领会，有些模式需要仔细揣摩和多加练习，方能熟烂于心。

我们常说，人们不排斥改变，人们排斥的是被改变。个人如此，团队如此，企业和组织亦然。有一个例子可以说明主动变革和被动变革的不同结果。一枚鸡蛋，如果只能从外部打破，那它就是被人食用的食物；如果是它自己主动从内部破壳而出，它就会变成一个新生命。一家企业、一个组织，如果不思跟随技术、市场、行业和客户的变化而主动求新、求变，很可能沦为别人的猎物，甚至被新技术、新市场、新时代的浪潮所淘汰；而如果我们能主动变革、引领技术和市场，虽一时痛苦，终会获得新生，不断成长，成为市场、客户和行业的佼佼者。

在电影《功夫熊猫 3》中，有一句非常打动人心的话："如果你只做自己能力范围之内的事情，就永远没法儿进步。"有人如此点评："神龙大侠是不断进步的代名词。只有不断进步，不断挑战自我，才能随时应对各种突如其来、一次比一次凌厉的困难。"我们每个人、每个团队、每个组织何尝不是如此呢？作为转型推动者，我们要让大家明白变革与进步的重要含义，讲明每个新事物的初心，沟通未来新事物的远景，把大家真正凝聚在一起，共同推动组织转型、团队和个人一起成长。唯有如此，才能保持基业长青。走出个人和组织的"舒适区"，体验不同，试试不常做的事情，尝新不擅长的领域，拥抱不一样人生，才会真正成长。这本书，就是一个如何推动组织转型、催动企业和个人不断接受新事物、采纳新思想的宝典。

变，说起来容易，做起来难。而要改变别人固有的思想、行为和习惯，又何尝不是难上加难？！人们总是习惯于做自己能力范围之内、熟练掌握、没有风险和挑战的事情，对自己能力之外的事情、不熟悉或者未知的新事物则常常很难接受。即便是被迫勉强接受，但在经历一次小的失败或者挫折后，往往就想着去退缩，去逃避。这种阻力，其实来自每个人的内心，来自内心深处对未知事物的恐惧，对不确定未来的忧虑，对走出"舒适区"感到不适应的担心和抗拒。人们总是对未知的新事物心怀恐惧，所以很难会有所进步。这也是变革布道者在推行新想法、新措施时会面临重重阻力的最根本原因。理解了这种阻力的来源，我们在组织中推动变革的时候，就能够更加有的放矢，运用本书中所阐述的各种模式和方法，及早沟通、共享愿景、借力运力、化敌为友，共同前进。唯有如此，才能成功地推动个人和组织从优秀走向卓越，更上一层楼。

在组织中，"布道者""革新者"这些名词或许并不是一个个明确的职业头衔，但我们每个人都有可能成为自己和组织里某项新技术、新方法、新思想、新实践的布道者，每个人都有可能成为推动团队和组织变革的催化剂。俗话说，办法总比困难多，变革的阻力千千万，解决方案也同样万万千，创新的方法更是数不胜数。精益、敏捷、设计思维、领导力等各种工具、方法、实践，都能让我们眼界大开，为我们的思考提供更多视角、灵感和解决方案。我们所要做的，就是保持开放的心态，牢记初心，满怀激情，坚定信念，从大处着眼，在小处着手，运用本书中所阐述的各种组织转型模式，以细致入微的工作，化繁为简，接纳各方意见和反馈，凝聚共识，不断革新、改进，锐意前进。

作为敏捷教练，在指导团队和教练同事的时候，常常遇到各种不同的声音。每当此时，更需要保持客观、务实、中立的态度。作为领导者，在自己的团队和组织中倡导新想法、新实践的时候，也必然会遇到来自自己团队成员的推诿、平级同事的阻挠甚至上级领导的挑战。此时，就是本书变革心法的用武之地。同样，这些变革心法也适合用于个人素质和能力的提升及个人影响力的增强。

愿你，和我一样，随手翻来，常读常新。

愿你，和我一样，不忘初心，方得始终。

中文版序：一个拒绝变化者的改变之路

张莹，中兴通讯

这是一个变革的时代，我记得鲍勃·迪伦有一个同名专辑，我们也总是说："21 世纪唯一不变的就是变化。"但也有这样的共识："变革无比艰难，在推进变革的路上，充满了各种各样的陷阱与暗桩。"

一腔热血的变革引导者，更需要帮助和指导。当我在看到玛丽莲和琳达两位老师的《从 1 到 100，用心求变》这本书的时候，非常兴奋，因为书中总结了可以用于变革引导和实施的大量成功模式与实践方法，可以为变革引导者提供强大的支持。

两位老师如是说："聪明的布道者也会意识到，不要强迫人们做出改变或者被动接受改变，而是要让人们觉悟到改变的价值。"有朋友问我："有人就是不喜欢改变，就是希望维持现状的保守主义者，还有没有可能让他们觉悟到改变的价值？"我想起了自己的经历。

我一直觉得自己是个不喜欢变化的人。中学时代曾经因为严重偏科而在萌芽了一个顽固的认知："作为一个天生逻辑派，计划性强，情绪感知能力弱，不善交际，将来最好的选择是找一个闷头钻研技术的工作干到底，其他的不可能是我的'菜'。"

一旦"种下草"，总会自我强化。随着时间的推移，我的这个认知愈加顽固。终于，毕业后我成为一名程序员，天天与计算机为伴，写那些逻辑严密，非 0 即 1，进 if 分支就不走 else 通道的程序语句，因为这里没有模糊不清的暧昧，也甚少其他工作中经常出现的可这样也可那样的灰色地带。"太妙了，这就是最适合我的理想工作，说好了，就干这个，干到底！"我这样给自己说。

岂知世事难料，总有计划外的事不断扰动着我这个单纯的理想。明明白天已经提交调试得好好的代码，可以按计划晚上美美地看看书或打打游戏怎么的，却突然接到电话，配置组的人火急火燎："测试环境中代码构建通不过！"真的烦不烦？处理这些突发事情实在是让人不爽。为了回到计划，我找到工具可以自动帮我在第三方环境中自动检查代码的构建状况。于是乎，整个世界清静了，真棒！但这样的清静持续不了两天。编译问题是没了，运行时出错问题又来了！好吧，在工具中增加上自动运行的测试。运行出错问题少了，有人开始说搭建演示环境不方便！好吧，那就增加自动环境部署。演示环境有了，又有人想方便地获取版本！好吧，增加自动部署脚本。"这套工具别人不会搭，你不在的时候很不方便！"好吧，我可以给其他队员做个培训……我不停地做做做，顽固地抵抗各种异常和计划外的事物，想方设法让自己尽快回到最初安稳的理想状态中。经年累月，眼瞅着就要成功了。

"你经验很丰富，就由你来安排团队其他成员的工作吧！""怎么回事啊！？"要知道，我搞这些工具只是想让自己少受干扰，回归到自己最熟悉、最安心的领域。结果，事情越来越多。好吧，我再看看有没有其他东西能把大家组织起来，最好能让他们学会自己折腾，有种说法好像叫什么自组织？对，培养他们，等他们实现自组织，我又可以回头专心做自己喜欢的事情，写代码。

"你得发挥更大作用，去推动下其他团队和其他项目的改进……"哎哟喂！怎么没完没了了呢？老这么折腾，还让不让人安心做自己心心念念觉得自己最合适的事情？

好吧，推动就推动，似乎也不怎么难："大家好，这是我历年积累的经验和实践成果，大家尽管拿去，肯定有用，不用谢，请叫我活雷锋！"

"什么？搞不懂？不适用？你们的情况不同！"……"能不能

有点儿主动意识，稍微探索探索，自己创新一下呀？给了大家这么多独门经验，你们的起点已经很高了。拜托大家，主动一些嘛！要不然……要不然……我再去学点东西，好让大家自觉发生改变。搞不定，我哪里还有时间像以前那样躲进小楼成一统，专注而省心地写我的小代码呢？"

……

就这样，时光飞逝。好不容易有了一个闲暇的周末，我在漫不经心地整理书架时，突然意识到了什么："不对啊！我这个一心只想关起门来单纯研究技术，不想牵扯到任何复杂人类行为中的技术宅，这些年来都读了些什么书呢？居然广泛涉猎了组织变革和社会心理学这些偏门的领域。"不知道从什么时候开始，一心只求不变的我，竟然在不知不觉中一路打怪升级，发生了这么大的改变！

改变终究不可避免，无非是在面对未来时，一些人会因为有新的追求而主动求变，以求加速外在改变；另一些人则为了保持旧貌而努力自我求变，以求抵消外在改变。不管属于哪种情况，我们最终都在潜移默化中不断演变，而且都是出于我们自己的强大意愿。变革引导者一旦有了这种认知，看出这种意愿，就说明他找到了最强大的发动机，下一步就是觉察自己，觉察他人，再借鉴《从 1 到 100，用心求变》一书中的各种模式，在头脑、情感、行为（脑心手）三方面入手，帮助人们体验到自己的内在意愿和新的行为之间的紧密关联，促发变革，因为变革的车轮一旦开始滚动，就会加大势能，最终实现从 1 到 100，完美演变。

琳达和玛丽莲两位老师强调指出："不要强迫，要让人们觉悟到改变的价值"。我深以为然，您呢？

致　　谢

感谢带头人 Joe Bergin 和 PLoP'08 写作工作坊成员：Takashi Abi，Miguel Carvalhais，Christian Crumlish，Dick Gabriel，Josh Kerievsky，Christian Kohls，Ricardo Lopez，Pam Rostal，Lubor Sesera 和 Steve Wingo 致以衷心的感谢。

感谢带头人 Klaus Marquardt 和 PLoP'09 写作工作坊成员：Takashi Abi，Marco Hernandez，Jeff Hutchinson，Lise Hvatum，Christian Kohls，Jake Miller，Karl Rehmer 和 Robert Zack。

感谢 MiniPLoP'09 写作工作坊成员：Ademar Aguiar，Brian Foote，Dick Gabriel，Ralph Johnson，Rick Mercer 和 Joe Yoder。

感谢带头人 Christian Kohls 和 PLoP'10 写作工作坊成员：Paul M. Chalekian，Lise Hvatum，Kevin Kautz，Joshua Kerievsky，Bill Opdyke，Karl Rehmer，Rebecca Rikner，David West 和 Raul Zevallos。

感谢带头人 Eugene Wallingford 和 SugarLoaf PLoP'12 写作工作坊成员：Joe Yoder，Christina von Flach，Sérgio Soares，Marília Freire，Daniel Alencar 等。

感谢北卡罗莱纳大学阿什维尔校区心理学副教授 Michael Neelon，感谢他为情感连接模式提供的帮助。

感谢北卡罗莱纳大学阿什维尔校区 MLA540 的学生们，社区变革中有关"日落湖"桥段的故事是他们写的。

感谢 Alan Dayley 提供自己的亲身经历作为本书的素材。

感谢我们的老友 Jutta Eckstein，长期以来一直为我们的工作提供支持并为我们提供研究结果作为本书的素材。

感谢我们的老友和坚定的支持者，佩斯大学的 Joe Bergin、Fred Grossman 和他们的学生：Stephanie Feddock，Michele Kirchhoff，Nader Nassar，James Sicuranza。

目　录

第Ⅰ部分　概　论

第 I 部分　概　　论

　　欢迎你，亲爱的读者！你之所以毫不犹豫地选择这本书，是因为你本身就是一个有很多创新想法的人，或许你此刻正在尝试新想法并计划将它进一步推广运用到整个组织或社区中。自第一本书出版以来，我们就一直关注我们的读者，思考大家的需求、面对的困境和挑战。我们想大家所想，对大家面临的问题我们感同身受，促使我们提笔翻新这本书，介绍了 15 个新的变革推进策略（模式），同时更深入透彻地剖析之前介绍过的模式，尽量使新老模式进一步融会贯通。我们欢迎读过前一本书的老读者以及第一次接触策略/模式的新读者，让我们在本书中继续探讨所有变革领导者都关心的话题。让新的想法落地转化为行动很困难，请你与我们同行！

第 1 章

导　　论

　　时光荏苒，我们第一本书英文版的出版至少也是十年前的事了。自它出版以来，我们俩对变革模式的学习更加孜孜不倦，我们定期联系将相关模式实际运用于组织、社区或个人转型的人，倾听他们的心声。因此，我们更加确信这些模式的确是推进变革的有效工具，并且这些模式顺应时代发展，至今仍然适用于有效推进变革。十年后的今天，我们的书还在持续销售发行。它已经被译成中文和日文，节选译成法语出版。我们不断收到读者发来的表达满意的电子邮件和书面反馈，以下摘录了一些用户的反馈：

　　这本书阐述了一系列用于组织转型的模式。我个人任职变革推动者多年，这本书给我提供了很多让我眼前一亮而忍不住叫好的模型。我运用过大部分模式。现在读过这本书之后，我了解了这些模式并且知道每个模式是有归类命名的，这样就更有助于我以后再使用相关的模式。有些模式对我来说是新的，我就会马上在我的工作中付诸实施和运用。

*Joseph Pelrine，计算机、社会复杂性双领域的专家、通才，MetaProg 公司（专注于提高软件开发流程和质量）CEO。他是欧洲资深的 CSM 实践者与培训师以及极限编程专家。在其成功的职业生涯中，他先后做过程序员、项目经理和咨询顾问，先后服务于 IBM，OOPSLA 及 Chaos 计算机实验室等。

+Lego Serious Play 是一种强调"动手思考"的创意启发工具，旨在使用乐高积木组合过程来启发和培养创造力，强调团队合作，同时利用积木来建立立体场景、角色等大量视觉隐喻，有利于促进愿景和挑战的沟通。

从方法学来说，"乐高认真玩"往往注重实践性的方法，可以协助人们建立信心、决心与洞察力。从科学研究来说，它着重强调"动手思考"（Hands-on，Minds-on），有许多研究证明，比起一般单纯的"思考"，这种方式可以促进更深入的想象和沟通。从商务沟通来说，它可以协助团队增进对任务的洞察力并更有决心达成目标，建立团队精神。

大多数"乐高认真玩"活动都有乐高认证引导师。

（以上内容引自百科）

我之前感觉自己在我的组织里引入新的想法和影响变革方面还是比较成功的，但从来不知道这是为什么或者如何提高自己的能力来影响和持续推动变革。在试过这本书当中的几个模式，我豁然开朗，感觉自己被一盏明灯照亮了，其实我之前已经从某种程度上以不同的方式使用过这些模式，而我竟然没有觉察。没有把握好的有利的机会和没有意识到的新模式，一下子变得那么清清楚楚，历历在目。（下次，这些机会一定会变得更明显或列在计划中的首要位置）。

在全球范围内，变革领导者都在运用这些模式，同时，黛博拉·普洛伊斯（Deborah Preuss）创作的游戏"无畏的旅程"（Fearless Journey，http://fearlessjourney.info/）也将这些模式融入其中。此外，约瑟夫·裴尔林*还把各种模式运用到他在培训课程中所设置的练习中。知名网络教学网站 Learnical 的朱丽叶·戴尔尼兹（Julia Dellnitz）将"乐高认真玩"+中的素材和方法与这些模式相结合，用来规划变革和转型的想法与倡议[1]。有些模式也被普瑞斯顿·史密斯（Preston Smith）博士引用在他的《灵活开发》（Flexible Development）一书中。[2]在一片赞誉声中，本书在 2004 年出版不久入选著名书评家查尔斯·阿什贝奇（Charles Ashbacher）"2004 年最佳图书"，还被大卫·波克（David Bock）列入他的亚马逊推荐书单"改变我职业生涯的书单"。

我们知道，我们对模式的探索之路是无止境的。模式并不是一成不变的，相反，模式是持续不断地需要有新鲜血液的注入来充实和成长。我们不断寻求和总结新的模式，力图洞悉现有各种模式的深刻内涵。我们完全认同伟大的建筑师及模式理念缔造者克里斯托弗·亚历山大（Christopher Alexander）的观点：

> 人们交换各自对环境的想法，同时也交换各自的模式，因此在模式库中的总体模式库存就会相应地发生变化……当然，这种演进永无止息。

我们一直锁定变革推进目标用户，即没有什么实权的变革推动者，我们称之为布道者。他们对新的想法有着坚定的信仰，但可能具备也可能根本不具备让想法落地的实际执行权。即使真正有权，聪明的布道者也会意识到不应该强迫人们做出改变或者接受改变，而是要让人们觉悟到改变的价值，只有这样，他们才会欣然接受你的想法，进而落实到行动的改变上。这本书里介绍的模式可以帮助你鼓舞和激发人们对改变产生兴趣和参与变革的主观能动性。

我们在学术会上做分享时，经常有人向我们坦陈他们内心的沮丧和挫败感，因为他们深切体会到说服别人做出改变是一件非常困难的事情。如何处理人们在面对转变时所做出的非理性行为？怎样应对怀疑派？如何说服不愿意为此划拨预算的管理者？他们和我们热烈地讨论这些问题。怎么处理这些困境呢？一个简洁有力的回答就是"耐心"。对于新的观念，每个人的反应五花八门。没有任何一种策略可以普遍适用于所有人。同时，也没有任何一种途径可以普遍适用于所有情况，更不存在一种可以解决所有情况的妙方，必须根据环境和具体的问题适当地选择和运用相关的模式。

近几年来，我们一直在研究策略模式何唤醒个体的逻辑（头脑）、感觉（情感）和主动参与变革的渴望（双手，实指行为）[4]。这不是一个新概念：让其他人共同参与一个新的想法，帮助他们厘清转变的逻辑，让他们意识到这样做的价值，然后在转变过程中主动发挥能动作用，积极做出贡献。然而，很多变革领导者往往都只是简单介绍新的想法及其愿景这些逻辑论据，之后就止步不前。这固然是非常值得称道的第一步，但与此同时还必须把情感和行为加入其中。本书介绍的各种模式可以帮助布道者实现三者的紧密结合和高度统一。**学习小组**和**电梯演讲**等模式针对的是逻辑理性诉求，**情感连接**和**寻求安慰**等模式则可以用来触动情感。**寻求帮助**和**试运行**等模式，可以帮助大家伸出双手，共同参与变革。一旦开始运用这些模式组合，你会发现在自己的引领下，越来越多的人在脑、心和手这三个方面都开始有所变化。

这些年，我们有时会收到用户希望我们创建模式用途分类方案或者模式运用流程图之类的要求。然而，运用模式和参照菜谱配方完全不同，没有什么简单的三部曲，例如"2 个头脑+1 份情感+3 双手=完

* David Kold（1939—），
美国社会心理学家、教育家，
也是一位著名的体验式学习
大师。1984 年，在他的著作
《体验学习：体验——学习发
展的源泉 》（Experiential
Learning: Experience as the
source of learning and
development）一书中提出顾有
影响力的体验学习概念。并
且，他把体验学习阐释为一个
体验循环过程：具体的体验—
—对体验的反思——形成抽
象的概念——行动实验——
具体的体验，如此循环，形成
一个贯穿的学习经历，学习者
自动完成反馈与调整，经历一
个完整的学习过程，在体验中
认知。

成任务"这样的统一配方可循。改变不可能一蹴而就的。通常情况下，每次都会用到好几种模式，因为在变革推进过程，要面对林林总总的问题，肯定不止一个。往往需要在复杂的组织结构中和人打交道，所以最终结果很少是简单直接的，而且在有些时候，即使事先计划周密，也未必能够达到预期的效果。相反，小步向前，根据反馈持续调整，说不定还可以见效。在推进过程中，将不可避免地遭遇挫折和经历失误。在很多情况下，往往都是前进一步后退两步。这样不顺利的过程肯定会令人沮丧，但或许正是这样的经历使你可以进一步认清自己的想法，看清楚组织状况，最重要的是让你更了解自己。你会发现，为此付出的努力其实就是通过一系列的尝试向前推进变革。一旦决定要做，就从婴儿式的蹒跚学步开始，留出时间做回顾和思考，一次次看似微不足道的成功都可以为未来奠定扎实的基础。不断重复这些模式来确保变革的动力，一边努力向前推进，一边坚持学习。其他人已经通过各种不同方式来描述这种持续反复的过程。心理学家大卫·库珀*认为，所有的学习都是在这种反馈循环过程中发生的[5]。就像孩子们通过不断尝试来探知世界，在不断适应中了解世界一样，领导变革之旅上也会有同样的体验。

在培训课上，不时有人问某个解决方案是否有"换心劲儿"之嫌。这当然是一个重要的问题。所有关于影响力的策略都可以用于好的目的，同样也可以用来使坏。与此类似，任何工具，不管是工具箱里的榔头，还是变革领导工具箱中的某种模式，都可以用于很多种目的。要找以往的例子来说明这些方法曾经应用于好的想法和不太好的想法真是太容易了。因此，我们鼓励我们的读者继续合理地运用这些模式，在我们这个世界推行有价值、有意义的变革。

有些第一次接触变革领导模式的人有时会这样评论："这些策略难道不是常识吗？"对于这样的说法，我们总是莞尔一笑。人性就是这样擅长于把简单和容易混为一谈。我们记得关于卡耐基的一个故事，在基于他的《人性的弱点》（How to Win Friends and Influence People）的培训中，有人对他推荐的观点给出了类似的评论。他以这样一个例子来作答："每个人都知道在别人说话的时候插嘴是粗鲁的，但大家都还是在这么做。"卡耐基也指出，他的观点或许真的只是"常识"，但绝对不是"常规"。我们同意，本书介绍的各种模式对变革领导团队的专家来说也许看似没有新意，但我们当中有多少人是专家呢？！就算是专家，也不太可能知道所有可能的策略。正如某个读者观察到的那样："那些模式看上去可能微不足道，但每一个模式产生的作用和影响都远远超乎你的想象。"

我们第一本书出版之后的一些体会

本书第Ⅲ部分的章节"老模式及其体会"将重点介绍我们对前一本书中那些模式的思考和见解。我们没有在完成第一本书写作后就停下学习的脚步，相反，我们不断和运用这些模式的人交流，并持续探索如何才能成为一个运筹帷幄的变革领导人。为了把我们所学到的内容包括进来，我们更新了第一本书中很多模式的概要，这些新的总结性概要可以在附录的快速导览中找到。

此外，在接下来的章节中我们将分享我们个人对所有模式的思考和见解，以及我们所观察到的在引领变革过程中的乐趣和挑战。

玛丽莲的体会

我个人对各种模式的绝大部分体会都来自于我在组织内部历时两年半的变革推进工作。我始终如一地运用各种模式，把它们贯穿于整个变革推进举措的始终。最后，项目圆满结束，时至今日项目的成果仍在显现，并且情况还越来越好。在非常有意义的变革过程中，还是经历了许多困境和挣扎，才最终成就了现在的良好局面。那些日子里，每当我面临挑战，总会不由自主地思索可以运用哪个模式来应对。在整个过程中，我发现了我们第一本书没有囊括的那些把想法转化为行动实践的细节以及行动所产生的后果，于是我把这些体会添加在这本书的"经验教训"中。模式理念的首创者克里斯托弗·亚历山大显然做了一件非常正确的事情，他曾经说过："人们不应该认为模式像石刻那样永恒不变，它们肯定会随着使用者阅历的增加而获得新的成长。"

第一本书出版之后的这些年，我越来越意识到建立情感连接的重要性。尽管我的专业知识足以使我轻松自如地做一场出色的幻灯片报告演讲和电梯演讲，但我还是意识到这些技巧都不过是第一步。我们必须引入其他策略，尤其是听众在情感上仍然受到旧的行事方式束缚而对新的方式充耳不闻的时候。意识到这点之前，我常常用自认为更强大、更逻辑的论点去驳斥怀疑派。我看到其他布道者也和我一样，试图用各种简练的语言来分享关于创新的真相。我想，这样的行为反映了一个事实：人们的头脑中很容易建立起一套幻灯片演讲中的重点条款的印象或者说以不同的方式做简单的重述。要想和自己一直想说服的人之间建立和培养感情需要更多时间，因为你需要时间真正了解对方，让他或她信任你，此后你才能充分了解他或她的诉求。这些东西是无法从商学院教科书上学来的。然而，我们第一本书和本书中的很多模式正好能够帮助你面对这些挑战，例如，**情感连接，个人沟通，寻求帮助，寻求安慰，自身经历分享，预想未来，无畏以及集体形象**。

我也认识到为新的想法做好强效市场推广的重要性。布道者会通过各种途径来介绍和推广新的想法，例如利用组织内部会议做推广，举行专题宣讲会，邮件群发通讯稿，然而之后往往就偃旗息鼓，止步不前了。切记，人们不会那么轻易相信这些简单的信息，更何况还有可能因为太忙而忘掉自己的所见所闻，你只有坚持，努力把新的想法印刻到人们的脑海中。这需要采用各种不同的技巧来发布生动的、能够吸引眼球的资讯，要知道，对某人有吸引力的未必能吸引其他人，所以你还必须采取多种手段和方式。因为我个人没有艺术方面的专业技能去准备我们需要的部分事项，所以我就仰仗有相关才能的人出手相助。他们喜欢设计宣传单、简单的宣传册、书签、T 恤，还有挂在身上的广告板！我们确保在变革推进的不同时期使用不同的宣传材料，寻找每个可以发给大家做纪念品的机会。当然，制作有些纪念品是要花钱的，但你完全可以合理计划，不超出预算。有一些不需要很多花费的策略例如**个人沟通**和**量身定制**应该贯穿始终。除了部门会议上的常规介绍（**搭顺风车**）和有广泛听众的**全员大会**，我几乎每天都会去到一两个办公室抓住时机和人们简单沟通新的想法。持续公关很乏味，但是随之而来的头脑风暴和开发创造性的产品激发的人们的想象力令我乐此不疲。我获得的经验教训是，必须策划一些市场推广活动，要不然你可能会把精力过多集中在形成想法上，而忘记知会他人。

第一本书中介绍的模式，其初衷是用于推动组织变革的，而我也看到了这些模式是如何让个人顺利实现转变的。在组织变革专题介绍会上，常常有人说他们可以想象出这些模式如何帮助他们个人走出困境。此外，在我的变革领导力课程上，学员也纷纷运用各种模式来帮助他们实现个人转变以提高他们自身的领导技能。例如，如果确信推进变革的合理时机已经到来，他们就会毫不犹豫地从描述个人目标的推广开始尝试，放手去做。他们常常（通过**外部验证**）进行一些调查研究，策划一次试运行，或者在辅导者的帮助下前进。紧随着每一次蹒跚学步式的尝试，他们安排时间做回顾和评估下一步行动计划，并判定是否有必要修正目标。他们甚至可以把有类似目标的人聚在一起创立一个标志性群体，在举步维艰时他们可以相互寻求安慰，或者当一些朋友小有成绩的时候，他们可以欢庆和互相勉励。的确，这些模式绝对可以让你不再害怕个人转变。

琳达的体会

关于各种模式，我的很多个人体会来源于对认知神经科学的研究。正如我们的一些读者所发现的那样，这些模式之所以能够产生实际的效果，是因为很多模式都是基于影响力策略的。我虽然明白影响力意味着什么，但并不是特别了解社会心理学这种群体行为。为此，我学习了影响力的相关课程，同时查验如何将它用于鼓励人们大胆变革。除了变革模式的研讨，我现在还在影响力策略以及如何更好地思考、解决问题和做出决策方面提供相关培训。这些专题研讨会所涉及的课题和本书中很多模式的理念异曲同工，都从不同的视角揭示了我们的大脑是如何工作的。

和社会科学相关联的众多益处之一就是研究人员可以在这个领域进行很多试验。模式论社区中长期争议不断的焦点是我们没有证据和数据可以证明我们对模式有效性的直觉是正确的。而科学研究试验针对组织转变模式的潜在原理进行了分析，并且提供了科学依据为我们证实了模式真的有效！

认知科学家指出我们的大脑在随机事件中也会搜索相应的模式，对我们所有热爱模式论的人而言，这无疑是一个警示。人们太容易依赖自己相信的重复性重要事件及其内在原因。人总会有些天真的想法，但我不得不意识到模式并非魔法一般无所不能的。相反，唯有人的力量才是至关重要的，一个人如果能够坚定立场，定然会创造出一个相当不同的局面。例如，我最近在读罗莎·帕克斯的故事时，跳入我脑海的模式就是**布道者**。当年实施吉姆克劳法，有白人与黑人分开就座的规定，在阿拉巴马州的蒙哥马利市，罗莎因为拒绝听从司机给白人让座的命令而受到警方逮捕。此后，她便走上了美国黑人民权行动的道路。这个故事让人立刻想到布道者，一个执着于信念并愿意为之赴汤蹈火的人。

事实上，在罗莎·帕克斯之前也有不少人拒绝给白人乘客让座。他们和罗莎·帕克斯一样被警方逮捕。不同的是，罗莎·帕克斯用到了她的**关系网**（也可以说是人脉）来推动民权行动（**关系网**是本书介绍的模式之一）。她在蒙哥马利市人脉很广，而且对故事结局起着重要作用的是这些人也都非常了解她。所以，她被捕的消息一旦披露，一些认识她的人就马上出面保释她回家。其他人组织会议，计划发起针对市政公交的联合抗议运动。这些事情并没有发生在其他布道者的身上，尽管他们也是革命者，也同样坚定不移，也满腔热情希望创造一个不同的局面。是不是**布道者**和**关系网**一起缔造的最终结局呢？看上去这两种模式都用到了，两者是不是都是必需的呢？答案当然是肯定的。是不是就这两个模式就够了呢？我们拿不准。对只用一个或者两个模式名称来描述任何人类环境的做法，我们一直很谨慎。人类行为一般都很复杂。

神经科学家也指出，其实从孩提时代开始，模式就开始吸引着我们人类的注意。那就是我们是如何学习感知这个世界的方式，这种方法有时也称为统计学习。比如，婴儿会注意到声音可以分成很多部分，并且这些部分的出现遵循着一定的规律，并不是随机出现的。统计学习与我们对因果关系的信念有关。如果婴儿推一推瓶子，瓶子就移动，那么婴儿就会相信是推瓶子造成了瓶子移动⁹。这种学习方式贯穿于人的一生。

这种大脑反应的害处是我们可能会一厢情愿地总认为肯定是有一些模式可以遵循的。因为人们固有的验应性偏误或称确认性偏误（人趋向于选择性地收集有利信息来支持自己已有观点的趋势）总倾向于认为自己固有的观念是正确的，测试不符合人们惯有观念的新想法可以帮助我们确保新的想法也是广泛适用的。现在，我有充分的理由相信在考虑各种设置和使用者情况时一定要囊括"已知应用"。这个方法可以有效地帮助我们确认来自于作者或者哪个聪明大脑灵光一现的好想法是有用武之地的。

最后，我要分享自己一个很重要的学习体验，它来自我第一次参加"无畏的旅程"这个游戏⁹。我亲眼看到游戏中人们如何选择模式来实际解决一类问题，他们同时会说明他们的选择依据。通常，他们对模式的解释并不是特别准确，因此我的第一反应是马上更正他们的说法。经过几轮，我终于领悟到，他们和我对模式的认识相同与否其实并不重要，他们可以根据模式的名称和简短描述找到自己觉得适合的模式就够了。最终的结果是，他们得以提高和进步，结果远远比细节正确更为重要。没有人对模式拥有最终解释权。

这种情况在我的培训课上时有发生。我的反应往往都一样，不假思索地加入讨论并解释模式的定义，仿佛所有人对模式可以达成共识才是终极目标。玛丽莲和我都意识到我们对模式的解释是由我们使用模式的经验和不同视角的感知体会演变形成的。现在看来，我们俩对大部分模式的定义都不同于十年前，而且我们俩之间认知也有差异。我认为，这种差异很正常，也很有帮助。我们毕竟生活在不同的环境下，我们是两个不完全一样的人，我们的世界观和人生观也各有不同。因此，对所有的事并非总能达成共识。模式对大家有帮助，这才是最重要的。正如玛丽莲和我所看到的，即使没有对照实验，不同的使用者带着对模式的不同理解，在不同背景下应用模式，都各有收益。模式的作用毋庸置疑！

新模式

本书新增加了 15 个新模式：**肯定正面，具体行动计划，轻车熟路，电梯演讲，情感连接，演化自我，短期奏效，流言终结者，学会妥协，全员大会和及时提醒**。

所有模式都在编程模式语言大会（Pattern Languages of Programming，PLoP）上至少经历过一次审核。新的模式由其他作者牵头，经过反复审查，在研讨会上进行探讨，基于各方反馈加以修改，之后发表在大会刊物上[9]。为了增加更充分的验证，每个模式都包含了来自各人的已知用途（为保护这些人的身份，我们改变了每个人的名字和组织信息，所有故事都来自变革引导者的真实经历）。

当特定模式的名字以加下划线的方式出现在文中时，代表此处内容为模式引用（例如，**布道者**模式）。如果模式的名字不是以此格式出现的，就说明它在本书中是一个常规名词、动词、主语或宾语（例如，他在团队中的角色是布道者）。

第2章

制 定 战 略

 作为新晋的布道者，你会赞同，在开始推进变革之前，要预留些时间做好前期规划。创建任务的使命和愿景是很常见的，但也应该花一些精力进行自我回顾和思考，判断一下自己的价值观是否与变革努力一致。在这一章中，我们将介绍四个新模式：**了解自己，演化愿景，具体行动计划**和**短时见效**，这些模式会帮助你完成相关的工作。

了解自己

 如果在我们所有模式集合中有所谓的入门模式这一概念的话，那么很可能是**了解自己**。你也许会感到奇怪："为什么这么重要的模式在我们的新书中才出现。"因为之前我们认为它是布道者模式的一部分。在过去的十年间，我们逐渐意识到这个模式相当重要，需要单独记录为一个独立的模式。我们从热情的支持者们那儿听说过很多这样的情况，在一个新想法启动的时候，他们都报以极大的热忱和期盼，却因为对事情的发展趋势越来越沮丧，深感挫败，导致最后变得懈怠或干脆投降。领导变革是一项艰苦卓绝的工作，不仅需要对新的想法有绝对的信仰，更需要坚韧不拔的精神来应对整个过程中持续不断的、无休止的种种挑战，一路上的艰辛和漫长远远大于预期。没有足够强大的内心，这段旅程注定会失败。

虽然认知学家的观点是我们无法全面了解自己[1]，但在投入时间和精力为自己所处的环境引入新想法之前做一些客观的评估仍然有必要。找个合作者联手，一个擅长倾听的布道者，一起工作、互相帮助、充分了解你的能力和缺点，你的激情与恐惧。这将是一个非常强大的无敌组合。

还要考虑你应以什么样的态度应对未来可能遇到的各种困难。

正如克雷格·弗雷西里（Craig Freshley）在他的《集体决策的智慧》（*The Wisdom of Group Decisions*）中提到一个技巧[2]，每一个设定都涉及改变的双向性。你可能认为改变其他人是当前状况所需要的，而现实情况是你也需要接受改变。学习和敏捷的耐受力也得接受考验。这种考验并不是说其他人是否可以达到你的预期，而是你和那些人一起迈向同一个目标，随着时间的推移而共同做出改变。

一旦假定问题是由其他人造成的，我们往往都会忽视自己应该承担的责任。我们可以花大量的时间和精力期待"他们"做出改变，但克雷格的实践技巧是要求我们扪心自问："我自己可以为此做些什么？"如果希望问题能够得以圆满解决，你可能得改变自己的行为举止，而不只是碎碎念，让其他人怎么怎么改。正如甘地所言："如果希望这个世界有所改变，首先请从你自己做起。"

演化愿景

把了解自己这个重要的第一步搞清楚、弄透彻，非常有助于你明确企业的目标或愿景。在第一本书出版后的十年里，我们认识到这种愿景并非静止不变，而是随着你和你的组织开始尝试新想法而不断发展变化，如此说来，便是**演化愿景**。

*Karl E. Weick，美国密歇根大学罗斯商学院组织行为与心理系的心理学教授，享有"伦西斯·利克特杰出教授"的荣誉称号。他首次将"松散联结"和"释意"等概念引入组织研究。后来很多著名的管理大师，如彼得·圣吉、阿里·德赫斯的管理理念都脱胎于卡尔·维克的组织理论。维克教授在美国俄亥俄州立大学获得哲学博士学位。

我们也得知，很多案例都是从一个小的、容易做到的、合理的目标出发，之后婴儿学步一样向着这个目标小步前进，逐渐靠拢，像这样，成功的可能性远远大于一个试图改变世界的、规模宏大的、空中阁楼似的雄伟目标。正如一位变革领导者告诉我们的那样："你需要有一个涉及面比较广泛的策略，但目标不要太死板和狭隘以至于无法融入到正在变化的现实情境中。3"虽然行动一开始总是很鼓舞人心，但随着时间的推移而只看到很小的进展会让人变得很沮丧。在这种情况下，请记得卡尔·维克*所说的"步步为营"理论，不积跬步，无以至千里：

> 一旦取得小成绩，团队的士气就会受到鼓舞而渴望取得下一个小成绩。一个解决方案到位了，下一个待解决的问题就会变得明朗起来。其原因在于新的盟友带来了新的解决方案，而老对手也在改变自己的习惯。额外的资源也在向胜利者涌来，意味着团队可以尝试，挑战更大的战果。4

这个模式和当前非常受欢迎的敏捷软件开发的理念非常吻合。把各个项目视为一系列小的试验，这些试验要求和所有业务相关人员紧密互动，这意味着产品诞生过程中需要来自客户、使用者和业务三方面的意见。整个进程包含一系列的小成绩。甚至失败也可以视作一次胜利，因为失败的体验使得我们有一个很好的机会进一步学习和了解客户需求，了解团队的能力。

具体行动计划

在不断往前推进的步步为营的方法里，可以在具体行动计划中进行定义。研究表明，要想更有效地达成目标，方法之一就是创建一个目标达成计划，具体到何时、何地、做什么以及怎么做5。下面是几个例子：

> 如果我感到无聊，想要吃个点心，我就吃一个苹果。
> 我会设定一个提醒机制，每隔五十分钟就提醒我小歇一会儿。
> 团队每周五上午10点开一个30分钟的短会，回顾过去一周的目

标实现情况，并为下一周制定新的目标。

同时，一项研究表明，这种方法对多个并行目标不太见效[6]。这个研究发现为一次专注于达成一个小成绩增加了有利的砝码。

短时见效

你可能想用另一个新的模式**短时高效**使自己投入的时间和精力利益最大化。我们通常假设只有一个复杂的解决方案才能应对一个复杂的问题，却往往忘记我们一直是在处理一个复杂的适应体系，任何一个变化，甚至一个很小的变化，都会带来巨大的影响。专注于一些小的、容易完成的目标，能够有效推动周围的环境朝着预期的方向发生变化。

福布斯网站Forbes.com近期发表的一篇文章中，有一段关于健康医疗保健的讨论例证了这个模式的使用。

有很多改善美国医药性价比的建议，包括：个性化药物、大数据技术模式匹配以协调护理和严格管理问责的医疗保健系统的关系，以及市场激励机制。这些建议往往很复杂，也很严密，但需要花好几年时间来落实。我们常常忘记已经有一个简单、低技术创新的方法可以给人们带来很大的希望和承诺并得到快速的回报，即对基础医疗机构（PCP）进行再投资，在医疗保健系统中让他们承担合适的角色并得到合理的激励。

下一步计划

一旦开始运用这一章中介绍的模式，下一步就可以把你的新想法介绍给周围的人并鼓励他们参与进来。下一章介绍的新模式正好可以帮助你达到这个目的。

第3章
分享信息和寻求帮助

一旦有新的、好的想法，你总是渴望和其他人分享。你的目标是了解其他人是怎么想的，哪些人是站在你这边的支持者，而哪些又是潜在的阻力，同时也能获得一些线索，判断是否需要进一步落实，寻求他人的帮助。可惜，这并不总是那么容易。这一章介绍的几个模式可以帮助你达到目标：**电梯演讲、全员大会、关键人物**和**未来承诺**。

我们第一本书中介绍的**周围空间**模式提到有几种方式可以使你的新想法随时随处可见、可闻并在周围空间中传播开来。现在我们把这个模式更名为**持续公关**，因为这个新名称可以更直接地总结表达你在整个变革推动举措中的行为。关于新想法的消息广而告之，这一点至关重要，花再多时间和努力也在所不惜。遗憾的是，无论怎么坚持不懈地努力，总有人不会花时间来听，或者就算听了，也可能误解你所传递的信息。即使你深信变革时期就是要坚持多沟通，但要想收到效果，真的需要耗费大量时间和精力。

当玛丽莲在她的大学领导推行新想法时，在发布和传播信息并保持信息一致性方面遇到很多挑战。她的解决办法是尽量综合运用多种方式，期望总有一种或多种方式可以帮助她吸引目标人群的注意。

电梯演讲

在开始行动及整个变革推进过程中，需要明确自己到底要传达什么信息。你不可能或者也不想和你遇到的每一个人都深入分享自己的全部想法。相反，你和团队需要一个简明扼要的开场白，精彩地阐述自己的观点即"电梯演讲"。这种总结性介绍名副其实，虽然简短，但可以激发起人们的好奇心和提问的兴趣。言简意赅，再加上经过精心设计的谈话方式和新颖的开场白，整体上比长篇累牍更吸引人[1]。正如安东尼·曾*所建议的那样，你不想过度推销以至于影响到效果[2]。**电梯演讲**可以帮助你和听众在那个时刻专注于重要的信息。随着想法的发展，团队可以并应该更新内容，保证电梯演讲一直都可以对当前的状况进行准确的提炼和总结。

*Anthony K. Tjan，风投公司主博集团 CEO、经营合伙人及创始人，互联网顾问公司泽菲尔创始人，巴特农集团高级合伙人兼副总裁，《纽约时报》排行榜畅销书《企业家的基因》的共同作者。

全员大会

觉得自己已经做好充分准备向更广泛的群体分享信息之后，那么是时候举行全体员工大会了。要尝试动员每一个人的参与，邀请的人越多越好。这对发布想法、搜集想法、确认支持者并寻求他们的帮助有事半功倍的效果。如果能够非常成功地吸引大规模形形色色的人，让他们注意到你，就是一个令人振奋的信号，预示着人们非常感兴趣，但与此同时，可能也会因为人多嘴杂而造成混乱的局面。准备好在会议期间体现出强有力的领导力，一定要使自己传递的信息清楚、明朗，同时确保所有发言人都有机会充分表达自己的观点。

关键人物

全员大会再加上团队持续进行电梯演讲，极有可能帮助你引起创新派和早期采用者这两类人的注意。随时更新这些人的名单，你和团队在变革推进之路上遇到意想不到的任务时，这些人很有可能为你们提供帮助。他们是不可或缺的"贵人"，能实际帮助你。你可以从这个名单中找到推进新想法的过程中所需的任何技能。

未来承诺

如果可以预估自己的一些需求，可以和大忙人达成远期承诺。如果给予充足的交付时间，他们或许更愿意帮忙。这样一来，大家都可以好好规划一下自己的时间。

玛丽莲最近和一个同事商量，问对方是否可以在 4 个月后启动的项目中帮一下忙？嘿，你猜怎么着？对方爽快地答应了，这简直让玛丽莲又惊又喜。"其实你不必惊讶，"同事回答说，"最能说服我的理由是我不必马上行动。"

下一步计划

这章介绍的模式可以帮助你让别人了解你的想法并寻求他人的帮助，但不一定保证能说服他们立刻和你通力协作。借助于简明扼要的**电梯演讲**和**全员大会**来建立扎实的公共关系只是一个开始。潜在的支持者和你试图说服的人，还必须在情感上感受到你的新想法与他们息息相关，之后才可能真正接受和采纳。下一章介绍的一些模式可以帮助你达到这样的目的。

第4章
鼓 励 他 人

　　你肯定想成为一个富有感召力的人！你非常清楚，如果只是简单表述收集到的事实，其他人是不会轻易接受新的想法和观点的。你还必须赢得他们发自内心的认同。这一章介绍的几个新模式可以为此提供帮助：**情感连接，保持乐观**和**预想未来**。

　　我们第一本书所介绍的模式将帮助你以布道者的身份交流和传递新想法的相关信息，这些模式包括**自带午餐、学习小组、外部验证**以及**周围空间**[1]。在第3章中，我们介绍了用于分享信息的策略，分别是**电梯演讲**和**全员大会**。

　　贯穿于整个变革举措，始终如一地宣传、推广和提供更新信息，这样做相当重要。然而，单单这方面的努力还远远不够。因为一些有的没的、你觉得很无厘头的原因，可能使人们变得失去理性，只知道意气用事，根本不愿意与你合作。因此对于你想要说服的目标人群，除了倾听你的想法有哪些事实依据，他们还必须信服这些事实依据真实可靠，并认为你的想法对他们是有好处的。

　　你和团队需要花时间与组织内部人员建立关系，进而理解和妥善处理变革时期可能出现的强烈的对抗情绪。正如丹尼尔·戈尔曼*所说："领导力是一门通过其他人来达成目标的艺术。"[2]

有一次，我们遇到一位不理解这个概念的总裁。在变革推进期间，他忙于处理变革实施过程中的种种细节，并专门请了一名顾问来处理他所谓的"人事"。与此形成鲜明对比的是，另一个组织的经理这样告诉我们："我想要使人们接受一些对他们来说很难接受的东西。因此，在让他们做出改变之前，最好先了解他们，领会他们的需求和顾虑。"这位经理颇具慧眼，认识到了所有布道者都需要理解的真理：要使我们试图说服和争取的目标人群相信我们，相信我们分享的信息是真实的，从而满怀信心地认为变革对组织有很大的价值，而且最重要的是，一旦人们坚信变革可以使自己受益，就会发自内心地渴望进一步了解变什么以及怎么变。

*Daniel Goleman，哈佛大学心理学博士，《时代》杂志专栏作家，曾任教于哈佛大学，专研行为与脑科学，发表的作品多次获奖，现为美国科学促进协会（AAAS）研究员，曾四度荣获美国心理协会（APA）最高荣誉奖项，20 世纪 80 年代就获得心理学终生成就奖，并曾两次获得普利策奖提名。曾经任职《纽约时报》12 任，负责大脑与行为科学方面的报道；他的文章散见全球各主流媒体。他以主张情商应该比智商更能影响成功与否的《情商》成为全球畅销书作家。

（摘自 MBA 智库百科）

情感连接

信任、信念、信心和渴望，都是感受。要激发这样的情绪和感受，你传递的消息不仅要包含基础信息，还必须起到激励作用，真正触动人心。**情感连接**描述了可以起到这个作用的一些方法。从争取大家的注意力开始入手，在新的想法可能解决的问题周围营造一些紧迫感。

保持乐观

保持乐观鼓励每个人都相信自己有能力帮助解决方案落地。即使在变革举措最艰难的时期，积极的态度和充满正能量的消息也可以产生强大的影响力，让人们在挑战面前不至于变得不堪一击，它可以从正面提醒人们记住已经取得的进展，从而坚信明天会更好。

预想未来

预想未来可以提供一个机会使我们想象甚至去感受存在的问题，以及各种各样的新思路。与其在描述想法时只是谈重点，不如尝试从讲述故事开始，可以用"想象一下如果你可以……"作为开头。采用这样的开场白，其实是在鼓励你的听众对话题产生共鸣，进而随时加入对话，分享他们想象中的新想法怎么落地。

预想未来和**保持乐观**两个模式可以结合起来，很好地搭配使用。例如，团队在进入变革举措的一个新的阶段之后，就可以引导他们进行回顾与思考（**回顾时间**是我们第一本书中介绍的模式），通过这种方式来引导大家想象达到目标后可能发生的最理想的情形。此后，团队就可以合理地规划后续的流程和任务，准备好向理想境界进发。

更多鼓励模式

此外，还可以运用我们前一本书介绍的模式来鼓励同事参与。**自身经历分享**模式比起宣讲一系列干巴巴的论点，更能激起人们内心的情感。花时间调整自己的想法使其更适合对方的个人需求，以此来体现对对方的关爱时，**个人沟通**模式有一定的帮助，可以使对方也开始关注和在意你提出的新想法。**寻求安慰**模式可以减轻更甚于患得患失的失落感。每一次向对方寻求帮助后，都要表达诚挚的谢意[3]，这可以帮助对方感受到他们对变革举措的归属感和价值感。甚至**无畏**和**怀疑派带头人**这两种模式也可以鼓励阻挠者，使其感到自己也是**集体形象**中受人尊敬的一员。最重要的是，**布道者**必须人缘好，并赢得其他人（如**牵线搭桥者**和**支持专家**）的配合，使得他们可以在组织范围内协同完成了解和应对各色人等不同看法这项艰巨任务。

下一步计划

变革举措所激发的强烈情绪可以载舟，也可覆舟，使你的努力付之东流，所以如何应对这种情绪应该被列上议事日程，绝不可以忽视或简单交给其他人代劳。这一章介绍的 3 个新模式**情感连接、保持乐观**和**预想未来**可以帮助你。但如果遭遇高度抵触、有潜在破坏性的负面情绪，可以采取什么措施呢？下一章将解答这个问题。

第 5 章
面对阻力

不管新的想法多么好，做的准备多么充分，你在行动的时候都肯定会遇到阻力。这不一定是坏事。如果你态度坦率又好学，有人对你这个新想法有抵触情绪进而不那么热情，反而对你有帮助，可以使你的想法越来越好。在这一章中，我们将介绍**学会妥协**、**及时提醒**、**流言终结者**和选择更容易让人接受的方式，这些模式可以帮助你应对并受益于可能面临的阻力。

学会妥协

我们前一本书的书名中有"无畏"（Fearless）一词，反映了我们最喜欢的**无畏**模式。这个模式对一个强大的解决方案进行了提纲挈领的描述：向怀疑派学习，化阻力为对自己有利的优势。良好的主动倾听技巧可以帮助你唤起所有可能的共鸣，尊重其他人的想法，并运用**总动员**模式让大家都为变革行动献计献策和贡献力量。

现在，我们意识到需要就如何集中使用自己有限的资源这个话题展开讨论。不可以对遇到的每个人都尝试运用**无畏**或**怀疑派带头人**（应对阻挠的另一个模式）这两个模式。事实上，你只能对这些尚不是支持者的一小撮人使用这两个模式和其他模式。如此一来，你得学会妥协。

哈佛商业评论最近有一篇博文解释了这个模式的用法：

> 劳拉·艾瑟曼博士是旧金山加州大学的一名乳腺癌外科医生，她还是乳腺癌研究的变革推动者。她一直试图赞助一台数字乳腺X光射线摄影车，专门为旧金山的贫困妇女提供服务。赞助过程花了很多时间和精力。她的部门主任担心部门预算，而且不理解一名外科医生为什么要去提供放射科的服务。医院的首席财务官对投资赞助数字乳腺X光射线摄影用于免费治疗完全不感兴趣。甚至艾瑟曼博士自己也不相信数字乳腺X光射线摄影是提高乳腺癌诊断结果的唯一手段。最后，她看到自己为赞助数字乳腺X光射线摄影车而耗费太多精力，甚至还与医院有了不必要的矛盾。后来，艾瑟曼把车转手，这个举动修复了她和医院内各方面的关系，也让她有很多的精力投身到对自己和对工作更有价值的、更省力且能产生持久和显著改进的事情上[1]。

正如这个故事所说的，你会发现自己无法面面俱到，而且你也无法获得每一个阻挠者的认同。有些人只是时间安排不过来而已。他们并不是存心和你的想法作对，只是担心新的想法会使本来就很紧的日程更紧张。在选择需要全力攻克的对象时，尽可能找出最容易攻克的人，把自己有限的资源用在他们身上。

及时提醒

及时提醒这个模式可以引起对提议犹豫未决的人的关注。有些人太忙，以至于根本注意不到组织会存在什么问题，所以在谈论新的工作方式之前，你需要先指出当前存在哪些问题。不过，不是每个人对及时提醒都很敏感，所以要明白，及时提醒这个模式只是一个可以帮助你接近潜在支持者的手段而已。

流言终结者

*得名于 BBC 探索频道的同名科普节目 Myth Busters，运用奇妙多变、动作繁多、往往脱离于传统的招牌手法，探究常见的流言和民间传说背后的真相。其知名主持人亚当·萨维奇（Adam Savage）的口头禅："我拒绝接受你所提供的事实，我要自己证明它的真伪。"

另外还可以尝试一下**流言终结者***模式。在任何变革进程中，必然会冒出一些流言和半真半假的传言，可以用这个模式来加以澄清和破除。这个模式不适合所有人，尤其是与流言有强烈关联的人。事实的说服力总是有限的。遗憾的是，我们都是些缺乏逻辑思维的人[2]，因而总是倾向于选择与自己信念相吻合且自己愿意相信的数据。即便如此，也可以运用**流言终结者**模式这种有效地方式来澄清你希望其他人了解的信息。

选择更容易让人接受的方式

运用本章最后一个模式**选择更容易让人接受的方式**是需要有一些创意的。研究表明，我们中绝大多数人都会根据自己所处的环境中来判断那种方式最容易达成目标[3]。作为布道者，你还得是一个观察力非常强的人、一个善于倾听的人、一个聪明的创新人才，可以根据组织的现状做出相应的调整，让人们有更好的体验从而更容易接受你提出的这个新想法。定期花时间反省："要想人们实现改变，目前还存在哪些障碍？"以及"现在我需要着手处理哪个障碍？"例如，如果人们担心新东西很难而踌躇不前，也许就该想着为他们创造一个愉快的方式，让他们互相学习，可以用我们介绍的另一个模式，比如**学习小组**。下面的例子也说明了如何创建一个轻松的方式，表明谷歌是如何使人们更容易接受"小份甜点，适可而止"这一思路的：

我们知道，全球各地，人们的腰围都在变粗，有些公司正在努力鼓励员工采取更健康的饮食习惯，但很难做到让大家放弃甜点。在谷歌的自助餐厅，公司通过改变餐厅内甜点的供应方式来鼓励员工吃得更健康。之前，谷歌的员工可以一次从甜点大餐盘上不限量地取用甜点。现在，谷歌改变方式，提供一人份的小盘甜点，每个小盘上只有三个一口大小的小甜点，每人每次只限一盘。想吃更多甜点的员工必须重新排队领取第二盘，如此一来，在放纵自己吃太多甜点之前，大多数人肯定都会三思而行的。

选择更容易让人接受的方式是我们所搜集模式中最强大的模式之一，但是它的效用依赖于你的洞察力。对于你的新想法所传递的所有创新理念，你需要投入与之匹配的激情，找到可以使人们愿意尝试的最简单的途径。

更多模式和这部分最后的感想

用来应对怀疑派的这些新策略可以与我们前第一本书中的以下模式结合使用：**无畏、怀疑派带头人、牵线搭桥、走廊政治**以及**和重要人士私下交流**。最重要的新模式是**学会妥协**，因为你肯定不希望任由阻力消磨自己的斗志。

初步了解所有新模式之后，我们希望你开开心心地把它们顺利运用于真实的环境中。每每听到和看到读者的反馈，我们总是满怀欣喜，所以不妨考虑考虑，和我们分享你是怎么运用这些模式的。

第II部分　变革领导故事

　　运用《拥抱变革》中的各种模式并没有一个固定的通用方式。就像一个建房子的人在建房屋结构时会使用一整套工具一样，你可以把每个单个的模式作为一个布道者和他/她的团队所用的"工具"，用来解决他们在领导变革征途上遇到的问题。所以，你何时选择何种特定的模式，应当取决于你所遇到的具体问题情况，取决于你在变革征途上那个特定时期所处的环境。

　　为了让大家实际体会和了解模式的运用，我们在这里讲述两个案例故事：一个故事讲的是企业内的机构组织变革，而另一个是社区变革。

企 业 架 构

　　第一个故事是是一名布道者讲述的，是她在组织中使用这本书中介绍到的无畏模式来做一个企业架构方案（EAP）的亲身经历。

　　我的部门在一年多以前创立时，我的手下还没有员工。我们进入到这个部门时，工作职责的定义很模糊，当时也没有计划确定任务的推动者，也没有建立原则和价值标准，更没有明确使命、愿景和策略。我是一名企业架构师，我的工作是和另一名资深企业架构师一起就企业架构对组织进行指导，并制定下一个财年的实施计划。我总是自认为自己是这个主题里的关键人物，对于如何让人们认同新理念，我也有不少经验。我相信这个组织需要一个企业架构方案（EAP），而我有时间和激情去**了解自己**，因此我决定做这个事情的带头人[**布道者**]。

　　我首先从**全员大会**起步，但是我注意到会议是每周一次，有些人觉得他们错过一次会议也没什么大不了的，反正他们很快可以参加下一周的会议。我需要参与者出席每一次会议，于是我运用**准备食物**这个模式来提高会议的出席率。

　　每一次会议的目的是就一些议题展开讨论，但要做到适可为止。

这样做可以保证充分的讨论空间，让与会者能分析概念，思考企业架构的目的和价值[**预想未来**]模式。参与者由组织的一部分成员以及行政领导人（副总裁、总监和项目总监）组成。与此同时，运用**总动员**模式整个组织能收到各种通知，并可以在计划实施过程中随时浏览EAP网页关注进展。

因为首席信息官将EAP项目视为一项令人瞩目的重大举措，所以我们需要一个规划，采用**循序渐进**模式，注明每一个阶段性里程碑的目标，从而顺利地达成我们不断演进的愿景。这个举措逐渐成为企业架构团队的工作重点，同时行政管理层对行动的成功越来越关心，我被正式指定为变革的总负责人。领导推动这一举措的实施最终列入我的正式职责范围[**专职负责人**]。

我们预期方案的第一轮部署大致需要五周的时间。首先，我创建了一个概要性的规划书，日期可以根据反响与回馈进行灵活变动[**回顾时间**]。

第一周，我和资深企业架构师一起完成了对企业架构使命、愿景、策略和一百天的规划。我们设计了一套电梯演讲材料，并演习了如何应答"企业架构团队是些什么人？他们是干什么的？"之类的问题。

我们的持续公关从一个协作用的文件存储库开始，通过这种方式帮助人们接触和了解新的理念。每个人都可以浏览EAP网站上的信息，在网页上提供反馈意见并分享自己的想法。网站同时组织各类讨论，公布活动日程安排、工具、相关文件材料、会议纪要、进展状态的消息和其他重要的企业架构网站和参考资料的网站链接。组织中的每一个人都收到了浏览网站的邀请函[**总动员**]。我们鼓励大家经常浏览网站内容，有问题和意见就及时联系企业架构团队。

来自各部门的志愿者协助我们在公共区域张贴传单[**寻求帮助**]。传单资料包罗万象，从关于企业架构方案的**电梯演讲**以及相关细节，到如何访问论坛，企业架构小组成员的联系方式，会议公告，更新消息和热点话题。我们特别重视并鼓励大家参与论坛的讨论，培养大家对企业架构的兴趣，并解决在组织中任何正在酝酿发酵的误解和流言

[流言终结者]。

刚开始时，大家对参与论坛的积极性并不高，于是我以个人名义发送邀请，恳请大家浏览企业架构网站**[个人沟通]**。在邀请里，我同时附上了下个月即将举行的会议议程安排，包括时间/日期、主题、演讲者并承诺我们给与会人士提供餐点。当进行全员大会时，我们准备的食物让大家更愿意待得久一些，从而进行更充分的讨论。由于每一次会议都设置了有针对性的议程，所以我能帮助与会者理解每个议程安排的意义所在，可以竭尽所能地倾听他们的顾虑，对他们遇到的问题感同身受**[情感连接]**。我们继续利用每一次会议保持现有的动力，花时间做回顾思考，评估我们最近实施的循序渐进的小步骤，同时欢庆我们获得的小成果。我们定期评估演进的愿景，更正里程碑设置，根据实际需要增减任务安排。这样不仅可以使我的计划实施来得更顺手，更重要的是还培养了一个群体，他们作为参与者为项目提供有价值的建议，并且全身心地投入到任务的执行中。

在回顾几年前进行的那次企业架构方案尝试时，我们认定失败的原因就好像企图把一个方形的桩打入一个圆洞，处处受限又格格不入**[回顾时间]**。所以，把组织约束在一个严格的框架体系中在当年不仅是不可行的，即使对于我、企业架构团队或组织都是毫无意义的。创建一套逐步导入企业架构方案的路线图是一项艰巨的任务，而来自于参与者的反馈帮助我攻克了这个难关。我能够在方案的第一轮推进中发现每个人的需求**[个人沟通]**并采纳他们的合理建议为组织所用**[量身定制]**。

然而，持怀疑意见的人总是存在的。在大多数的讨论中，18位企业架构团队成员中有三位总是持有消极否定的态度。他们甚至抱怨点心零食，会议的长度和频率，议程安排，网站，以及超出我控制能力的事。他们常常三个坐在一起，试图说服其他人加入他们的阻力阵营。我没有在每次会议上花时间处理他们的怀疑论调**[以计为守]**，但是最终意识到他们提出的一些问题还是值得深思的。因此，我尝试用一个更有建设性的方式处理他们的顾虑，我请阻挠者中最开明的一位作为怀疑派带头人。他们指出的一些问题帮助我们理解企业架构方案并不是灵丹妙药，而且有些挑战需要我们立刻下理，越快越好。

在整个变革过程中，在整个组织范围内阻挠者会持续涌现。我帮助他们明白了一个道理，让他们意识到他们现在的行事方式是行不通的[**及时提醒**]，并提醒他们之前的一次软件方案部署在变革过程中也存在很多令人头疼的问题，但是现在组织从中获得了很大的收益。我希望这将有助于持怀疑态度的人从先前的成功中获得力量，展望新的变革也有望取得成功[**预想未来**]。

需要为企业架构方案引入一些新的软件工具时，我们举办了一系列午餐会。开始时，我们只安排讨论其中的两个软件工具[**适可而止**]。运用**试行**模式，在我们整个组织范围内发布最终流程之前，让参与者有机会体验软件工具，帮助我们找出通用于不同项目的最佳功能。当人们问起未来部署其他软件工具的计划时，我们引导他们去查阅企业架构方案网站，并请他们考虑注册将来的试运行版本。

在一次软件工具试运行之后，一位怀疑派带头人建议我们做一项调查来看可以从哪些地方改进提高。调查结果引发了对改进整个企业架构方案的焦点讨论，借此机会让我可以分享更多的小成果[**成功在望**]。怀疑派带头人是在为整个团队着想，他建议的不仅是一个组织调查，更是给我们提供了基于反馈改善方案的机会[**回顾时间**]。在下一次会议上，我特别肯定了他的行为，并向他表示诚挚的谢意。

在五周部署临近尾声的时候，首席信息官联系企业架构团队，表达了他对我们工作很满意。他请我们在当前工作领域完成工作之后，将我们的规划和愿景介绍给组织内的其他部门。这使得团队可以将同样的企业架构方案理念、工具、问题的破解和流程引入上一级组织。我们决定把我们刚刚完成的这轮为期五周的进程作为一个基准线，根据实际需要做适当调整使之适用于第二轮[**循序渐进**]。

在这第一轮的部署中，我们成功地将企业架构的有关概念广而告之，帮助组织在向我们制定的企业架构方案转型中取得进展，同时把软件工具推广到一部分项目上通用。此外，我的角色也演变成一名专职的负责人，现在我有更多的时间继续使用新工具，将转型拓展到其他新的领域。回顾过去，我认为我们应该早早地让一位公司天使参与，这样可以营造更大的影响力，并且也可以帮助指引战略方向。不过呢，我们已经顺利实现了为企业架构方案推进概念和奠定基础这一目标。

社 区 举 措

以下关于社区举措的案例故事是虚构的，混合运用了
所有的新模式和我们前一本书介绍的很多模式。

艾利克斯(Alex)总是很喜欢沿着小树林旁的日落湖散步，但是在
过去的几个月里，他觉得河堤沿岸垃圾越来越多。他担心湖水正在慢
慢受到污染。

一天，艾利克斯发现几条被冲到岸上的死鱼，有几个看似顾虑重
重的邻居围着死鱼议论纷纷。讨论很热烈，看上去每个人似乎都知道
应该采取怎样的措施。艾利克斯意识到，对一个问题夸夸其谈很容易，
可是真正采取实际行动付诸实施意味着投入大量的时间和精力。

通过一段时间的深思熟虑，他认为日落湖的状况对自己至关重要，
这足以使他下定决心发起治理湖水的行动倡议[**了解自己**]总结自己的
观点。他写了一个目标概要，帮助他集中思想，并做好充分的准备向
其他人阐明日落湖的状况和需要采取的行动[**电梯演讲**]。

一天傍晚，艾利克斯动身拜访在湖边看到死鱼的邻居，请他们帮
助举办一场社区居民大会。艾利克斯和这几个邻居组成的小组邀请了
这个地区的所有居民[**总动员**]，并让每个来参加会议的人都自带一道

可以分享的餐点[**准备食物**]。

担任布道者角色的艾利克斯，以日落湖边的死鱼和河堤上日益增多的垃圾来唤醒所有与会者。在此之后，他让大家想象如果他们共同清理这个区域的环境之后日落湖得以恢复美丽的场景[**预想未来**]。在这个地区生活多年的居民分享了他们的自身感受，为日落湖的昔日明净不在而唏嘘不已。共享食物和经历分享帮助社区居民建立起情感联系。志愿者招募表列出了各种工作，并且在会上分发给大家自愿报名[**行动计划**]。艾利克斯观察到即使在居民大会上所有人对问题的所在已经达成共识，但也只有少数人签署了意愿工作的志愿者表格。

艾利克斯决定不必先说服所有的人[**以计为首**]，而是与一个核心小组立刻着手开展工作[**不妨一试**]。核心小组在接下来的一周聚在一起，制定了一份具体行动计划以及一份组织和处理各种任务的不可或缺的人员名单。项目命名为"拯救日落"，让每个人都明了并口口相传这个项目的初衷[**集体形象**]。团队决定着手实施清理河岸的工作并开始募集资金，力求疏通湖道让日落湖变得和当年刚落成时那样清澈。带着这个未来愿景，核心团队建立了一套调整后的电梯演讲材料，帮助社区中的所有人理解项目的目标。

核心团队从容易的短时高效的项目开始：在下个月的第一个星期六，他们组织了一场垃圾清理活动[**试行**]。他们邀请社区所有人参与这次清理[**总动员**]。在距离活动开始的那些天里，团队对社区居民们进行持续公关，通过各种形式发布消息，如信箱里的传单、邮件、电话和最重要的私人邀请函[**个人沟通**]，不断提醒居民已经计划好的首次垃圾清理活动。因为距离活动还有好几周，所以连社区里最忙碌的那些居民都做出了到时候一定参加活动的承诺。

这个垃圾清理活动已经"小有成绩"了。志愿帮忙的居民都获得了一个可以张贴在家里前门上的"拯救日落"贴纸[**纪念品**]，以此认可他们付出的努力。很大部分垃圾都被运走了，又有好几个居民自愿加入核心团队。在接下来的几个月里，类似的活动又举行了好几次，经过了多次的清理日活动[**循序渐进**]，社区里越来越多居民家的大门上出现了"拯救日落"贴纸。

之后，核心团队决心计划下一步的工作，疏通湖道。他们对附近区域内其他已经完成湖道清理项目进行认真的调查研究[外部验证]，并且找到一些专家[辅导]帮助他们规划行动方案。他们意识到为整个湖道疏通清淤的目标在当时的状况下不是特别切合实际。他们请来的专家指出其实是一种入侵植物对日落湖造成了破坏，基于专家的推荐，核心团队更新了他们的演进愿景，把集中精力解决这一个问题作为唯一的目标。专家解释了清除这种入侵物种的方法，这将是一项耗时耗力的浩大工程。团队意识到他们需要保持高涨的战斗力才能达成这个新目标。

当那些不想承担这个大项目的人对新目标产生负面情绪时，核心团队运用**预想未来**模式鼓励人们设想入侵植物最终清除后可以在日落湖进行很多有趣的活动，同时核心团队也提到区域内有一个美丽的湖泊绝对可以提升房产价值[**个人沟通**]。团队主动邀请怀疑派参加核心团队的会议，倾听他们的想法和顾虑[**无畏**]。一部分阻挠者帮助团队发现了需要着手解决的挑战[**怀疑派带头人**]。核心团队虽然没有做到让所有社区居民都有兴趣参与铲除入侵植物，但是他们得到了足够多人的支持可以开始实施这项工程。为了给大家创造一个更方便的工作途径，团队安排了一个集中存放工具的区域，这样一来，任何人一有空闲时间，就可以直接取用工具投入清除工作。

在头几个月，清理工作进展顺利，但是大部分社区居民开始对这种冗长无聊的工作产生懈怠。乔治是一个言辞激烈的反对者，他在居民中散布充满沮丧情绪的话语，说这个项目将是徒劳无功的。核心团队通过发布澄清流言的信息加以反击，并拜托乔治信赖的隔壁邻居弗雷德和他进行私下交流[**牵线搭桥**]。澄清流言的信息通过每周项目状态的更新邮件由团队发送给所有居民[**持续公关**][2]。

即便如此，仍然还有很多工作需要做，核心团队决定通过举行一次街坊派对来增强正能量[**准备食物**]，借此机会对每一个为项目出力的人表示诚挚感谢。派对选在入冬前的一个金秋的日子举行[**合适时**

机]，核心团队邀请了当地环境组织的代表[**专家推动**]，这位嘉宾在派对上祝贺居民所取得的成绩并鼓励他们保持干劲，继续努力。居民迄今为止取得的所有小成被制作成海报张贴在派对上。这些海报上除了显示数据报告记录的湖泊气味的逐步消失和多少入侵植物已被清除，还包括人们开始享受日落湖带来的很多有趣活动的美好画面，这些都有助于创建一种情感联系。

派对结束以后，绝大部分的居民都对继续清理工作充满了活力和决心。为了让项目在冬季的那几个月里保持活力，核心团队决定通过一个专门设计的社会媒体小组[**持续公关**]和居民保持联系。到了春季[**合适时机**]，团队召开一次**全员大会**来考虑下一步计划。他们邀请了另一名可以帮助社区做指导工作的专家，这位嘉宾曾经参与过另外一个社区的类似项目，他介绍了类似项目对社区有帮助的心得。这名专家同时帮助核心团队评估他们的演进愿景，更新他们的电梯演讲材料，创建下一步工作的具体行动计划。

第III部分 模 式

这一部分涵盖所有的模式，既有对新增 15 个模式的阐述，也有对前一本书中 48 个模式的介绍。每一个模式，我们就以下几个方面提供详尽的信息：

- 开场故事（内容为楷体字）
- 概括总结（内容为粗体字）
- 上下文（内容为一般正文字体）
- 疑难问题（内容为粗体字）
- 动力（内容为一般正文字体）
- 解决方案的本质（以"因此或所以"开头）
- 更多的解决方案（内容为一般正文字体）
- 结论（内容为一般正文字体）
- 已知的应用（内容为斜体字）

我们在文章的不同的地方也适当引用了其他渠道的一些模式，关于这些模式的来源，读者可以在这部分的最后找到索引。

新增模式

　　这一章会针对新增模式展开更深入、细致的阐述。这些新模式的介绍顺序按照第一个英文字母排列如下：

　　增加正能量

　　具体行动计划

　　扫清障碍

　　电梯演讲

　　情感连接

　　愿景优化

　　未来承诺

　　关键人物

　　设想未来

　　了解自己

　　短时高效

　　流言终结者

　　以计为首

　　总动员

　　及时提醒

增加正能量

　　艾伦·卡尔以前烟瘾很大，现在他戒烟了。他建议那些想要鼓励朋友和亲戚戒烟的人，先要帮助吸烟者从精神上建立自己可以停止抽烟的信念，使吸烟者有勇气尝试变化。卡尔解释说："如果你试图强迫吸烟的人戒烟，他会像困兽一般难受，抽烟的欲望反而更加强烈。不要企图用他正在损害自己的健康或者他在浪费自己的钱的话来威胁他，强迫他戒烟。"相反，卡尔建议把他介绍给已经戒烟的人，那些人曾经以为自己一辈子也戒不掉烟，用他们作为活生生的例子告诉吸烟者，不吸烟的人生怎样变得更加美好，这些会使吸烟者燃起自己的可以戒烟的希望。在漫长而跌宕起伏的戒烟过程里，你要不停地告诉他你为他所做的一切努力感到骄傲。一路上，他有了一点点成绩，你都要肯定他，例如他闻起来好了很多，他的口气变得多么清新了。

在变革举措中，要尝试影响其他人并鼓励他们相信变革会发生，激发他们的希望而不是恐惧。

你是布道者或者专职负责人。作为施加影响力策略的一部分，你已经尝试用过威胁恐吓战术。

吓唬人的企图是行不通的。

你可能已经通过警示的方式向大家指出一个你认为迫切需要改变的问题。你的努力已经说服了一些人，让他们注意到你的想法。人们的这种反应令你相信如果稍微吓唬一下就可以产生效果，那么更多的惊吓或许可以让事情进展更顺利。因此，你可能会主要谈论那发生在组织中的骇人的事情，或者如果你的想法没有被采纳会发生什么问题。你觉得这个方法可以引发大家对现状的恐慌，进而接受你新提出的"拯救"组织的想法。

特别是在已经有一个明确解决方法的情况下，一个警示作用的提醒可以让听众即刻采取短期行动。[2]例如，经理已经对没有按时交付很生气，此时员工仍不服从并与他对峙，则很有可能导致这名员工在这个项目上加班加点地熬夜工作。

然而，这种方式明显不能用来激励我们采取长期持续的行动。当我们遇到严重问题并且解决方案也非常复杂时，例如那些领导变革过程中遇到的问题，采用持续威胁恐吓的战术只会导致人们回避你，不与你交流。在我们已经充满压力的日常生活中，人们通常不会去找更多烦心事，让自己徒增烦恼，所以我们经常运用否认或者合理化等心理防御机制潜意识地将不愉快的现实摒弃在意识之外。当这种情况发生时，你正试图说服的人将轻易地忽视或者干脆脱离你正在努力建立的局面。[3]因此，你对激励他人所做的努力，可能完全有悖于你的初衷，这样做的结果可能让这些人消极地认为他们无力应对所面临的状况。

丹尼尔·平克（Daniel Pink）在他的《驱动力》指出，拿消极后果（或"依据"）来激励员工提高的方法会产生同样的情形。他是这样解释的，恐惧容易造成人们目光短浅，人们渴望完成任务的目的，只是为了免受威胁过的惩罚，并没有任何其他更深层次的想法。平克认为，因为成就和目光短浅不能共存，所以这样的做法并不有利于培养创造力和跳出定式思维的能力。

恐吓战术是一种外部强制力量，不可能维持一种发自内心的强烈渴望。人们对进行变革的兴趣会慢慢随着对恐吓反应的逐步平息而逐步减退。相反，对于信念和希望所产生影响的研究发现，对变革能力的积极正面情绪可以带来一种强烈的潜意识的成功暗示。

因此：

在变革举措中，要用乐观情绪来传递希望，借此激励人们进行变革，而不是恐吓而造成惧怕情绪。

谨慎、有节制地运用**及时提醒**模式提醒大家变革的需求。然后，就一个清晰的、可实现的解决方案展开讨论，强调变革有哪些正面积极的好处，不要放大现有问题的消极面，这样可以让人们感觉他们有能力控制产生的问题。运用**个人沟通**和**量身定制**模式让大家意识到组织和个人的现有价值、实力和才能完全可以战胜挑战，让变革从想法变成现实。

通过运用**设想未来**模式来展示变革可能带来的各种变化。提供外部经验作为验证依据及参考。人们将从另一个类似的成功经验中获得安慰和鼓励。你可能也想创建一套电梯演讲材料来传递鼓舞人心的消息。

确定可能产生负面消极反应的典型情况。提前做好应对计划，以便在遇到相关问题时能从容、自信地面对。

当你觉得沮丧时，试着从当前面临的挑战中寻找亮点。当你不知所措时，当你灰心丧气时，不要对寻求帮助感到犹豫不决，你需要靠其他人的同情和安慰。在一个艰难的变革举措实施过程中，有很多时刻你可能内心都在和自己对未来的描述进行思想斗争，即便如此，仍然应该和大家分享你的想法。一种正面的积极态度除了能够帮助他人之外，也可以在内心帮助说服你自己。但是你一定要确认自己的观点不被扭曲：如果你无法达到预计效果，那么使用这个模式反而会适得其反。任何时候都不要承诺任何立竿见影的成功或者巨大的利益驱使。作家和心理治疗师维琴尼亚·萨提亚*警告说，新事物的引入总会带来生产力的下降。有经验的布道者应该为这样的状况做好充分准备。

建立**情感联系**：建立牢固的关系和一个集体形象，让每个人对表达各自的感受和顾虑感到安全可靠。要做到未雨绸缪，对负面情绪保持前瞻的洞察力。需要时即刻提供支持和安慰。如果团队士气开始低落，安排召开全员大会发布最新信息并安排时间进行回顾思考。保持联系，持续公关，不遗余力地强调已经取得的各种小成就和变革举措中已经完成的每件事情。这样可以抵御不利的谣言，有助于保持希望。即使面临各种挑战，发布的消息都应该包含一些正面的积极能量，再困难的情况下也总可以发现一些可以分享的好事情。

注意自己的态度。一个持有固定式思维模式的人会认为人们的智力和才能是与生俱来、固定不变的，所以在这种情况下，提高和改进的希望微乎其微，很多人会对变革产生抵触或者抱有怀疑。这种思维模式可以在组织、团队或者个人的各个层面上限制你领导变革的能力。反之，如果你相信无论今时今日人的才智如何，每个人都能成长和提高，那么你取得变革成功的几率就将大大提高。即使被消极和负面情绪围绕，你也可以面带让人温暖的笑容和表达善意，它们可以在变革的征途上助你一臂之力，让你走得更远。

* Virginia Satir（1916—1988）：美国最具影响力的首席治疗大师，被美国著名的《人类行为杂志》(Human Behavior)誉为"每个人的家庭治疗大师""家庭治疗的哥伦布"。其著作《联合家族治疗》被誉为家庭治疗的"圣经"。她一生致力于探索人与人之间以及人类本质上的种种问题，她在家庭治疗方面的理念和方法，备受专业人士尊崇与重视。她发展出许多生动创新的技巧来探索家庭关系并被治疗师广为运用。

==============================

运用**增加正能量**模式有助于建立让人觉得新的想法能够成为现实的希望，人们对变革举措推进中的各种挑战不再感到恐惧和沮丧，反而对问题的解决变得更加乐观。强调正能量也能帮助你在漫长的变革征途中保持高涨的领袖精神。

然而，当你宣告一切顺利而实际上并非如此的时候，你将失去广泛的群众基础，牺牲大量积累的信誉。盲目乐观和非理性的利好消息能制造快乐的假象，阻碍重要的回顾思考，使得你和团队无力应对挫折。[8]你应该通过提问和收集反馈让自己脚踏实地应对现实情况。当事情变得糟糕时，要坦诚地面对问题，勇于承担责任，建立具体行动计划处理和解决发生的问题。

爱德华·米勒博士（Edward Miller）是约翰·霍普金斯大学医学院的院长和医院的总裁，他指出："如果你观察那些接受了冠状动脉旁路移植术的人，会发现，两年后大约只有10%的人改变了他们的生活方式。"迪安·欧尼斯博士（Dean Ornish）是预防医学研究所的创始人，他将估值提高到77%。他注意到只提供健康信息是远远不够的，而且精力花在用对死亡的恐惧来激励病人实现健康饮食和生活的方法也是行不通的。在心脏病发作的几周内，病人往往因为对病魔和死亡的恐惧而对医生的话唯命是从。但是脑海中总是想着死亡实在是太可怕的事情了，没有人能一直承受这种忧思。于是拒绝改变最终会发生，人们总是又回到之前的生活轨道，用这种方式让自己摆脱内心的忧虑。欧尼斯博士对问题重新制定了解决方法，不再试图用"对死亡的恐惧"来刺激病人。他让病人相信，当他们能自如地享受日常舒适惬意的生活时他们会觉得生活品质变得更好，比如夫妻生活或者在没有病痛的情况下做一次长时间的散步，通过这种方式鼓励病人建立对生活的美好愿景。参加有其他病人参与的每周互助小组，以及来自营养师、心理学家、护士和瑜伽及冥想教练的关怀和照料，有助于指引病人看到改变的短期成果，让病人保持对自己有能力改变饮食和生活方式，并使自己生活更健康和幸福的信念。[9]

乔纳森领导一项为期两年组织转型，任务很艰巨。转型推进得相当艰难，因为员工认为这个转型从组织中的其他项目拿走了有限的项目资金。即使在特别困难的日子里，乔纳森也会刻意地面带微笑，向周围的人传递最积极的同样也是真实的消息以及转型成功后员工可以获益的方面。两年临近尾声的时候，转型获得全面成功，员工都在交口称赞乔纳森从未消退的积极乐观的态度。

　　桑德拉是一名大学教授，当她的学生在测验或者课外作业中表现不佳时，她就会很生气。她常常威胁他们，如果不努力最终可能得到一个低分或者不及格，有意制造紧张气氛。然而，桑德拉认识到恐惧持续时间非常短。更重要的是，反复的恐吓战术让学生觉得她是一个可怕的老师，而不是和蔼可亲的。桑德拉意识到有时候有必要给学生们一个言简意赅的提醒，解释坏分数可能带来的不良影响，同时她也承诺帮助学生改正他们的学习习惯和态度。她并没有越俎代庖，而是向那些有改善意愿的学生表明她随时愿意帮助他们这一立场。她用班里通过奋斗取得好成绩的学生的故事鼓励所有学生，并且为他们在提高过程中的每一点小进步欢呼雀跃。

　　2010年一份盖洛普民意测验显示，48%的美国民众认为对全球变暖的忧虑有些夸张。而在1997年，只有31%的美国民众觉得过高估计了民众对此的忧虑。比例的增加可能与这个问题的框架效应有关，所谓框架效应，就是人们受外部信息的影响而建立起某种类似滤镜的观点，利用它来观察事物，一旦框架建立，就会影响到个人认知。研究人员通过民意调查，测量人们对于全球变暖的怀疑程度以及他们对世界公正的信念。受访者被问及他们会多大程度上赞同以下的说法："我相信……人们得到他们应得的："和"我很有信心，正义是高于一切的……"一半受访者阅读的新闻文章在结尾对全球变暖后果提出负面的严重警告；而另一半阅读的则是专注于解决方案的更积极正面的信息。接收更正面消息的人是相信科学的。阅读"世界末日"一类消极信息的受访者对全球变暖持怀疑态度，那些之前认为世界总的来说是公平的。受访者在阅读消极的负面消息后对全球变暖的怀疑反而会更加强烈。虽然许多人倾向于使用基于恐惧的消息，但是对于全球变暖的话题，我们对那些骇人听闻的说辞的反应可能就是对这个环境问题置之不理。

具体行动计划

　　莎莉决定，与其只设定一个模棱两可的目标类似"寻求更多进展"或"以更健康的方式生活"，不如具体些"在每周二和每周四的晚餐后，绕着街区步行三圈"艾伦决定，与其试图"减少我的咖啡因摄入"，不如设定一个非常明确的目标："当我在下午时分非常渴望喝杯咖啡的时候，就喝一杯柠檬水来代替，从而抑制我对咖啡的欲望。"而安娜决心，与其企图"更好地控制自己的愤怒"，不如"当我开始变得气恼的时候，就做一个五秒钟的深呼吸好自己平复下来。"

为了朝着目标努力前进，当你采取下一个循序渐进的步骤时，一定精确规划好自己的行动计划。

你是一名布道者或者一位专职负责人，胸怀变革的愿景。

领导变革举措的征程上充满曲折和荆棘，而且要做的事情层出不穷，这些会让你有失控的感觉。

你可能有过设定目标后受挫并看着目标渐行渐远的经历，终点对你来说变得遥不可及。设定目标可以让你在一段时间内感觉良好，可是如果什么都没有发生，很快你就会感到沮丧。经常发生的情况是，在你写下那些目标后，几乎再也不会严肃认真地反复考量你的目标。

纽约大学心理学教授和研究员加布里埃尔·奥丁根（Gabriele Oettingen）和她的同事解释了为什么人们会经历这样的思维困境。她们在对心理对照和执行意图（Mental Contrasting with Implementation Intentions，MCII）的研究中，发现人们在设定目标时倾向于使用三种策略，事实上其中两种并不好用。乐观主义者喜欢"沉迷"于想象他们希望看到的未来，喜欢臆想美好成果。当你这样臆想的时候，当然会心情愉悦，但是盲目乐观不等同于现实的成就。悲观主义者会"杞人忧天"，对实现目标的道路上所有可能的障碍感到忧虑。杞人忧天也与成功无缘。心理对照结合其他两个方法的元素，也就是说集中精力于一个积极的正面结果，并同时专注于存在的阻碍。下一步的动作是需要建立一系列"执行意图"，即具体行动计划，以"如果/然后"的形式清楚陈述存在的障碍和克服这些障碍的方法和行动。MCII 是一种为自己制定规则的方法，帮助避开自身期望的变化和力图抵御变化之间的内心矛盾。规则提供了一套有序的体系，为你做好内心准备，帮助你抵制诱惑而专注于其他方面。不久以后，规则成为内心认同的常态。[9]

我们每天的大部分行为都是轻车熟路的自动思维的结果。我们需要新的诱发因素来促使我们尝试新的事物。心理学家彼得·高尔维茨

（Peter Gdlwitzer）认为把"执行意图"用具体的语言来落实非常重要，例如，明确说明"如果这个（特定的事情/情况）发生了，那么我将做那个（特定的动作/行为）。"这样做能够在消除对困难决定的纠结的同时提升养成好习惯的成功几率。[12, 13]

为了了解在变革举措中的前进方向，团队多半会定义好一个愿景和一路上为实现愿景设置的里程碑式的目标。这样可以帮助你明白自己在做什么，但不能告知你如何才能完成期间每一个目标，以达成最终愿景。你需要具体定义那些循序渐进的每个小步骤。

因此：

用具体的行动，包括要做什么、在何处做以及何时进行，详细描述达到一个里程碑目标需要执行的每一个具体的小步骤。

确保用 SMART 目标管理原则来定义你的行动步骤，这意味着你需要体现行动是明确具体的（Specific）、可度量考评的（Measurable）、以行动为导向的（Action-oriented）、切合实际的（Realistic）而且是有时间表（Timetabled）的。不要简单地做一些暧昧的承诺，要把精力集中在做出成果上。清晰定义什么、何处以及何时，这样具体的行动才能有效地执行。设置简明易于理解的目标，并确保你的目标在承诺的时间段内可以实现。如果你的计划包括定期活动，那么记得在日程表上像标注其他事情一样，安排计划好这些活动。

把具体行动计划写下来并按计划执行，这样做能帮助你和团队明确你们的方向，奇迹也会跟着发生。

既要重视要采取的行动，也要重视你一路上积累的经验和知识。正如杰瑞·斯特因（Jerry Sternin）指出的："相比把自己所想的演化成一种行动方式来说，把自己所做的演化成一种新的思维方式更容易实现。"不要相信头脑里增长的学识会改变你的态度进而导致你的行为变化，而要让你的具体行动步骤成为激励你转变态度的源泉。

将行动计划中的每个小步骤都视为一次尝试。安排时间进行回顾思考，看一看什么是可行的，还有什么是你需要尝试不同做法的。这些宝贵的经验可以为你下次尝试提供反馈。如果你的尝试没有取得成功，那么就调整计划或者把精力转移到下一个可以控制的小步骤。把制定的计划视作一个有生命力的行动列表，朝着不断演进的愿景跋涉的时候，你需要不时重新评估和调整具体的步骤。

庆祝那些已经取得的小成果，有利于你审视那些已经完成的事情，而日后还有很多事情要完成。

==============================

具体行动计划模式有助于你从计划模式转换到行动模式，更利于你恪守达到目标的承诺。你和团队可以做更充分的准备，避免拖延，克服分心，执行已定的决议。而且，因为你已经精确定义了你将如何达到目标，所以也更容易评估计划的实施情况。

然而，即便有一套明确的计划，也不能担保你可以亦步亦趋地严格执行。设置新的触发机制和抱有乐观的希望是不够的。同时还应该预备些余量来帮助你面对可能存在的失误。当意外失误发生时，哪怕是最细微的错误，人们也往往会倾向于全盘放弃。对待失误，我们要有耐心，要允许失误，原谅失误。如果你"摔得人仰马翻"，那么记得寻求安慰，这能帮助你和团队重新审视你们能够做出哪些改变，然后继续前进。

全国小说写作月是一年一度基于互联网的创意写作活动，在每年的11月举行。网址是 *http://www.nanowrimo.org/*。该网站为作家们提供支持，帮助他们在一个月时间内创作一篇小说。活动的成功率很高，因为所有参加的人得到网站提供的支持，并且全力以赴地投身到一个明确的具体行动计划："你的目标是截止到11月30日当地时间午夜时分，完成一篇至少五万字的小说。"

斯蒂芬正在努力学习适应部门经理这个新的角色。他犯了一些错误，但是他羞于公开为失误道歉。他总是对自己默念："下一次我会做得更好的。"但是像他这样自我悔过的行为是于事无补的。最后，他的辅导老师杰克和他促膝谈心，对他说"承认错误并且道歉，需要很多的勇气。如果你愿意做以下三件事，即使是最坏的行为，也会得到人们的原谅。

1. 道歉，要真诚，不要找任何借口。
2. 谈谈你从中学到的经验教训。
3. 说说你会采取什么不同的举措。"

现在斯蒂芬不再就一个不清的目标进行自我承诺，相反，他给自己清制定了几个具体简单的小步骤来帮助他解决自己的困境。

大卫·阿姆斯特朗（David Armstrong），作为家族的第四代，他经营着家族企业阿姆斯特朗国际，他希望他的公司在创新和变革中成长。他决定从让他的员工停止对新想法的否定情绪开始着手。他需要为此制定一个详尽的行动计划。他想引入一种新的热敏颜料，这种颜料可以随着温度改变色彩，但是他猜想他的资深工程师和销售人员听到这个想法的第一反应会是消极和负面的："这是骗人的把戏。我们卖的是工程产品。我们目前使用的颜料已经很好。为什么我们要用这样的办法来愚弄周围的人？"他的计划是在员工会议上采取行动，让员工讨论新的想法。他发给每个人一颗 M&M 巧克力，说："在会议期间，我允许你们每个人有权提一个负面意见。一旦行使了这个权力，就必须吃掉你的 M&M 巧克力。如果面前没有 M&M，就不可以再说任何消极的话了。"他的计划进行得非常顺利。员工迅速采纳了这个做法，对任何负面评论都大声提醒"闭上你的嘴，吃你的 M&M 吧！"这次会议的结果是，大家欣然接受了蒸汽疏水阀在停止工作时改变颜色的新产品想法。

卡伦的营养顾问告诉她："只是做自我承诺'不再吃垃圾食品'是远远不够的。相反，你应该说出自己的具体行动计划，例如，'一回到家，我不应该马上走进厨房吃零食，那样做我会在晚餐前已经摄入一千卡路里的热量。我应该，一回到家就马上换上运动服，绕着街区步行健身。当我准备晚餐时，我也应该准备好新鲜的水果和蔬菜。'"

扫清障碍

2011 年，丹麦洛斯基尔德大学（Roskilde University）的佩尔·古尔堡·汉森博士和他的学生提出了一个减少垃圾的提议，并在哥本哈根进行试验。团队向路人分发了 1000 颗糖果，随后在附近街道搜索那些标志独特的糖纸，搜索范围包括垃圾桶，烟灰缸和自行车筐等每个可能的角落，并对找到的糖纸数量进行清点。之后团队又重复这个流程，与之前不同的是，在第二轮试验中，团队成员在地面上粘贴了一路通往附近垃圾桶的绿色脚印作为引导标记。这使得吃完糖果后将糖纸随意扔在地上的几率减少了 46%。"绿色脚印标记明显引起了人们的注意，"汉森说，"我想，这些标记创造了一种使公众更关注垃圾问题的氛围，……或许也让人们潜意识地愿意跟随标记的指引。"汉森的评论和不久前在阿姆斯特丹的一个办公大楼进行的一次试验的结果很吻合，试验小组设计了鼓励来访者采用绿色环保的走楼梯方式而不是搭乘耗电的电梯。从大厅入口处开始，荷兰非政府环境组织，人文合作研究所（Hivos，荷兰语 Humanistisch Instituut voor Ontwikkelingssamenwerking 的缩写）的成员沿着地面铺设了一条明亮的红色带子，一直通向楼梯。在接下来的 24 小时试验周期内，进入大楼的人选择走楼梯的几率增加了 70%。[9]

为了鼓励人们采纳一个新的想法，要试着消除可能存在的"拦路虎"。

你是一名布道者或者是一位专职负责人。每个人都在说，或者你也感觉到，有些事情可能使人们对实现新的想法犹豫不决。

你能做些什么让人们切实行动起来，做出改变呢？

周围的环境有着各种各样的困扰和障碍。有些显而易见，人们怨声载道，而其他的一些比较不容易察觉的问题常被认为是业务进展中的常态。无论这些障碍是否明显，都可以让你正在努力说服的人觉得变革的过程困难重重。

创新的努力可能带来心理上和生理上的的双重负累，因为在"有意识的"状态下学习新事物比在"盲目"状态下重复已熟悉的事情要更耗费时间。[9]这会鼓动怀疑派以这些壁垒为托词而不参与创新。

人体工程学的一个基本观点是生理上和认知上的"推动"可以更易于人们思考和使用某种物品。创新型组织通过设计和传播功能可见性来应用这个逻辑，让人们看到新事物可能的功效，从而更容易接受变革。很多时候一个问题的解决不是通过强迫他人接受一个新的行为而实现的，而是通过创造性地消除了周围环境中的障碍以后而令所期望的行为自然地发生。[9]

改变环境就像在高速公路上画新的行车道一样。心理学家和《影响力》一书的作者罗伯特·西奥迪尼（Robert Cialdini）说："一旦我们建立起一种适合自己的常规，大脑的工作方式就会进入自动驾驶的定式。"[9]

因此：

尝试从环境上做出恰当的改变来鼓励人们接受新的想法。

运用**个人沟通**模式找到前进路上的拦路虎。对于个人来说，要洞悉并清楚地用语言表达他们对变革所存在的内心挣扎可能很困难。要耐心询问，仔细倾听，并深入询问。要环顾四周，细心观察其他人正在做什么。更应该潜心思考创新可能会在哪些领域改变他们的日常生活，可能在哪些方面让他们更困难。

你应该找出阻碍。判断它们是否与周围的环境相关，即创新是否会造成工作环境上的壁垒？还要判断它们是否是系统相关的，即创新是否会造成工作流程的复杂化以及完成任务的难易程度？或者它们是否与其他方面相关？[9]丹尼尔·平克在他的《全新销售：说服他人，从改变自己开始》（*To Sell Is Human*）中提到这个策略，把它描绘成给人们的思想找到出路。[9]

一旦发现一块绊脚石，就主动寻求帮助，想法跨越它。发现一个有创意的解决方案可能很困难。你需要来自方方面面的信息。创新者可以是一个很大的助力，但一定要动员所有可能擅长解决问题的人参与。使用**外部验证**模式找寻可以激发灵感的有用手段和最佳实践经验。你可能想要呈现各种克服困难的可选方案，但同时也要意识到提供太多的选择有时会让人产生困扰，反而会使他们与你对着干。[9]

做一些力所能及的小改变，而不是全部放弃当前的方式方法、完全用新的东西重起炉灶。充分考虑并利用在组织里已经实行得很成功、很顺畅的方式方法，尝试搭搭顺风车，让自己顺势而行。这些小小的试验能助力你协助其他人向正确的方向迈进。在整个学习周期内不断重复这些试验，保持高昂的情绪，循序渐进，提供用于回顾思考的时间，并为小有成绩而鼓掌欢呼。这些试验应该成为具体行动计划的一部分。

如果你的试验获得成功，发现了更好的方式方法，就可以把新的方法作为一个更便捷的路径推广给大家。人们常常通过列出长长的行动清单或者增加流程和监控来达到目标。所有在这这样的努力会自然而然地增加大脑的认知负荷；试着通过改变来为认知负荷做减法。削减一些任务让整体环境变得更简洁。创新应该是让人们从时间和资源超负荷状态中解放出来，从而改善他们的生活质量，而不是使本来就已经忙碌的人再添负累。

周围环境中的很多阻碍可能对你来说都很棘手，你可以尝试着从一些短时高效的地方着手，从容不迫地缓步前进，避免让人们觉得不知所措而令你的努力无功而返。通过讲述自身经历来分享成功的故事，并邀请导师参与，帮助那些内心仍在挣扎的人们。

保持持久稳定的动力。有时候一个尝试会立刻生效，而有些时候也会失败，但是不管结果如何，它可以提供难能可贵的学习机会。一次成功的经历，会令人的满足而放松警惕，觉得自己的工作已经完成了。当创新向整个组织这个更大的范围内扩展时，很可能会出现新的路障，因此你必须时刻找寻方式方法，让新加入的人们更容易接纳新的想法。继续使用**个人沟通**模式去了解大家，使用**量身定制**模式了解自己所在的组织。

=============================

运用**轻车熟路**模式来建造一个更拥护新想法的环境。有助于转型过程变得更快速、更便捷，并且对所有人来说可能都会进一步减少为转型所需付出的代价。

然而，这个方法只是一个通往变革之路的铺垫工具而已。这个方法自身通常不能导致复杂的变化，例如带来一种完全稳定的生活。创造一个清除路障的效应可以是短期行为，当新奇感消退后，就要开始以循序渐进的方法来解决成功之路上的另一个障碍。

格里想让他的学生投入到一个服务项目中，但是他从他们那里听到一个又一个不愿意参加的借口。最后，他决定着手解决一个他听了一遍又一遍的理由：大多数学生没有车，因此对他们前说去往项目所在地非常不方便。格里做了一个"搭乘名单"分发给有车的学生，让他们报名搭载那些没有车的同学。这样，绝大部分的同学都同意去参加项目了。他对解决这样一件小事就促成服务项目的启动觉得十分吃惊。

在一个变革举措中，很多工作人员抱怨他们没有时间参加自带午餐会或者全员大会。因此布道者征询了各个部门经理的意见，问她是否可以参加他们的部门会议，占用少量的会议时间来告知大家项目的进展并回答问题。既然人们无法参加关于新想法的讨论会，就让我们把讨论的机会带到他们的面前。

大学新的体育场馆建造完成后不久，每天傍晚五点左右场馆就非常拥挤，因为校园的很多工作人员在五点或者五点半完成工作之后会去场馆健身，而学生们差不多也是在这个时间结束一天的学习。场馆拥挤不堪，以至于很多人都不愿意继续到体育馆健身。管理层决定在工作人员上班之前就开启场馆。大部分学生不想早起，但是对大多数工作人员而言这是个绝佳的锻炼时间。校园退休员工活动中心的成员也得到了场馆的门卡。然而，由于他们既不喜欢那里的音乐，也不喜欢那里嘈杂的环境，他们不愿意去。了解到这些情况之后，管理层设立了每天"安静时间段"，在此期间场馆不播放任何音乐，这样退休员工也非常乐于去场馆健身了。

亚马逊的员工采取措施，让网上购物变得更便捷。如果准备买一个物品，你可以使用"一键下单"功能，将你的信用卡、借记卡或亚马逊储值卡与送货地址联系起来，这样就可以通过简单的一键操作完成订购。正如亚马逊指出的："授权使用亚马逊的一键下单专利和商标，让我们可以向客户提供一种更便捷、更快速的网上购物体验。"

电梯演讲

　　我还记得那次我从软件开发大会回来后的兴奋之情！我迫不可待地想要和我的团队成员分享萦绕在我脑海中的蠢蠢欲动的新想法。周一早晨在公司里我遇到的第一个人问我："嗨！会议怎么样啊？"我千言万语脱口而出，思考都快跟不上话语的节奏。我已经看出那个人对我的喋喋不休感到不知所措，但我就是停不下来。其实有一半的时间我所说的没有什么意义，我说了很多"嗯""呃"这样的语气词。

他说："好吧，好吧，我猜你一定享受了整个会议的过程！或许我们晚些时候再聊吧！"然后就离开了。这就是我要面对的现实，我需要一个更好的方式来表达我想要分享的想法，并且要快！

准备几句现成的话向其他人介绍自己的新想法。

你是一名布道者或者一位专职负责人，致力于推进新想法。你总会偶遇向你询问变革举措有关信息的人。他们往往很忙碌，时间有限。

当你有机会向其他人介绍自己的想法时，你不想磕磕巴巴、临时搜肠刮肚地寻找合适的辞藻。

我们随时随地面临着这样的挑战。那些我们试图施加影响的人会问："你们一直在谈论什么新想法啊？"这是一个天赐良机，让你有机会快速有效地传递你的信息，吸引他们，令他们想要获知更多信息。当有人询问"你在做什么？"的时候，我们中的绝大多数人都会纠结于如何给出简单明了的答案。我们对繁复的生活知之甚多，以致于我们觉得倾听者需要对背景资料有详尽的了解，才能理解我们的所言所行。然而，缺乏一个有准备的简明扼要的介绍，我们不是给了倾听者过多信息，就是自己转来转去重复自己，没有提供什么有价值的信息。

当今社会，我们已经习惯于各种实况片段。根据社会学家阿达托菊生（Kiku Adato）的一项研究，1968年的总统竞选中，网络新闻上每个候选人谈话不被打断的平均时长为42.3秒。到了2000年的竞选，这个平均时长缩短到7.8秒。[9]那些你想影响的人已经很习惯于职业政客、广告商和娱乐圈人士这种几秒时间内就能抓住重点直入主题。你也需要达到这样专业人士的程度才行。

记者深谙这个现实的道理。时间紧迫性促使大多数报道事件以倒金字塔方式呈现新闻要素，涵盖基本事实、结论和线索，突出新闻重点，而详情跟随其后。这种方式最早出现在电报时期，一个新闻事件需要经历很长的电报传输时间，相关新闻要素需要第一时间发送，因为它包含的重要信息是要即刻见报的。这种方法在帮助我们处理大量信息时仍然十分有效。

当你赋予自己的想法一个美好愿景时，你需要有可以简洁明了进行沟通的能力。约翰·考特（John Kotter）在他的《变革之心》一书中提供了一些可以用于与他人分享愿景的建议："什么是可行的？……愿景是如此清晰，可以在短短一分钟内切中主题，也可以洋洋洒洒写上一整页。"[9]美国电影制作人、导演和剧作家戴维·贝拉斯科（David Belasco）鼓励人们朝着更简洁、更明确的方向思考问题："如果你无法在我的名片背面写完你的想法，就说明你对你的想法还没有做到了然于胸。"[9]

如果你无法直截了当地分享信息，你的兴奋感和你具备的学识可以让你喋喋不休地讲述但就是无法直入主题。这样会给大家留下一个你不了解自己在做什么或者自己的目标是什么的印象。你需要深入理解自己要传递的信息，并有能力进行准确阐述。

因此：

精心打磨几个涵盖关键信息的句子。

简单清楚地描述自己的想法。这个提纲挈领的概述可以包含以下信息。

- 你的想法是什么？力求简洁，试着用一句话概括。
- 这个想法可以解决怎样的问题？为你的想法和可以解决的状况找到契合点。
- 你对最终状态的愿景是什么？简要阐述相关举措会把组织带向何方。

保持简短，永远把"适可而止"作为座右铭。马克·吐温在1880年写下的话语同样适用于今天："我注意到你使用了平实、简单的语言，以及简短的词汇和简洁的句子。英语写作就应该这样，它是现代派的，也是最好的方式。坚持这样做；不要融入浮夸、过多的粉饰以及长篇大论。"慎用专业术语、流行词汇和过于冗长又复杂难懂的句子。如果你的消息以一种既清晰又直截了当的方式呈现，就说明你会成为一名更有成效的沟通者。如果无法精炼自己要传达的消息，那可是个不好的征兆。

想想怎样以一个问句开头，例如"你知不知道……？"你可以运用**预想未来**模式，用一个问句直指未来的可能性来结束自己的游说，例如"你能想象一下……吗？"个人对于陈述的结论性的观点通常是被动接受的，但在听到一个问题时，他们会下意识地产生主动倾听的理由。[9]

要注意强调最重要的信息。如果想表述的内容太多，人们往往记不住，那么他们对参与变革举措的渴望也会大打折扣。扪心自问为什么你这么热衷于自己的新想法，你会想到一系列好的理由。你想说的每件事或许都是对的，但这不一定等同于一个清晰的陈述。

大声练习电梯演讲，直到会话的时候自己感觉到游刃有余。不要刻意搜索正确的辞藻，言辞要自然。同时，尽量不要表现得好像一切都是经过度排练和演习的。要确保让对方感受到你的人格魅力和热诚。

保持虚怀若谷，朴实无华。注意，你的言谈既不能听上去太不拘小节，也不能听上去太自以为是。不要给人留下卖力推销的销售员的印象。这样会使人们对你丧失兴趣。

一旦发表了**电梯演讲**，要留一些时间给人们，让他们提问，不要催促他们马上赞同你的观点。一次短小精悍的演讲可以提供丰富的信息，但是它的说服力未必是立竿见影的。在演讲的最后，记得邀请人们做进一步的咨询和答疑。

简短的演讲只是第一步，它的目的在于分享信息和探索各种可能性，集思广益。要做到有说服力，持续的深入交谈至关重要。你的简明介绍之后可能引发各种问题，你需要确保和大家保持联络并帮着答疑解惑。

将电梯演讲的内容公布在自己的网页上，张贴在办公室周围。大部分人很可能需要不止一次审视你宣扬的观点，才会进一步询问，索取更多信息。

以下是两个不同的电梯演讲案例。

> 我们的公司变得如此庞大，以致于我们越来越难做到之前那样给予客户的个性化关怀，在意这方面关怀的客户群正在逐渐流失。因此，我想推荐我们公司采购客户关系管理软件。它能使我们找到并引起新客户的兴趣，培养和维护客户关系，吸引之前流失的客户重新回到我们公司，同时削减我们市场和客户服务的费用。

> 我会帮助你们公司不上演呆伯特职场漫画系列的场景！我是一个擅长变革相关事宜的管理顾问。如果你的公司正在经历快速成长或变革，我可以提供经验和才智，让员工保持愉快的心情，让公司保持盈利。

最初，你的简短演讲对每个人都是一样的。当有人试图了解更多信息的时候，就使用**个人沟通**模式；之后可以针对不同专业的人士，例如一个经理、行政助理、工程师、市场专员或者人力资源部的工作人员，根据他的兴趣特点和需求定制沟通信息来继续交流。

定期回顾并更新电梯演讲中的内容，你总会遇到新的听众，你需要和他们交流，让他们了解自己的想法。致力于做好电梯演讲有助于你洞察演进的愿景。

===============================

电梯演讲模式开启的对话对你的事业很有帮助。因为你深入浅出地讲出了自己想法的核心信息，让人们更易于理解，你将在自己的听众中积攒人气和提高信誉度。你公每个人获得的信息保持一致，你也开始考量如何对后续问题采用量身定制的方法，提供有意义的应答。

然而，简短演讲可能导致听众对你的想法做出快速的判断。而且，如果这个人听得心不在焉，或许他或她直到你演讲结束也未必能听进去你的简明信息。通过持续公关保持联络，并展开进一步的沟通。电梯演讲只是整个沟通计划的一部分。

贝琪为一个气候变化项目工作，这要求她和自然学家、社会学家、商务人士还有公众各方人士交谈。她策划了相同的电梯演讲来展开她和每个人的谈话，即项目总结、她在解决的问题，和她的愿景，也就是她的工作如何为相关问题做出贡献。她迅速捕捉到每一类专业人士很可能会问的问题，因此，当有人要求了解更多信息时，她依据电梯演讲的核心内容，一一提供了个性化的应答。

不久前，我参加了一个学术会议的专题讨论。作为开场，我们每个嘉宾被要求用 30 秒钟时间解释敏捷软件流程。普雷斯顿做得不错，他先陈述了一个没有满足客户期望的问题，之后介绍了他的简明解决方案。他的演讲很精炼，很具有说服力。他胸有成竹。我们其他人也表现得不错，但是我们说话磕磕巴巴，流失了不少听众。因为这一简短而又令人信服的时刻，普雷斯顿牢牢抓住了听众的注意力。

自 1975 年起，罗纳德·里斯博士（Ron Reece）在心理学领域就名声远播了。他致力于帮助小团体持股公司处理一些独特的关系、业务需求、领导层转换以及管理层问题。罗纳德在他网站上发布了简要的电梯演讲，有人询问他的工作时，他给出了这样的答案：“我不让人们破坏公司运作，也不让公司运作危及人们。”

情感连接

　　一位首席信息官说自己非常幸运，他在职业生涯早期就"学习了所有大家都必知必会的，如何满足客户的期望"。在和商务人士、企业高管以及普通管理层进行私人访谈之后，他这样阐述："让我用一句话来总结那些客户告诉我的：'我可能记不住你和我说了什么，我甚至可能记不住你为我做了什么，但是我将永远忘记不了你带给我的感受。'"[9]

　　和听众建立感性联系往往比单纯地以事实说服他们更有成效。

　　你是一名布道者或者一位专职负责人，致力于推进自己的新想法。你已经做好准备，或者已经尝试过和人们谈谈你的变革举措。

在分享关于你的新想法的信息时，你也许相信合乎逻辑的论点就足以令人信服。

你也许越来越擅于沟通事实。你也许有一份漂亮的、着重罗列和陈述观点的简报介绍。你也许已经准备好自己的电梯演讲并创建了一些持续公关方法。这些都是开始时期以及贯穿整个变革举措的好策略。归根到底，在听众受到影响并接受想法之前，他们必须了解想法。但是事实并不总是令人信服的。

你也许相信，你的听众将被一整套组织严密的数据说服，转而支持你的想法。然而，个人通常依照自身根深蒂固的价值信仰体系来诠释信息，而且，如果事实与信仰体系不符，人们常常会质疑、排斥或者干脆置之不理。随之而来的结果可能会是他们这样回应"她说的根本不靠谱"或"听起来挺有趣，但是和我没有什么关系。"他们极有可能对变革举措将对他们产生的影响感到忧虑不安，如果他们没有看到任何迹象显示你在意他们的感受或者正着手解决他们的顾虑，他们甚至会气愤。

要想说服大家，仅有一个好的合乎逻辑的观点是不够的。我们并不是只有理性的人，即使有极好逻辑能力的人也如此。我们也是感性的。我们大脑中的一块区域对决策至关重要，它也同时参与情感处理，这就是前额皮质，信息和情感汇聚于此，帮助我们分辨是非。所以，我们的大脑不像电脑那样简单进行逻辑类型的操作处理。我们能够评估一系列事实，计算数字，但最终的决策一定是我们自己感觉是对的决定。

研究表明，大脑前额皮质受损会导致决策能力变差。经历过这种创伤的人们还保持着他们的认知能力，但是损伤将他们从他们的情感中剥离，使他们不在意自己的决定和行为。[9]菲尼亚斯·盖奇（Phineas Gage）就是一个典型的例子，一根钢管从眼睛刺穿了他的脑袋，可是他却奇迹般地活了下来。由于他的前额皮质受到严重创伤，盖奇的行为开始变得异常，他渐渐变得优柔寡断，也不在意自身责任与社会禁忌。另一项对于前额皮质病变病人的研究揭示了尽管他们的认知能力如常，却丧失了分辨是非的能力。

这种决策中的情感元素令生活更有效率。我们无法对每种可能性进行评估；因此，我们的情感驱动自己做出决定，继续前进。当证据错综复杂，冗长或者不完整时，无论好与坏，这些情感因素可能是可以做出决定的唯一出路。[9]

尽管有各种证明和迹象，有些人可能仍不赞同情感的作用；他们可能觉得他们更像《星际迷航》中的斯波克先生，可以理性地、符合逻辑地阐述他们的决策过程。研究表明我们通常基于什么做选择的原因并不正确：我们常常归结于完全符合理性和逻辑的原因，而忽略自己在做决定时的切身感受。[9] 所以，当我们源于自己的感觉做出反应或者决定时，之后我们会赋予这些行为合理的逻辑和理由。

一项题为"心灵和灵魂的变革"的研究发现，情感关系中的化学作用产生的感觉是激发改变的愿望和渴望的一个关键因素。如果你理解其他人的感受，就可以激励他们更容易领悟你的新想法中的可能性。

运用说服战术必须考虑到人们逻辑思维上的想法和情感关系上的感受。变革的领导者常常会遗忘后者。哈佛商学院的约翰·科特教授（John Kotter）解释说："组织的变革不可抵挡地取决于个体成员的情感变革……思想和感受是基础……但是变革的核心是情感。"[9]

因此：

通过倾听和切实关注他们对新想法的感受，和各个成员在情感的层面建立纽带。

在试图说服各个成员之前，首先和他们建立人际关系，这样能帮助你确定他们的兴趣和处理他们潜在的顾虑。要记得多听少说，这样有助于你理解他们的想法。你要充满耐心，通常人们并不是总能够意识到自己对于某个问题的自身情感。对其他人能达到更深层次的理解是需要时间的。

专注于每个人所热切关心的事物，把变革举措和可以激发大家兴趣的理由联系起来。把精力集中在"为什么"而不是"是什么"上。关注组织中的人们共同关注的事物和你认同的方式方法。和大家分享你的梦想（而不是你的具体计划）来激发大家的兴趣。同时，在你仔细倾听其他人的梦想时，尝试和拥护者建立一个集体形象，这样你们都会受到一个共同的目标激励而奋发向前。记得表达你对他们个人价值以及他们独有能力的深信不疑，相信他们会对行动举措做出独特的贡献。

运用**个人沟通**模式量身定制你和他人的互动，这样才能深入沟通而不仅仅是停留在一个好想法的评论员的角色。讲讲发生在自己身上的故事，告诉他们你是如何以及为什么会对你觉察到的问题的重要性和你提出的愿景如此深信不疑。和人们分享你的亲身经历，坦诚相对，包括自己的缺点。保持谦虚，当你满怀热诚地向人们讲述自己的小想法的内在乾坤和巨大可能时，请一定不骄不躁，保持谦逊。

想想如何才能吸引听众。通过让他们觉得更加有意义，更可靠的图像和故事，并且包含具体名字、地点和事情的图像和故事，让那些事实更加令人印象深刻。[9] 通过运用**预想未来**模式让他们形象地设想更美好的未来。

不要忘了通过及时提醒来唤醒沉睡的情感。但是不要沉湎于那些负面的东西，相反，通过强调积极正面的事物来激发人们对潜在解决方案的兴趣。为大家营造一个可以随心而动的环境，在这样的环境里，大家在你的帮助下已经相信问题可以迎刃而解。

如果你开始察觉到任何强烈的负面情绪，就应该深入探究原因。很可能，当你就新的想法将带来的收益侃侃而谈时，倾听者却纠结于变革的结果将带给他们的损失。给予他们寻求安慰的机会。通过运用**无畏**模式，你可以解决那些负面的情绪，但是一定要耐心，要循循善诱：恐惧、气愤或者憎恨这样的情绪常常使人们无法心甘情愿地倾听。你可能需要把对话推迟到最初的紧张情绪消除之后。这段等待的时期对早期多数者尤其重要，在接受想法之前，他们希望先了解其他人对想法的感受。

至关重要的是，你需要明白界限在哪里，谨慎措辞，注意不要越界。把精力集中在讨论对新想法的感受和变革举措上，而不是风马牛不相及的个人事务或者其他话题。

=============================

情感链接模式有助于创建一种情感关系，可以帮助你变得更加有说服力。你将带领参与者深入到变革举措中去，和他们对你提议的变革进行更具启发性的讨论，探讨你们一起怎样共同协作，并能使你的想法日臻完善。

然而，要把这个模式付诸实践还是有难度的。事实依据可以为你提供一个坚实的基础和安全的保障，这比起挖掘深层次的情感当然容易得多。如果意识到你将不得不和这个问题做斗争，你可以寻求帮助。在你着手准备和呈现各种不同的信息时，找到其他布道者和牵线搭桥者，和人们建立情感联系。使用这个模式并不意味着你放弃了逻辑论证而转投情感的怀抱，逻辑论点清单应该随时准备在手边，因为很多人还是想看到以事实为依据的。

> 在北卡罗莱纳阿什维尔创业周末活动中，新企业家团队有 54 小时用来创建一个经营理念，并且把这个理念推销给评审裁判团队。在理念推销和选出获胜者之后，所有的导师和裁判被要求对参与者给出建议。一名裁判提到大部分团队都呈交了大规模的市场调研数据，但是这些并没有令他信服。另一位说："如果在你的介绍之初，没有在情感层面上把理念销售给我，我是不会买账的……给我一条可以通往你的理念的情感联系通道。我用心做决策。"（他在说的同时指指他的心口）。

> 凯西试图说服梅丽莎在一个学生牵头的研究项目中承担一个角色。她把所有的项目信息都给了梅丽莎，但是梅丽莎还是犹豫不决。直到凯西讲述她见到这个学生为项目介绍会在当地商场买了一件外套之后兴奋之极的情形，梅丽莎最终笑了，并且同意加入。

> 在成为美国参议员之前，弗兰克·劳滕伯格（Frank Lautenberg）是一个企业的首席执行官。他的公司是计算机时代的先驱，而且，和

绝大多数的（尤其是工作在技术领域的）商界人士一样，脚踏实地地立足于事实，弗兰克的公司得到了蓬勃的发展。身为参议员，他成为了一名环境保护卫士，精通环境立法的各种技术细节。当劳滕伯格再次面临选举时，如何运用通俗易懂的语言让选民们理解他在环境保护领域上取得的诸多成果成了一个令他头疼的问题。经常会出现这种局面；他站在一个全员大会的会议现场，而他的听众昏昏欲睡，对此，他深感困惑。艾米·诺克斯（Amy Knox）是居住在新泽西霍利山的一个小女孩。艾米一直和癌症作战，她确信她感染这种疾病的原因是附近的一个有毒区域。艾米是一个坚强、勇敢的孩子，她发起了一个名为 PUKE 的社团组织，PUKE 是"人们联合起来为了一个清洁的环境"（People United for a Klean Environment）的英文字母缩写，她同时写信给参议院寻求支持。劳滕伯格作为参议员，竭尽所能地提供了热情的帮助和鼓励。基于这方面的切身经验，在演讲时，劳滕伯格用这个小女孩的感人故事取代了他常用的那些行业术语。"当我站在参议院的议员席上，"他说，"而大污染者和他们众多的说客试图把我们州作为倾倒污染的基地，我总是联想到艾米·诺克斯。"这种自然而感性的情感联系使得劳滕伯格的沟通变得有感染力和鼓舞人心。

梅琳达（Melinda）是一所艺术和科学学院的院长。她定期安排和每个员工进行一个 10 分钟私人短会，以此来了解每个人在大学工作的情况和感受。她为什么要这样做呢？"因为，"她说："我首先把员工视作有血有肉、有感情的人。"

一些学生在一次班级试验中决定改变运动员在校园里骑自行车时不戴头盔的行为，在球员到达斯坦福足球场之前，学生们把砸坏的西瓜在球场上扔得到处都是。学生们还在球场周围张贴海报，画着没有戴头盔的学生被砸坏的西瓜砸中脑袋，躺倒在地上，明显失去了意识。海报上砸坏的西瓜就画在没有保护的脑袋旁边，这对球员产生了不由自主的震慑。情感是有感染力的，尤其当人们进行面对面的信息交互时，情感能拨动心弦。当球员们回去取他们的自行车时，他们看到了微缩版的海报，图像被塑料套封粘贴在他们的自行车把手上。学生们为他们的宣传战制作了一条标语"珍爱你们身体的每一寸"接着一条标签横线后："珍爱生命，好好保护大脑，才可以好好服务于团队。"言辞恳切，由情入理：与此同时，学生们为了支持他们这场战役的胜利也准备了详实的安全统计资讯。受到这样震撼的视觉冲击之后，球员们自愿签署了一份保证书，保证佩戴头盔，并把他们和队友佩戴头盔的照片上传到"西瓜攻势"的脸书网页上。

愿景优化

　　苏珊的新年愿望是在今年六月份跑一场马拉松。在大约一个月的时间内，她坚持按照时间表进行冗长枯燥的训练，但是之后她忙于其他事情而懈怠了训练。因此她不得不重新开始，并同时意识到如果在一周内她只进行两次短训的话，那么她可以长期坚持并取得进步。几周之后，她把目标从全程马拉松改成半程马拉松，她意识到这个目标更切合实际。六月，在一众好友的雀跃欢呼声中，苏珊冲过了终点线。

在变革举措中循序渐进时，定期留出回顾思考的时间
来重新评估自己的愿景。

　　你是一名布道者或者领导一项变革举措的专职负责人。你和团队已经定义好了一个共同愿景。

一个大的愿景最初看上去是可以实现的，但是在进程
中随着周遭世界的变化，这个愿景会变得不切实际。

　　无论是作为组织中的变革领导者或是致力于个人挑战，我们常常会制定一些好高骛远的目标。我们总是怀着远大的期望开场，而当我们无法取得充分进展时，就会觉得成功是遥不可及的，缺乏耐心和烦躁沮丧的情绪会使我们自动缴械投降。

当愿景太宏大的时候，人们极易落入"习得性无助"的陷阱。当我们开始同时关注所有的方方面面时，我们的头脑会失去清醒，变得麻木，我们应该把注意力集中于阻碍前进的事物，分析研究令我们的计划无法正常推进的原因。

你很忙碌。即使你有激情，你和其他人需要完成的那么多任务会令你困惑，甚至怀疑自己是否有能力做完所有的事情。这个时候，你或许需要做一个现状分析。

一些你认为重要的事情可能随着时间的推移显得不那么重要了，而原始计划中的其他因素变得更为关键。同时随着你的不断前进，有些原本不在考虑之列的因素成为必不可少的策略中的一部分。当你在现实中逐步学习并且测试自己的想法时，你的目标也在随之变化以顺应现实。

因此：

使用迭代的方式来研习和完善自己的愿景。

与其为达到一个长期目标而制定一套具体计划，不如慢慢地循序渐进，也就是说，先制定一个或多个小规模的、短期的，并且包含完成日期和可考评结果的里程碑目标。在完成一个里程碑目标之后，留出一些时间用于回顾思考，总结一下你和团队对长期愿景的体会。考虑一下它是否还是切合实际的目标?如果不是，就果断地修正。寻求帮助并且发动全员参与。

保持高昂的战斗力，追求进步而非追求完美。只要你在整个过程中不断学习和重新评估愿景，循序渐进的步子迈得多谨慎多小都没关系。

要学会发现"小确幸"，为小有成就而开心。在每一步中获得的任何成绩本身就是一个可被认同的解决方案。把这样的成绩和进步作为一种促进交流的手段。将结果通过持续公关的方式公诸于众。确保每个人，尤其是管理层，看到任何一个今天达到的短期目标和组织期望在未来达成的共同愿景之间的紧密联系。

======================================

　　运用**愿景优化**模式在领导变革的漫长征途中，为团队创造一起评估共同愿景的机会。与其苦苦纠结，努力争取一个不可能实现的梦想，不如尝试取得可以衡量的进步，并且随时以开放的胸怀，以学习思考的心态，来做适当调整，让目标更加适合组织的状况，这样会令你和组织中的其他人更加欣喜。评估愿景有助于你和团队明确是否需要集中努力或者创造新的机会来提高效力和增强影响。

　　然而，当你在开始时没有完全清晰地定义好所有里程碑目标的情况下或者当愿景必须修正的时候，一些缺乏耐心的人可能会惴惴不安。你可以在计划里程碑目标的会议时，邀请这些人作为怀疑派带头人参与讨论。如果你或者团队成员对于需要重新构筑愿景变得沮丧不安时，记得找一个可靠的肩膀来导求安慰。

　　宝洁公司（Proctor & Gamble）最初将纺必适（Febreze）定义为一种"异味消除剂"品牌，将它包装成其他家用清洁剂一样，并和其他优质产品如汰渍（Tide）和多丽（Downy）一起放在洗衣用品销售通道上。之后公司推出了空气效用的概念，把纺必适推向"清新空气"这一领域。在2006年初，宝洁公司推出了纺必适显而易见系列产品，可以交替使用两种香型的可插拔的空气清新剂。宝洁以此彰显了直接进军空气清新剂市场的决心。这个商业运作分一系列阶段完成，在每一步，宝洁都基于市场反馈，认真学习，并且对产品的大目标进行调整。

　　叶蕾蕾（Lily Yeh）在人文艺术村告诉我们："作为第一个项目，我想利用城市中的荒地建立一个艺术公园。街上的孩子跑来帮助我，然后一些没有工作的或者没有高级技能的成年人也来帮助我。突然我开始发现了很多亟待解决的社会问题。我正在将一块荒地变成一座花园。我在和城市里已经被废弃的地皮打交道。街上游荡的孩子加入到我的行列，我在自己没有事先预想的情况下，正在为孩子们做事情。

然后，随着成年人加入进来，我接触到失业人群、职业培训和食物供给这些课题。"⁹ 蕾蕾的最初愿景只是一项艺术工程，可是随着时间的推进，她意识到自己的愿景应该涵盖更广大的范畴。

我们中超过 60 岁但仍然热衷于骑自行车的人已经注意到，在那些依然从事自行车活动的骑手中他们再也不是最快最强的了。但他们还是竭尽所能地骑车，对自己还在骑行这个事实，他们仍然满心欢喜。我想这就是年龄增长的秘密。你正在了解自己各方面的局限，并不只是待在家里放弃兴趣爱好，相反，你依据自己年龄思考相应能力和局限，带着调整过的愿景继续享受生活。

未来承诺

　　麦克斯经常受邀为期刊文章写评论。他解释说，他往往会同意那些一个月或两个月之后才到期的需求，尽管他通常在截止期限之前的一天或两天才动笔写评论，他这样说着，自己也禁不住轻声笑了起来。

　　为了使你更可能在变革举措中得到帮助，请其他人做一些你稍晚才需要完成的事情，等待他们做出将会付诸行动的承诺。

你是一名布道者或者专职负责人。你知道自己无法依靠一己之力实施变革举措。你有一个待处理事项清单，其中包括可以稍后完成的任务，而且你知道你的组织里哪些人可以为你提供帮助。

你需要帮助，但是人们整日都忙忙碌碌的。

当你寻求帮助时，大家很可能正想着他们在未来几天内甚至几周内必须完成的所有事项，就会回答你："我真的很抱歉。我眼下没有时间。"然而，研究表明我们很不善于预测较晚些时候会做什么，因此我们更有可能报名参加稍晚时间才需要完成的任务。我们的幻觉是未来会有更多时间。当人们同意在一个具体的日期或者截止到一个具体的日期完成一个特定的任务的时候，通常更有可能不辜负自己的承诺。[9]

丹尼尔·吉尔伯特（Daniel Gilbert）在他的《哈佛幸福课》（*Stumbling on Happiness*）[9]一书中指出，当我们想着时间点上未来比较遥远的事件时，我们创建了一幅未来可能发生事件的画面。那就是，我们的大脑看到的是一个看上去平稳而缺乏细节的"事"，压力和成本都显得更小而微不足道。我们常常意识不到我们现在正在想象的缺少细节的事件终将成为我们将要经历的充满繁枝细节的事件。

相反，当我们考虑短期行为时，往往会事无巨细地制订详尽计划。这就导致我们更仔细地考量自己是否可以做那些需要完成的事情。当我们制订未来计划时，往往把目光聚焦在更概要的层面，进行更概略的、更抽象的思考，以致于我们常常把注意力更多地倾注于考量采取行动是否可以使我们获益。由于这种认知上的不同倾向，人们思索今后需要进行的事件时，往往更多地考虑我们为什么要做，而较少深思如何完成任务，我们也总是更愿意接受可能带来丰厚回报的目标和计划，而最终这些都成为逻辑思维的梦魇。对于短期事件，我们往往会犯相反的错误：因为看上去可能很费周折，我们谢绝了一些有趣的或值得做的事情。[9]

因此：

用一件时间要求上不是很紧迫的事情与人们接洽，让他们可以把这项任务列入他们的待处理事项清单中某个将来的时间节点上。

花时间为将来做计划，未雨绸缪的确很重要。和团队一起创建一份具体的行动计划，规划好变革举措在未来的几个月中所需要做的一系列事情。在每个项目旁边，写上可能可以帮忙的人的名字。带着一个需要在将来时间完成的具体任务和这个人交谈。如果可能，你们两个或许可以就具体的任务截止日期进行磋商。

等待你的目标对象说"好的"，但是不要担心如何才能让他们立刻就同意。即使一开始对帮忙反应很消极的人，最终也会从善如流。要坚持不懈，慢慢转变他们，用能激发他们对变革举措的兴趣的话语和他们保持联系，并且鼓励他们。

一旦某个人同意了，就记下双方认可的任务计划完成日期，以书面或邮件的形式保存，以此巩固承诺。在变革进展过程中定期发送善意的提醒。尽管这些提醒可以帮助人们坚守承诺，也可能对他们造成困扰，所以，提醒他们的同时，还可以加入一些振奋人心的项目状态更新等信息，让他们知道现状，以及他们胜任的工作领域。

==============================

对于你常常从忙碌的人们那里得到的自然反应，**未来的承诺**模式为你提供的解决方案教会你如何应对。建议一个较晚的时间点极可能成为你成功吸引他们的转折点。即便只是一个小小的承诺，也能鼓舞人们全情投入，接受重任。

然而，这种方法并不是每时每刻都行得通的。对当前做言过其实的承诺的人在未来还是会做出过度的承诺。仅仅因为你和各人达成了协议，并不保证他们会全力跟进。定期发送善意的提醒，同时拟定一个备用方案以便在他们不能兑现承诺时应对局面。密切留意，发展新的团队成员，总动员十分重要。

阿曼达（Amanda）在一所大学领导一个为期两年的项目。她意识到项目所依赖的高校科研人员整天忙忙碌碌、工作应接不暇，于是她定期安排时间规划未来的工作，将稍晚时候需要完成的事项详细列在清单上，并给每一项任务设定好可以帮忙的责任人。她通常会打很多提前量，做长远规划，经常在一个学期结束的假期里，和清单上的每个人接洽，尽早寻求他们的帮助，在那段时间里，科研人员往往觉得头绪还不至于太多（运用**合适时机**模式）。对某个人的专业技能有需要时，阿曼达会提前善意提醒他或她所承诺过帮忙完成的事项。这是一个很有效的好方法，让这些忙碌的人能够参与项目的实施。

詹尼斯（Janice）试图鼓励女性为她的珠宝业务举办派对。她收到很多女性回复说，她们的生活忙忙碌碌，实在没有空暇时间筹办一个派对。杰尼斯改变策略，建议他们在未来几个月之后举办一场派对时，很多女性纷纷表示赞同。

当一项即将来临的任务在一次团队会议上公布之后，克里斯蒂娜（Christina）一定要在众人离开会议室前明确设定好任务的截止日期（运用**具体行动计划**模式）。询问团队成员，充分考虑各个相关参数，然后设置对他们来说行得通的日期。她发现这个方法使团队成员觉得他们对商定的日期"全权拥有并且负责"，这样一来任务更容易按时完成。

这个网站声称将提供最智能的途径，用以设置和达到既定目标: *http://www.stickk.com/*。人们可以登录，对个人变革目标做出承诺（承诺合同），并设定一个明确的完成日期。人们通过对一个具体的日期的签署和认可，为完成既定目标做出承诺。

关键人物

"你知道，"一个大公司的新晋首席执行官说："我的总部办公机构中有一千多人，其中的九百个人能告诉我有问题，九十个人能告诉我哪里有问题，九个人能告诉我出问题的原因，而只有一个人可以解决问题！"[9]

确定能在变革举措中对关键问题提供帮助的关键人物。

你是一名布道者或者一位愿意寻求帮助的专职变革负责人。在你的组织中存在着符合你要求的专业人员。

一旦确定自己缺乏专业技能的领域，你如何开始寻求帮助呢？

一项变革举措中涉及的事情林林总总。你的待办事项清单会不断增加事项。既然是领导，你也许认为自己对每件事情都能游刃有余。其实，即使有这种激情，你可能也没有足够的时间、技能、资源或者才能去独自应付所有的行动事宜。因而，你需要可以信任的支持者，帮助提供某项特别的服务或者处理一个特别的问题。

克雷格·弗莱什利（Craig Freshley），在《良好的群体决策》（*Good Group Decisions*）中指出，在产生想法上，群体力量的强大令人难以想象，但个人领导力才可以把想法变成现实。如果某个事项没有明确的责任人，那么就很容易丢三落四。为某项任务指定一个领导人，赋予这个人的责任感将为任务的完成提供更大保障。[9]

因此：

制定一个具体的行动计划，为完成下一个里程碑定义好一个待办事项清单。在每个事项旁边，标明有特定专业技能的人员或有助于你完成这项任务的资源。

确定的人选应该具备必需的技能和知识；应该拥有权力、影响力以及/或者能力，可以冲破重重障碍；或者有渠道和外界建立联系找到处理这项工作的门道。他们应该理解你交给他们的任务，并有意愿找到解决方案。

为了找到合适的人员，寻找帮助。你的关系网很可能认识你需要的人。如果试图接触某个可以帮到你的人，但是对方不认识你，你可以找人帮忙牵线搭桥。充分顾及和仔细审视所有现有的成熟流程，以免不经意中激怒其他人。

确保每个关键人物自己都有时间和主观积极性为你提供帮助。培养他们对项目和你让他们帮忙的任务的个人兴趣。以通用电梯演讲为纲领，运用**个人沟通**模式给他们答疑解惑。尝试建立情感连接，使他们对项目更有兴趣，还要让他们对分配的任务充满激情。

给每一位关键人物一项定义明确且可以实现的任务。给他们留足时间，给尽可能长的交付周期，让他们感受到你尊重他们个人的时间安排，他们可以有足够的空间安排自己的时间表。如果时间上不需要他们即刻提供帮助，可以和对方商讨确认一个未来的承诺。尝试着针对不同的人，寻找适当的时机请求他们的帮助。这将使他们更能合理做好安排，投入时间和精力到他们的承诺上。

在变革举措中，你要坚持宣传，把即将产生的需求等信息变得公开化，让所有人知道你在招志愿者，给感兴趣的人一个贡献力量的机会。发动群众，动员每个人是很重要的。当个人了愿意表达给予帮助的愿望和兴趣之后，把他们的名字加入不断增长的关键人物的名单上，作为资源储备，你很可能有一天需要他们的帮助。

如果一时无法找到某项任务最合适的资源，可以询问一下以前表达过兴趣的人，或者接洽你觉得愿意参与和尝试的人，向他们伸出橄榄枝，以此培养新人。比起拥有专业技能但没有时间和意愿对工作付出的人，愿意为工作殚精竭虑的人可以创造更辉煌的成果。对新人稍加引导，他可能会做得更好。

也要考虑到有一些人，他们可能不一定执行任务，但是他们的支持或者说如果缺少他们的支持，对项目能否及时完成将产生直接影响。在关键人物清单上一定要包含你需要进行的"关键对话"。

定期向关键人物表达诚挚的谢意，使其觉得他们为变革举措正在做的以及已经完成的事是一直值得称颂的。宣传他们取得的或者在他们的帮助下取得的小成就，使其成为其他人的榜样。

================================

关键人物模式有助于加速重要任务的落实。你确定的关键人物能帮助你不断地前进，使你不至于困在千头万绪的工作中不知所措。动员其他人的参与，也同时为自己的努力带来更多的动力。

然而，对于仅仅依赖少数几个人的状况一定要慎之又慎。他们由于过度工作可能会心力交瘁，所以可能会选择离开你。留存一份备用方案，包括不断更新的潜在关键人物名单。时时关注，留意可能感兴趣的人。

> 莎莉（Sally）正在计划为变革举措举行一场"专家推动"活动。她对需要完成的任务的数量之多感到很吃惊，于是她开始制订一份名单，详细列出可以提供帮助的人。她知道确定适当的地点和制定食物预算对她而言是一个挑战，但是如果有一个人能想出解决问题的办法，那么这个人就一定是行政助理杰妮弗（Jennifer）。在一番调研之后，莎莉决定让亚当（Adam）来领导技术支持工作，并招募威廉（William）和丽莎（Lisa）承担团队关键人物之间传播消息的通讯员角色。她同时想到将亨利（Henry）有趣的艺术作品作为演讲者的回馈礼物。莎莉同时也清楚自己缺乏艺术才能，需要找到能帮她制作宣传资料的人。之后，她开始和她名单上的每一个关键人物交谈。

> "是的。我应该问问诺姆。"卡拉（Karla）想到，因为她意识到自己需要具备用户界面设计才能的人帮助完成这个新项目。同时，她注意到史蒂文（Steven）学习了大量的用户界面设计，一直以来都和诺姆搭档以提高他自身的设计能力："我要向他们两位寻求帮助，这样也能给予史蒂文一个机会做有新意的事情。"几个月以后，卡拉正和一个同事交谈，他和卡拉说他对于看到诺姆给新项目带来的帮助感到很惊奇，但是其实是史蒂文加班加点地工作和研究才使得用户界面

设计获得如此重大的成功。这是卡拉始料不及的，她很高兴她当时考察之后也邀请了史蒂文，而正是史蒂文拯救了一切。

汤姆（Tom）知道，他对下一个软件版本的优秀想法将有助于团队提高工作效率，但是他也明白自己的测试技能并不让人佩服。他开始考虑谁能帮助他实现计划。他想到了几位经验丰富的测试人员，他觉得他们可能愿意支持他，但是很快他发现其他团队的很多测试人员可能也愿意参与一些创新课题。他给测试小组发送邮件，他很高兴地看到他收到的回复邮件里出现了一些新名字。他意识到通过招志愿者，而非简单地动员那些总是非常忙碌的熟人，他可能已经找到了更多有激情的队员。

设想未来

美国广播公司的新闻专题"地球2100"描绘了一个虚构但是可能发生的情况。美国广播公司是这样介绍的："为了改变未来，首先必须想象未来会是什么样子。"

要想启动变革举措，应该集结其他人一起做想象未来可能性的演练。

你是一名布道者或是正在谈论一个新想法的专职负责人。

对于你正在努力说服的人而言，很难理想一个新想法如何适用于他们进行的工作。

我们中的大多数人认为，记住过往的问题并集中精力应对当前面临的问题，是比较容易做到的。可是这样往往会束缚我们展望一个新想法对未来之影响的能力。但是你希望其他人相信，一个新的开始，一个更美好的世界，都是可能发生的，并且这一切很可能近在咫尺。你盼望他们**认识**过去，但是**着眼**未来。

你不可能总有资源进行试运行，你几乎很难对一个新想法所能提供的一切进行完美的模拟。即使如此，一次形象化的想象，一次心理上的演习，总是可能的。

因此：

让大家想象一下新想法可能带来的结果。以"要是……会怎样？"这样的方式开场。

鼓励他们说出自己的想法，用多种多样的感官细节来丰富他们心中的形象化描述。当新的想法变成现实时，一切会变得怎样？我们将听到怎样的事？要是那样，我们可以再做些什么呢？

你可以以讲故事的方式，从讲述眼下的各种困难开始（运用**及时提醒**模式）。通过讲述让听众感受到挫败感，随后，向他们描述一个新的想法可以为解决当前问题提供的解决途径，想象一切都会变得明朗起来的画面。用语言的简洁的同时，规避那些不太可能发生的细节。如果你正好有些与你目前所建议的变革举措有关的成功案例，就用这些例子来提示人们成功是可能的。请确认你要讲的故事是依据组织和组织成员的能力所及而量身定制的。

通过过往的事实和特征的逻辑归纳逐步迈向情感上的联系。用"想象一下，如果我们能……"来开场而激起你与听众的共鸣，然后让他们考虑一下，当他们想到这个情况变成现实的时候他们的感受会是怎样。他们是否如释重负？感到满意？兴奋？信心满满？

动员所有参与者一起发掘前进的各种可能性。当他们畅谈自己的理想状态时，让他们任由自己的想象力驰骋。待他们抒发完所有的想法，你要帮助他们回到现实，看清实际的选择，把想法落实到一个具体的行动计划上。

你可能也希望鼓励人们想象一下，不解决组织内的问题可能存在的各种风险。把现实的情况加入想象的空间，也包括想象一下如果不进行变革，将是一个什么样的状态。激励他们去思考，去比较进行变革的情形和不进行变革的代价。

如果不擅长于讲故事或者引导讨论，你可以寻求帮助。还有，如果无法和听众建立情感联系，你可能会被人们当作一个夸夸其谈的销售而被大家弃之一旁。在这种情况下，你可以找一个牵线搭桥者帮助你规划和实施这样的举措。

谨记，这个模式并不是对所有人都适用的，尤其不适合那些对用这种方式展望未来感到不安的人。这只是一种应该与具体的数据相结合的说服策略。

========================

使用**预想未来**模式，可以让你检验新的想法可以为未来带来怎样的变化。它促使听众脱离固有的思维模式，预想各种新的可能性怎样关联到他们的日常生活之中。专注于未来可以使得每个人更积极地摆脱过去。

然而，在运用这个模式的时候，很容易偏离方向。想象总是充满乐趣的，你可能不经意中描述了一个不现实的未来。这样做会让听众对你产生反感，不但没有激发听众的好奇心，如果日后你描述的未来与现实情况不符，反而会给你带来诸多麻烦。所以，除了发掘变革举措正面、积极的成果之外，还要问你的听众："还有什么？我们可能会面临什么问题？还有可能发生什么其他情况吗？"在不集中讨论具体局限的前提条件下，把可能出现的负面影响加以讨论，并商量和考虑每个人可以做些什么贡献。

为了让员工对使用新的项目管理和社交软件产生兴趣，首席信息官的介绍囊括了各种各样的具体情况，阐述何时、何地以及这种软件如何在当前的和未来的项目中运行。参与者纷纷点头，对他的描述表示附和："哦，对的，"他们说，"我也能想象这种软件如何在这种场景下应用。"

随着牧师的意外离世，教会面临着一个新的不确定的未来。教会执事举行了一次全员大会，会上他要求把与会人员划分成三个小组，分别代表三种不同的个人感受：生气、疑惑或者希望，与会人员可以自行选择加入三个小组中的任意一个。"希望"小组的任务是花时间为教会设想一个新的、更美好的、更令人激动的前景。当这个小组呈交了他们的任务结果书时，另外两个小组的组员也纷纷点头，脸上露出赞同的微笑。

几年以前，当有线电视即将在美国亚利桑那地区的坦佩使用前夕，一组潜在客户被告知即将发布的那些特色功能，而另一组则被要求想象一下这个新业务为他们带来的价值。为第二组传递的信息中自始至终包含一个词"你"，除此之外，信息的内容并不只是谈论理论上很抽象的好处，而是聚焦于每个人的获益并请求客户具体想象他们对新业务的感受。结果，第一组中那些只是被动地接受了被灌输的信息内容的人中仅有10%赞同有线电视，而另一组中被要求主动想象和感受的人中却有47%赞同。

盖瑞是一名私人教练，他常常和他那些情绪低落的客户进行意象练习。他让客户闭上双眼，然后对描述一下自己，例如，衣着的颜色，她的面部表情（例如眼睛和嘴巴），她的身材，她的朋友对她的反应，她的日常活动，等等。然后，他要求这个人想象一下一年后的自己，让她思考并且回答上述关于面部表情、身材、生活方式等同样的问题。过后，盖瑞和他的客户共同探讨两个画面中呈现出来的形象，哪一个更令人心仪；如何制定一套具体的行动方案，以便朝着期望的目标努力。

了解自己

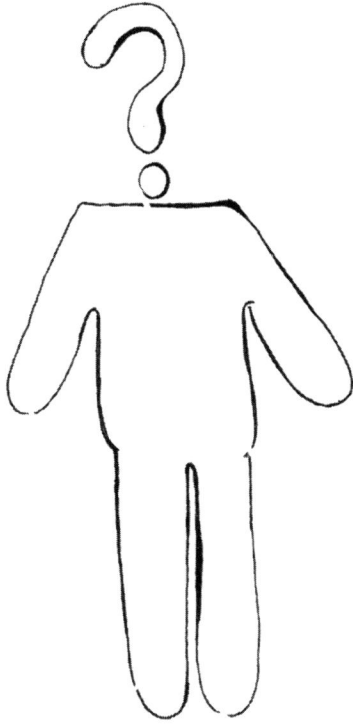

　　鲍勃是一名创新者，他很容易对新的机会欣喜若狂。当一个新的项目启动时，组织中的其他人知道鲍勃的热衷于此，常常要他帮忙。鲍勃发现，他常常在没有先评估自己是否有时间或者有足够多兴趣落实任务的情况下就同意了，这样的事情一而再，再而三地发生，占用了他大量的时间。最终，他的时间表爆满，给他自己以及那些指望他工作的人带来了诸多困扰。鲍勃明白，当一个新的机会找上他时，他需要合理控制他的热情，并且理性地评估他的可利用时间以及可以做长期承诺的可能性，之后再决定是否接受新的机会。

> 在开始领导一项变革举措之前以及贯穿整个变革举措的漫漫征途之中，请仔细思量你是否仍然拥有一份脚踏实地、始终不渝的激情，是否拥有足够的才智和能力，直至成功。

你想成为一名布道者。你相信新的想法值得贯彻落实，并对此充满热忱。

你怎么知道自己是否应该承担布道者的角色呢？

你很清楚目前自己认定了自己的想法，但有没有长期持久的兴趣去落实它呢？在整个变革进程中，你能否永葆激情呢？机会和问题总是共存共生的。哪怕是最好的意图，最刻苦的工作，最卓越的才能也可能让人觉得无法战胜眼前面临的挑战。你是否拥有顽强的意志力，在领导变革举措中克服所有的挑战？

艾内斯·艾斯华伦*在《征服心灵》（*Conquest of Mind*）[9]中说到："在古印度梵语中，我们有一个表达'开始时期的英雄'意思的词：人们在接受一项工作时往往信心满满，口号嘹亮，但是他们的热情瞬间即逝。走得更远的……是那些坚持不懈的人。他们可能不是十分引人瞩目；他们可能从未听到过宣传口号。但是他们不断尝试，日复一日，在每一种情况和关系下都努力做到极致，从不放弃。这样的人必然能达到他们的目标。"你是否能做到持之以恒，而不仅仅只是开始时的英雄，你能超越自我吗？

我们的资源是有限的。即使我们对变革努力将消耗大量的时间和精力有心理准备，它将占用的内部资源依然会超出我们的心理预期。你对事情轻重缓急的优先级安排，能允许你获得自己需要的所有精力、时间、才智和耐力吗？

当我们无法花时间挖掘我们对自身能力和状态的客观而现实的理解时，我们把自己处于随时被各种事情分心，而无法集中精力的状态。我们主动认领和接受了太多的事情，相信我们可以做完，而实际上这样不了解自身情况下的热忱必然会导致失败。

* Eknath Easwaran（1910—1999），知名作者和演说家，是全球公认的沉思修行的创始人和永恒智慧的引导人。与著名灵性大师吉达·克里希纳穆提一样，同是与20世纪60年代开始的"新时代运动"（New Age Movement，又称"东西文化合流运动"）紧密相连的思想大师，在西方具有广泛影响力。1959年，他作为"东西文化合流运动"的东方学老代表前往美国。1960年，他开始在美国系统教授沉思课，并在大学里开设有学分的课程，将沉思这一东方智慧带入西方文明。1978年，《沉思课》出版，初版时就售出195000册。他还是圣雄甘地的挚友，深受其思想影响，并著有甘地传记，第一次从思想角度解读甘地的一生。艾斯华伦共著有26本心理灵修书籍，最著名的有《沉思课：印度心灵导师的生命沉思课》等。（以上内容引自百科）

因此：

> 留出时间用于回顾思考，以评估和正确理解自身能力、局限性和个人资源。确定自己的价值观、原则、好恶、长处和弱点。如果你选择领导这项举措，请认真审视你对你是谁以及你能做什么的信念以及你具备怎样的能力。

从一个问题清单开始**回顾思考**是一个很好的途径。例如，参考《你的降落伞是什么颜色？》（*What Color Is Your Parachute?*）[9]或者《新官上任九十天》（*The First 90 Days*）[9]中讨论的问题。这些类型的问题有助于评估你的优点、弱势、偏好、优先级、习惯以及过往的经验。举例来说：

- 你真正的兴趣是什么？

- 假若你富可敌国，能够随心所欲地做任何事情，你会做什么？

- 你生活的核心价值是什么？

和你自己进行一次**对话**。直言不讳地说出想法，能身体力行地体验更好！汲取不同角色的想法，集思广益。我们中的大多数人一般只使用一种策略，那就是静静地思考。事实上，大量研究表明，过度依赖这种方法会导致一种负面的、适得其反的思维模式，让事情变得更糟，尤其在我们意志消沉或者心情不好的时候。[9]讲讲你自己的故事。可以用"我是这样一个人，具备（描述你的长处和缺点）"的方式开场。一定要努力在自我和谦卑之间保持平衡。

尝试着**用纸和笔写下来**，这将带来意想不到的结果。心理学家詹姆斯·潘尼贝克（James Pennebaker），是《开放》（*Opening Up*）[9]一书的作者，展示了日记可以有助于挖掘强大的洞察力。为你的计划创建一份思维导图或者概念导图，可以使用一些小卡片帮助解读自己最看重什么。

和你**信赖的人沟通、对话**。认知心理学家告诉我们，要厘清我们自身的积极动因是很困难的。[9] 科学家也说，我们对自身能力总是很乐观。[9]和一个认识很久的朋友或者同事聊一聊，他了解你，曾经看到了你生活中的跌宕起伏；比起那些告诉你"你无所不能"的同事，这个人可以提供更精准的评价。

设置优先顺序。即使你有着一份坚韧不拔的激情和令你想法成真的能力，周遭环境中常有一些莫名的力量会把你推向其他的方向。寻找一些垂手可得的短时高效的项目，让手头有限的资源发挥出最大的效用。

发掘那些你需要寻求帮助的领域。了解自己意味着你有能力评估自己的才能，也就是自己的优势和劣势。当你觉得事情的发展超出自己的能力极限时，把自己力所能及的角色作为目标，并确定好关键人物可以帮助提高效益的领域。

如果决定继续前进，就要定期扪心自问，对自己从事的事业是否仍然一如既往的热忱。布道者不是一个职业头衔，而是一种生活方式。你愿意继续深入了解自己、你的举措和你的组织吗？你的高效不仅仅依靠你自己，还依赖于你身处的环境，两者总是在变化中。学习和了解的过程是永无止境的。

================================

了解自己模式有助于你更好地认识自己，了解自己的才智、能力和喜好，以及让你曾经承担太多的处境。你将更清晰地了解自己的局限性，知道何时应该寻求帮助。你将有更好的条件来决定自己是否应该承担这项变革举措，以及你对这个新想法的热情是否可能贯彻始终这类问题。了解自己很重要，你不仅能坦诚地面对自身价值、目标和需求，也能让你更清楚地看清其他人。在我们更好地理解自身的动机之前，会浪费很多精力和时间将我们的感受施加给周围人。[9]

然而，如果你确定自己还不具备一些基本技能，并不意味着你应该放弃。每个人在任何环境背景下都能做出独特的贡献。如果你不是满足要求的最佳人选，可能意味着你不得不更努力地工作，也意味着你应该找寻其他布道者来帮助你。你的个人挑战将给你提供宝贵的机会，让你展示你的能力。如果你具备抗击风险和不确定性的忍耐力以及冒险的精神，这绝对是大有裨益的，然而，努力工作的意志和坚持不懈的学习往往能帮助排除万难。

组织上要求安娜领导组内一项新的举措。她对变革的好处深信不疑，因此她的初始反应是她应该接受这个担当项目经理的机会。她并没有立刻回应一个简单的"好的，我来。"，相反，安娜仔细评估了自己是否有兴趣培养领导项目所必须的谈判和书面报告这两方面技能。安娜不介意摆脱她现在游刃有余的领域，接受新的挑战，之前她已经经历过很多次了，只是过往的经验告诉她，如果她没有对项目产生发自内心的真正兴趣，她很难全力以赴。在她进行回顾思考的那段时间，安娜认识到她所具备的这个项目所需的能力没有像其他人认为地那么强，而且她也没有强烈的掌握这些技能的主观愿望。最终，她没有接受这个职位。等她看到另一位经理领导下的变革举措进展时，她知道自己做了一个正确的决定。

在美国前总统克林顿的第一届任期伊始，他事无巨细地进行调研。他的体力和智力几乎是无限度的，他的资源也是如此。例如，当你是一位总统时，如果你希望知道所有关于羊毛和马海毛的补贴，那么羊毛局助理副署长和分管马海毛的副政务司将在五分钟之内赶到白宫办公室。同时，克林顿也正在努力忙于一些更重大的事情，他的经济计划、医疗计划以及治安计划。但是无休止的工作令他精疲力尽。最终，他意识到他需要了解自身时间和精力的局限性。于是他停下来，重新审视，尝试精简，并开始设置优先顺序。此后，他有时间思索、阅读并把精力集中在他关切的事情上。他重新变得神采奕奕的关键之一，很可能是他有能力把掌控重点集中于战略而不是战术。[9]

扎拉（Zarah）和弗莱德（Fred）联手，努力在他们组织内部开设了一个为员工子女特设的幼儿园。因为他们知道丹（Dan）是一个工作极其努力的人，于是他们找到丹帮忙。因为丹是扎拉和弗兰德的朋友，丹不想让这对夫妇失望，他只能答应帮忙。但是，之后的第一个月，丹对这个项目变得越来越不感兴趣，经常为自己不出力找理由。

在和这两位朋友推心置腹地交谈之后，丹终于对他们（也对他自己）坦白他其实对幼儿园项目缺乏该有的热忱，从项目中退出来了。

以下是动物学家简·古道尔（Jane Goodall）和《哈佛商业评论》（*Harvard Business Review*）的会谈摘录，展示了古道尔如何通过了解自己来找到出路：

HBR：你经常采取务实、渐进的方式来改变世界。

古道尔：我的一部分说："天哪，我喜欢加入最具暴力和破坏性的小组，冲入实验室，释放动物，做各种可怕的事情，"但这毫无帮助。

HBR：你是如何在你的道德规范和短期内的可能之间找到合理的平衡的？

古道尔：在困难中前进。如果我被视为一个极端的环保主义者，就无法和决策者对话。但是之后我将饱受双方的诟病。因此我只好使自己变得坚韧不拔。还有"做真实的自己"。[9]

短时高效

    在预算很少或者没有预算的情况下，你可以采取简单长效的步骤来节省精力并且降低成本。很多能源公司建议在夏季设置 78 华氏度或以上的温度，而在冬季设置 68℉或以下的温度。夏季比建议设置温度低一度，或者冬季高一度，意味着你的电费将会高出大约 4%左右。电扇是夏季的一个低成本选择，它可以令你感觉到降温 6℉一样的体感舒适度，而且往往耗用的电量低于一个 100W 的灯泡。在商业环境里，关闭对工作场所无用和结束一天工作后不再需要使用的照明灯，可以帮助节省能源和减少灯泡更换维修，从而减少运营成本。这些都是简单可行而又收获良多的事情。

**为了展示变革举措中的进展，完成一项快速、简单、
低风险但影响广泛的任务，并对其效果做大力宣传。**

你是一名布道者或者一位专职负责人。你知道有轻松取胜的可能性。

**考虑到你在变革举措中不得不完成的所有任务，感受
推动进展的压力时，你如何决定从哪一项任务着手？**

你的变革举措是循序渐进的。尽管你的时间和精力有限，你仍需要让别人知道你正努力向着自己的目标迈进。那些在变革举措中有投入的经理或者高管总在关注着你的进展，期望看到成果。你可能需要在"几乎"已经完成的任务中选择，或者做一份报告来展示一个正在进行的大型项目的进展状况。

约翰·科特（John Kotter）二十余年致力于企业变革的研究，他强调变革的领导者必须在关键任务领域提供显而易见并且毫无质疑的短期收益，以说服怀疑派和边缘人士。"这些都是非常具体的胜利果实；"科特说，"一群客观人士认同的成果，是变革进展的有力证明。"短期收益是完成一次大家有目共睹的变革努力的好机会，情况清楚，胜利果实垂手可得。[9]

着眼于那些貌似轻巧而又影响颇大的事情能避免给组织其他成员带来困扰和负担，这就是卡尔·维克（Karl Weick）所称的"小有成就"策略的一个例子。在韦克 1984 年发表的经典著作中，他是这样说的："我们常常以不作为来应对重大问题，因为看上去要取得有意义的进展是不可能的。相反，对于那些即使是令人生畏的问题，一份以获取阶段性小成就为目标的计划能让我们振奋精神、开展行动。"

因此：

> 如果准备继续前进，时不时找一个快速的、容易获得的并且会带来显著影响力的胜利成果。

找到一小块风险最小的突破口，不妨一试。实现这些小成果是你必需采取的行动，这样，你才能不断接近转折点，寻求突破，实现更大的目标。

有些人有能力确定哪些是容易达成的胜利果实，你应该向这样的人寻求帮助，同时通过总动员来争取每个人的力量。例如，支持者中的一个权威人士知道"短时高效"的机会，创新者可以帮忙全力展开多个期限短促的活动。

在赢得小有成果的局面之后，将你的成绩作为持续公关的一部分广而告之。安排一次分享自身经历的活动。和支持者保持密切的联系，永远不要假想认为关于你的进展的消息会自动在组织内流传。

当你觉得"受困"时，看看身边有没有容易做的短时高效的项目，让你能体会胜利，保持斗志。总有一些你能做的事情。即使是可能无关大碍的一件小事情，也可能带来意想不到的结果。做一件小事情在组织中产生的影响，同样也可以在组织中产生涟漪效应。

==============================

为说服早期多数者和在同意尝试新想法之前需要看到胜利曙光的人，**短时高效**模式提供了有力的证据。因为员工可以逐步感受到变革带来的成绩，这些小有成就的结果可以建立冲劲，减少批评和反对，鼓舞士气。这也让员工想象将来变革目标完全成功的情形。通过那些行得通的事，你和其他布道者将对新的想法和组织有更多的了解。从中获得有价值的、切合组织自身情况的信息。

然而，你常常需要处理大型、复杂的问题，哪怕步履艰难并且无法轻易摘取胜果，你也愿意长途跋涉。变革举措应该在容易做到的短时高效的胜利和更具重大意义的进展之间找到良好的平衡。留出回顾思考的时间来决定，在你耗完容易获得的成果以后，还有哪些是你能做的呢？对于这个问题，应该留出时间好好回顾思考，做出正确的决定。在组织中埋下布道者的种子，逐步寻找培养更多的布道者和你协同工作，完成更宏大的事情。

瑞娜（Renae）被指派在组织中领导一个大型项目。这个项目几乎没有任何历史和经验可供借鉴，甚至貌似也找不到她所需要的有相关才能的人来组建一支团队。但是瑞娜还是需要做些事情。她希望向组织展示她有意愿，也有能力启动项目。她组建了一个小型的初期团队，起草了一份项目草案的时间表，在组织的内部网站上公开发布并广泛征求意见。这是一个容易完成的任务，激励大家积极参与讨论，集思广益，为项目顺利启动增添了动力。

马克（Mark）是一位导师，他正在努力和一个大型组织中的一个充满抵抗情绪的团队协作。最后他建议，与其立刻施行一套全新的软件开发流程的彻底变革，不如让团队从每天进行站立会议做起。团队成员勉强同意了，第一次站立会议隔天就召开了。第一个发言的人说："我一直在努力解决那个讨厌的数据库问题，而且……"站在围成一圈的另一侧的一名组员打断他的话，迫不及待地说："嗨！我一直在努力解决那个数据库问题！我以为你在解决图书馆问题！"那是一个启发性的时刻，而这仅仅是首次会议很多类似时刻的第一次而已。马克对这个每天增加出来的小变化所带来的新能量感到惊讶，一次简短的站立会议，发现了遗留下来的没有解决的问题，如果让这些问题放任不管，那么到项目结束的时候，问题会愈演愈烈。团队也注意到这种简单的手段所隐含的价值。因此，他们变得愿意考虑在他们的软件开发流程中增加其他新的方式方法。

法兰（Fran）想学习意大利语，但是她家里有两个学龄前幼儿，她觉得没有时间和精力达成心愿。她曾经一度觉得极其灰心丧气，直到她想出一个办法，把便笺条粘贴在一些家用物品上，用意大利语标注这些物品的名字。每天她都制作一些新的便笺条，很快屋子里都贴满了。随着时间的流逝，孩子们和她的丈夫也学会了一点儿意大利语。她的婆婆很钦佩法兰，她主动提出可以每周几个傍晚帮忙照看孩子，这样法兰可以在当地的社区大学参加意大利语的启蒙课程。这个故事的寓意是，尽管有时事情看上去毫无希望，也不要绝望，总会有一件简易可行的事情是你可以做的，帮助你朝着目标努力迈进。

　　圣戈兰医院有"精益管理"的忠实拥趸，精益管理是 19 世纪 50 年代由丰田汽车公司率先发起的理念，之后由汽车制造业推广到服务业，从日本衍伸到全球范围。这家医院的组织是基于双精益原理"价值流"和"质量"所构架的。过去，医生和护士之间保持着一定的职业距离，完全只关注自身医疗领域的专业技能。现在他们以团队的形式在一个工作区域里并肩作战，同时也负责为改善运营提出建议。一个创新简单来源于购买一卷黄色胶带。有人建议用黄色的胶带在地面上划定一块小区域，规定除颤器放置在这个标示好的指定地点，在这之前员工往往为了寻找除颤器而浪费了宝贵的时间。简单可行的小事情能够创造大大的不同。

流言终结者

> 很多时候，真相的宿敌不是故意的、人为的和不诚实的谎言，而是虚拟的流言，它们具有持久、有说服力和不现实的特质。
>
> ——约翰·费茨杰拉德·肯尼迪（John F. Kennedy），1962 年

确定那些围绕变革举措的错误想法，用及时而又直率的方式处理那些误解。

你是一名布道者或者一位专职负责人。尽管你竭尽努力沟通新的想法，但流言还是像长了翅膀一样在组织内部流传。

如果我们听到有人对创新表达了不正确的假设，我们通常都会直接了当地处理那个表示顾虑的人的问题。然而，一个人思维中的错误印象通常是其他人也有相应观点的迹象。

当我们学习新事物的时候，我们努力理解它，也可能对错误的信息一路坚持到底。因为我们基于当前的理解学习新的知识，我们的错

误想法会对我们正在形成的观点造成严重的影响。

关于一个新想法的不准确的信息常常被重复发酵，直至达到以假乱真的神奇的地步。贝蒂・苏・弗劳尔斯（Betty Sue Flowers）是一位情境规划专家，也是《流言的力量》（*The Power of Myth*）一书的编辑，她说："虚构是对现实的本质的看法，它相当普遍以致于不被大家觉察。尽管虚构的事是人们设想出来的，但他们可以认为这些虚构的事实是唯一的现实。"[5 9]

流言应该掐断在萌芽之中，决不能让它们在变革举措中生根开花，制造更大的顾虑和焦虑。

因此：

> 为了让人们对创新有更正确的了解，帮助大家了解创新不是什么以及创新并不会使什么情形发生这类的话题，建立一份简明的清单把虚构和现实做一一匹配和对照。

解决当前的以及其他任何时候可能会出现的误解。每一点都可以包含以下内容：

- （创新）不是……，因为……
- 变革举措不会（将）……，因为……

你可能希望创建一个包含两列信息的列表，一列是对不正确信息的简短描述，另一列对应提供正确的信息。无论选择怎样的设计，一定要把信息表达得清楚明白。所有的人对建议都持着开放的态度。提醒注意负面的事，可以让人们去验证它们，所以你的列表设计方式要明确指出虚构的事情根本就不是真实的。

给予恰如其份的解释。保持简明，加入关键人物的名字或者其他资源，读的人可以提问，了解更多的信息。

使用积极的、有建设性的语言。不要批评别人的信仰。考虑创建一个朗朗上口的口号或有用的词组，温和缓慢地揭穿虚构内容的假面具。

从怀疑派带头人和其他人那里寻求帮助来建立这个清单。他们很可能了解围绕着创新的恐惧和其他负面的谈论。

把这种信息纳入持续传递的信息。例如，你可以把它加入到你的网页中，加入到变革举措相关的邮件中。在下一次全员大会上谈及这些虚构的事情，并要求大家在进行个人经历分享的时候对相关的虚构加以讨论。你可能也希望准备一页纸的讲义材料，用来在适当时机和那些抱有不正确的印象和对新想法怀疑的人交流、分享和沟通。

==

流言终结者模式有助于对新的想法建立一个更清晰的理解，理解新想法是什么而不是什么。它允许人们在真实情况的基础上建立理解，而不是在他们误解的基础上。除此之外，运用这个模式表示你愿意点一盏灯，消除他们对新想法的任何顾虑，而不是简单地忽视它们的存在。

然而，没有人喜欢被证明是错误的，而且即使有相反的证据，我们仍然倾向于坚持我们的信仰。当人们已经有坚定信仰的时候，企图改变他们的想法可能会产生相反的作用：这可能令他们越发坚定自己的信仰。尽管如此，为这个模式所做的努力为他们提供了可以考虑的信息资料，他们可能过些时候会接受的。建立情感上的联系，运用**无畏**模式。

帕特里夏在开始领导一场变革举措的六个月后，开始陆续听到一些说法和疑问，暴露出渗入组织中的很多错误想法。因为她被要求提供定期的报告，她把其中的一个错误想法写成一份流言终结者的简报。她表述得轻松愉快，甚至有些风趣。帕特里夏看到听众脸上的笑容，猜想她给了他们一个调侃他们自己的机会，这样或许更容易让他们记得相关的信息和内容。

在美国医疗改革之争中，流言和误解纷纷扰扰，在诸如"政府通过医改掌握民众生死大权，称之为死亡项目"或者有限度地提供医疗救助的话题上常常制造恐慌。奥巴马总统在向全国民众的每周广播中，试图揭穿更加骇人听闻的断言。此外，例如以下的网站也在试图为终结这些虚构的传言做出努力：*http://harryreid.com/content/ reform-myths/*.

"小学数学中的五个误区"（*http://teachertipstraining.suite101.com/article.cfm/5_misconceptions_in_elementary_mathematics*）旨在帮助小学生消除他们固守的信念，主张"消除对数学理念的错误信念至关重要。"

为了调查在 2011 年 9/11 恐怖袭击之后涌现的 16 个声明，《大众机械》（*Popular Mechanics*）杂志组建了一支由 9 名研究员和记者组成的小组，他们咨询了来自构成杂志核心专业领域，例如航空，工程和军事等方面，超过 70 位业界专业人士。结果报告表明："揭穿 9/11 流言的真相特别报导"显示他们"有能力通过确凿的证据和正确使用人类常识来揭穿那些断言……只有用无可辩驳的事实面对这种造成巨大危害的声明，我们才能理解某天所发生的真实情况，而这将永远铭刻在世界历史上。"（*http://www.popularmechanics.com/technology/military_law/1227842.html*）

以计为首

马修（Matthew）是一个严肃认真的自行车手，参加过很多场比赛。在那些比赛中，他常常看到凯文（Kevin），那个过分热情的而又不甘落于人后的强有力的竞争对手。凯文非常争强好胜，但是他不是一个有精明战术的车手，他因为强迫自己在赛程中总是处于领先位置而导致体力经常透支，结果在比赛结束之前，他已经耗尽了体力，没有办法做最后冲刺。

在冲突中消耗体力之前，问问自己是否这个问题真的非常严重，以及你是否拥有奋战到底的资源。

作为布道者或者专职负责人，你正在努力把一个新的想法引入组织。你看到了变革的需要，你为了传播自己的想法而努力工作，但是总有怀疑派无情地反对你的提议和你的任何努力。

你不能把时间和精力放在处理自己遇到的每一个林林总总的阻力上。

涉及到自己深切关心的事时，要你做出妥协是很困难的。你总是想做认为正确的事情。然而，你身边的所有的烦心事都会牵扯你的精力而令你分心，导致你失去对全局重点的掌控。

我们都希望活在一个没有矛盾冲突的环境里。要做到这一点或许我们应该弄明白什么是真正重要的问题，什么是（并且什么不是）值得为之奋斗的，还有，或许我们应该心胸更加开阔一些，更愿意接受我们周围的事物。也许这意味着我们要重新评估优先顺序。但是，对我们中的绝大多数人而言，对我们的理想产生质疑甚至是妥协会令人不安。我们可能相信这些优先顺序定义了我们的认知，优先顺序的变通破坏了我们自我认知的重要组成部分。

即使你感觉、已经通过不采取斗争的方式在为自己深深坚持的原则做出妥协，但更重要的或许是保存体力，继续努力战斗。这并不事关战斗的胜负，这是为了继续前进，达到目标。即使你有时间和精力，如果你试图成为那种不惜任何代价都要以胜利者姿态出现的人，那么你将丧失大家的信任。除此之外，那些支持你想法的人不愿意卷入每一个小小的分歧，或为试图充当调解人或闺密挚友而感到疲惫不堪。

社区组织者本·泰克-瓦尔特尼（Ben Thacker-Gwaltney）在《我们做出改变》（*We Make Change*）一书中解释说："我认为在组织中协调变化是一个务实的职业。如果太理想主义，是不可能做得到的。你会大失所望。不得不在剩下的所有事情上应付失败和妥协。"[6]

如果你不愿意考虑那些对其他人来说可能很重要的事情，你可能会有树立了一个真正的敌人的风险。允许其他人对一些事情坚持己见，有助于他们更愉快地接受和采用新的方式方法来行事。

因此：

停下来。深呼吸，考虑一分钟。问问自己目前的矛盾冲突是否值得耗费精力。克服最初的情感反应，有意识地只为有重要意义和价值的事而战。保持正直和诚实，让自己在每个决策点之后都可以为自己感到自豪。

问问你自己下面几个问题。

- 我能赢吗？如果没有胜利的希望，那么你能收获什么呢？做一个理性的决定。了解自己。想想在这种情况下需要什么样的能力和资源，以及自己是否拥有这些。这可能是一场值得努力的战役，但是你是否具备一战到底所需的所有要素呢？尤其是，一定要确认自己的想法是一个好的、行得通的方案，并且不能在不制定好策略的情况下盲目行动。

- 我会赢吗？考虑一下你和对手之间关系的重要性。或许维系这种关系比赢得眼前冲突的胜利来得更有价值。如果坚持赢得胜利，你可能会阻碍自己推进变革的进度。你是否真正确定自己是对的，而其他人都是错的，或者你能够做一个小小的让步使得变革举措可以持续前进呢？一个心胸宽广的人往往可以简单地淡化冲突，让它随风而去。这可以成为一个转折点，也就是说，如果你让对手获得一时的胜利，其实结果却是为你奠定胜局埋下伏笔。

- 这都是些什么呢？或许它是一种简单的误解。如果的确值得一战，那就值得花时间了解真正的问题是什么。小心你的言语，确认你的对手真地说了你所听到的言词。事情很少是简单的、非黑即白的情况，尝试着去看看众多的灰色地带。当其他人的价值观和你的不尽相同时，请保持更开放的态度，接受这个现实。试着戴一下德·博诺博士（De Bono）的六项思考帽[6,1]有助于你全面考虑所有的方方面面。你对自己的动因会有更多的领悟。

提前做好规划。使用上面这三个问题，对你是否值得为你所相信的战斗建立一个清晰的理解。预先确定哪些项目对变革使命来说是极其重要的，哪些项目哪怕做些许调整也不会产生重大不同或者说对结果而言没有什么区别。

评估以上问题的时候，请向团队中其他成员寻求帮助，因为可以参与哪些战役和应该挑选哪些战役有时候是一个困难的决定。对于自己是否可以获胜这个问题，我们很容易自欺欺人，因为我们常常对自己的能力过于乐观，很少客观地看待自己的动机。从第三者的眼光看别人的问题比较容易，但是客观地审视自身却很难做到。

哪怕是在你开始一场讨论的前一刻，也要考虑一下哪些需求是至关紧要的，哪些是具有谈判空间的。这将有助于你把注意力集中在自己必须完成的事情上。

你可能想要找一个朋友或者信赖的同事发发牢骚，吐吐槽，这个人可以给你分析并帮助你洞悉为什么另外那个人会有某种行为方式。

感谢来自阻挠者的观点（运用**无畏**模式）。发布一条清晰的信息，告知大家所有人都是在一条船上，共同经历探险。一定是"对的"或者一定是"错的"情形很少有。相反，推进的过程将是一系列循序渐进的小步子，在这期间每个人总是在不断学习和体会。一路上找寻可以用来妥协的共识和场景。

对于那个对你的事业有阻挠并制造大量不和谐声音的人，为了解决他的顾虑，考虑一下做一个小小的让步，以体现你对这个人的观点和贡献的认可。有时为了达成协议你早早地做出让步或者做一个大的让步，但是谈判专家警告说，经常这样做往往会使双方渐行渐远，对方会期待你做出更多的让步。只有在适当考虑之后再做出一些小小的让步，同时要求对方也做出一些让步。考虑对你视为可能性的想法进行一次试运行。设置清晰的期望值，也就是说，建立一个详尽的行动计划，注明试运行的长度和让步的评判准则。从每一个试验中学习成长，并且记得灵活调整自己的想法。

============================

以计为首模式有助于创造一个更和谐的存在，很可能增进你的人际关系。你将有更多的时间从事更重要的事情，而不会因为不停地战斗而耗尽心力。专注于重要的问题有助于你企及自己的长期目标，因为你将在那些对你和团队而言十分重要的战役中更有效率地赢得胜利。这个模式鼓励尊重个体差异和偏好。如果你能够妥协，很可能阻挠者不仅变得更加容易接受你的想法，而且更容易建立一种更加相互尊重的关系。

不过，你对避免某场战役的决定也可能是错误的，而这个错误决定可能对你影响较大。回顾历史，就会知道有很多关于那些选择"不惜任何代价取得和平"的故事。当你正在权衡决定避免哪些战役时，尝试寻求帮助，为你和团队万一做出错误选择而制定一套备用计划。即使你在关键点做出妥协之后，也有可能某个怀疑派人士还是顽固不化。你可以考虑把这个人放在一个有用的怀疑派带头人的位置上，他的角色就是毫无保留地指出新想法的所有缺点。

一群激进分子站在大街上，尝试获得尽可能多的人在请愿书上签名，赞成赌博在北卡罗来纳合法化。当路过的人对他们的想法持否定态度时，他们并没有和阻挠者们产生争执。在一些情况下，他们花时间倾听人们的想法和顾虑，但是通常情况下，他们选择的是礼貌地向唱反调的人士道谢，继续争取下一个可能拥护他们想法的路人。

丹（Dan）正在给一支团队向敏捷软件开发转型做教练工作。计划是将团队移至一个开放式的环境下工作，那里也设有独立的办公室，供任何人在有需要的时候使用。一名叫弗雷德（Fred）的团队成员，坚持保留他原有的小隔间办公区域。看起来，这简直就是耽搁事情进展的绊脚石。于是，丹提议在接下来的几个月中他们可以允许弗雷德保留他的小隔间办公区域。他们将在试运行结束的时候评估结果，看看从中学到了什么。整个计划进展好得令人惊讶。因为弗雷德觉得他的顾虑得到了解决，他不再公开地表示抗拒，在很短的时间里，他意识到按需随时使用独立的办公室对他而言也是行得通的。他开始花更多的时间呆在开放式的工作环境里。团队的其他成员并不觉得有什么可大惊小怪的，但是只要他决定加入他们的行列，他们就热情地欢迎他。

作为家长，我不得不承认和尊重这样一个事实，同辈压力是真实存在的，而且我也不得不面对。持续和我的孩子斗争会达到相反的效果。如果我批评我的孩子和他的同龄人所做的一切，我有可能陷入永久关上沟通之门的风险。接纳出格的发型和邋遢的服装很不容易，但是让这些东西顺其自然可能是更好的办法，这样可以节省精力，以便全力应对更重要的"人艰不拆"，如偷窃、饮酒或者滥用药物。

全员大会

当国会议员在每年八月休会期间返回家园时，许多代表和参议员举行地区全体选民会议，听取选民的意见。美国糖尿病协会发了一封邮件，提醒人们"这些会议是和你们的民选官员直接对话的绝佳机会。他们能够倾听选民的心声。让他们意识到糖尿病拥护者是他们社团中强有力的一部分。"

计划一个活动，分享与新想法有关的最新消息、为新想法征求反馈、建立支持、挖掘新的想法和引入新人，这样的活动要尽早展开并且贯穿整个变革举措。

你是一位布道者或者一名专职负责人，想要发现变革举措中的各种问题。你可能在你的征途伊始，就对确定问题和各种潜在可能的解决方案很有兴趣。或者，你可能已经通过不妨一试的做法，在自己的工作中进行试验，或许你已经完成了一次试运行，目前愿意就进展报告以及为下一步的行动想法进行讨论。你有一些关于变革举措的报告可谈，同时你也愿意倾听其他人对此的看法。

长期和每个人保持联系并且争取全员参与，是有难度的，可是对于一项变革举措而言，这又常常是必须要做到的。

反馈是必要的，你不想工作在真空里。相信自己的判断和做你认为最好的事情总是看上去更简单易行，但是这样做导致的结果就是，你冒着风险采取的行动并没有给组织带来实际帮助。你甚至可能远离日常的工作运作，失去了获取组织中实际需求的联系渠道。你不想错过重要的信息或冒让人们感到被忽视的风险。

运用**个人沟通**模式有助于你理解每个人是如何运用一个新想法的，以及他们对变革的真实感受。坚持在整个变革举措中保持与每个人的沟通交流很重要，可是和组织内每个人的一对一沟通需要花费的时间远远超出你可以承受的范围。在一个大型组织中实施这样的接触方式显得尤其困难甚至是不可能的。**持续公关**模式有益于信息的沟通，但是它对于建立能够体察情感的对话是有其局限的。

因此：

举行会议征求反馈意见，建立支持，获得新的想法，激发新成员的好奇心，并且呈报进展状态。

运用**个人沟通**模式尽自己所能一个个地邀请尽可能多的人来参加。动员每个人参与，鼓励拥有多元化背景和理念的人们参加会议，并确保你对最受变革影响的人群给予特别的关注。

在会议举行前，记得和抱有怀疑态度的人（也就是，运用**无谓**模式）充分沟通，避免会议中出现来自这些人的猝不及防的情况。运用**走廊政治**模式，在你和一个较大的群体开展讨论之前散布影响，营造你想要的氛围。

在会议举行前，预先发布会议议程。会议开始时应将注意力集中在会议的目的上，之后简短陈述变革举措的过去和当前的状态（换句话说，运用**适可而止**模式）。之后征求反馈意见，并就新的想法展开头脑风暴。在会议开始前，放下你的自尊心，告诉人们你在这里就是为了增进每个人对变革的理解，也包括增进你自己对变革的理解。

是时候向人们展示你的领导力了，因为如果你不具备号召力，那些有着自己日程安排的人可能会制造混乱。明确定义会议的规程，例如如何处理问题和评论等。[6] 警惕会议中出现的无效的讨论和无休止的争论。要善于有礼有节地将这些情况归置于"有待处理"区间，留待日后或者会后单独讨论。

在总结好下一步的行动计划以及欢迎志愿者成为关键人物之后结束会议。当你寻求帮助时，态度一定要诚恳。有时一个小组会期待一个领导者提供所有问题的答案。表现得不称职或软弱，和将其他人引入谈话这个重要任务之间其实仅一线之隔。

在会议结束后，和人们保持联络。继续保持对话，并且发布进展状态更新，让每个人都及时了解情况。

===============================

运用**全员大会**模式使新的想法为更多人所知，并为社区的想法把一把脉。你可以征求反馈并搜集其他可能的想法。这个模式同时也是一个可以凝聚支持和建立一个群体形象的好机会。最重要的是，通过全员大会每个人都有机会获得对目前状况的了解并积极投身于变革中。如果人们被时时告知，并在变革中有话语权，那么日后他们也不太可能抱怨，而更可能勇于承担和掌控局面。

然而，与会者可能希望会议能达成共识，或者他们期望各自的建议能够被采纳。如果这些愿望无法达成，他们可能会变得愤懑并和你作对。请确保在会议伊始就明确设定好清晰的期望值，并且时不时地善意提醒每个人本次会议的目的。坦诚面对你取悦每个人的能力；确认人们理解你无法面面俱到这个基本事实。如果有些人对他们的建议全情投入，你可能考虑鼓励他们加入布道者的队伍，让他们的想法成为现实，这也是一个吸引更多志愿者的绝佳机会。

拉尔夫（Ralph）是一个图书馆的领导，在工作三十年之后即将退休。管理层认为这是一个检验组织结构和流程以决定可以进行哪些变革的好机会。来自每个部门的一名代表受邀参加了一系列会议，与会者就这些问题进行了研究。他们粗略的想法和建议在随后的全体图书馆工作人员全员会议进行了分享。随着拉尔夫的退休日期临近，这些会议的成果为形成新的领导层奠定了基础，即组织结构图的变化、关于拉尔夫的继任者的决定以及对一些流程和图书馆设施的修整。

爱丽丝（Alice）被聘为一所大学的新任总裁。这是需要变革的时候了。爱丽丝发现了一些亟待解决的问题。她的辅助人员计划召开一系列会议，以便为设定一个策略方案搜集信息。学校的每个人都收到来自邮件或者电话的会议邀请。每个会议在一开始就明确设定了期望值以及需要收集哪些方面的建议。在会议中，爱丽丝向与会者提出了一系列具体的问题。人们的应答被记录在案，会议的结果总结在会后被发送到每个与会者的手中。每个人都会被及时告知会议总结是如何融汇贯通于策略规划流程中的。

当国会议员其普·克拉瓦克（Chip Cravaack）发出举办一次"每盘10美元"的特邀午餐会时，反对者纷纷发起抗议。克拉瓦克询问民众，他们是否需要一个全员大会，人们报以热情的回应"是的"。"那好吧，"他回应道，"我们可以在会上听到彼此的呼声，并进行一次有效的对话。"在会议中，一个大学生质疑克拉瓦克的关于为了节省纳税人的税收而取消一些项目的主张，同时另一个人提出疑问为什么克拉瓦克没有提高那些承受得起的人的税收。提问者和国会议员并没有达成共识，但是在为时一个小时的会议期间，也没有出现威胁任何人的局面，之后这被引述为"在文明阵线的进展"。

及时提醒

"嗨，我们这里出现了一个问题。" 1970 年 4 月 13 日美国东部时间下午 10:08，阿波罗 13 号宇宙飞船向休斯顿地面控制发送了这样一条信息。随后启动了针对判定由氧气罐事故引起中止阿波罗 13 号执行任务的原因的调查工作。

一个别名就这样诞生了："休斯顿，我们出现了一个问题。"

为了鼓励人们关注你的想法，你应当指出那些你相信会有助于人们认清变革紧迫感的问题。

你是一位布道者或者一名专职负责人，认定了问题所在并且看到了变革的需求。

在组织中，人们似乎都对现状很满意。他们没有看到现状需要做任何改变。

当你和大家谈论你的想法时，你提出了一个解决问题的方法。但是如果没有人清楚现在的困境，很可能大家只是觉得你的想法是一个有趣的可能性，而不是一个有迫切改变需求的事情。因此，你的建议就会遭遇人们的自满、悲观或者反抗情绪的挑战，或者人们干脆对你不理不睬。

我们有自己固定的习惯。当我们习惯于某种行事方式，对之满意，我们很有可能看不到迫在眉睫的危机。你需要帮助其他人理解世界格局在变化，因此人们也必须顺应变化的潮流。[6,4] 面对这个现实是残酷的。面临挑战时，我们可能会感到茫然无措，觉得前途渺茫，同时我们中的大多数人又有着要把事情办妥的愿望。因此，如果我们感受到一定压力，例如，一种消除潜在风险的需求，一种对安全和舒适的渴望，或者一个达成一个既定目标的愿景等等所带来的一定程度的紧张氛围，那么我们付诸行动的愿望可能会更加强烈。如果你能成功地营造这样的良性的紧张气氛，人们将会更主动地寻求解决手段。[6,5]

一种乐观的领导风格可以促进团队里乐观上进的态度，但是过分乐观也会扭曲事实。每个人将会相信一切都很顺利。他们就不再质疑，也会丧失机会去考量那些带来进步的反馈意见。这种过度乐观或者非理性的乐观令一个组织在应对那些不可避免的挫折时因准备不足而措手不及。你要有足够的勇气让隐藏的问题浮出水面，倡导对表现不佳的领域进行定期的评判和回顾思考。[6,6]

依据领导力专家约翰·科特（John Kotter）的理论，一次真正的变革，第一步行动就是"提升紧迫感"。约翰是这样解释的，向人们展示一种令人信服的变革需求能激发他们落实到行动上，让他们"立即从沙发上起身，精神饱满地准备开始行动。"[6,7]

在《奇怪的想法：如何建立一个创造性公司》（*Weird Ideas: That Work-How to Build a Creative Company*）一书中，作者罗伯特·桑顿

（Robert I. Sutton）指出社会运动的研究表明可扩展想法的标志是，领导者们首先应创建"热切的"情绪氛围为赢得人们的关注和动力助燃，随后给人们提供"冷静的"理性的解决方案付诸实施。[6,8]

托马斯·弗里德曼（Thomas Friedman），《世界是平的》（*The World is Flat*）一书的作者，提醒我们说："问题与机遇并存。"[6,9] 你的想法可以成为那个宝贵的机会。

因此：

通过关注问题和问题在组织内部导致的不良后果，为变革创建一种意识需求。

你要花时间做好功课，理解那些"痛点"和它们带来的影响。准备好详尽的信息。反复审视你掌握的事实现状。用一种令人信服的强有力的方式来阐述局面。用具体的数字说话，但是时刻谨记通过建立情感连接的方式顾及到人们的感受，要入情入理。从那些同样意识到问题存在的人们那里寻求帮助，这样能有助于你理解如何引导身处不同环境中的不同人群。

运用走廊政治和个别关键人士交流。一旦你的支持者也赞同威胁是真实存在并需要着手解决，他们就可以在全员大会上你发布信息时帮助你。

讲述你的故事。说明你是如何意识到问题的，但是不要让人们带着无法消化的细节离场，这样他们就容易被这些不必要的细节困扰。进行适可而止的讲述，紧紧抓住人们的注意力。

找到一个人们会关注实施的解决方案。将这个方案和组织的目标相关联（运用**量身定制模式**）。运用个人**沟通模式**帮助个人为"这个方案对我有什么好处？"找到答案。

指出如果问题得不到妥善解决的后果是什么，可能发生的各种不同情况（运用**预想未来模式**）。但是千万不要仅仅局限于讲述令人惊恐的故事：要强调正能量。你想要令组织中的每个人看到希望，受到鼓舞，并就可能的方案进行商讨。

不要为解决方案勾勒一套完整的策略，因为这样这个提议就会变成唯你马首是瞻。即使你觉得你有一个好的想法，也试着以一个粗略的提案切入，然后寻求大家的帮助从而形成一套详尽的行动计划，那么你将获得更多人的认同和参与。

保持联络。一旦帮助其他人意识到了问题的存在，就一定要抓住时机，而不要让达成一个解决方案的迫切感减轻或者流失，因为人们很容易因为忙于其他的事情而淡忘了。

===============================

运用**及时提醒**模式可以帮助你在组织内部创建一种认知，对当前现实状态以及造成这种状态的问题所在有一个明确的了解。倾听者会驻足思索："哇，我之前竟然不知道！"你将有可能把那些很多人之前没有看到或者一直拒绝承认的问题暴露在众人面前。你帮助他们敞开心扉迎接新机遇，并意识到采取行动的必要。这些都为你提出你的变革想法的建议铺平了道路。

然而，你极有可能无法让每个人都关注你提出的问题。对于反复陈述当前的困境，你要格外小心，因为这样的强调可能会带来严重的政治分歧。尤其在如果旧的方式是有那些极有权威的人主导的情况下，你会被认为是一个惹是生非的人。如果不响应你的**及时提醒**的人数过多，那么你可能必须作出适当的妥协，把力气用在合适的地方，继续前进。

麦克斯（Max）成为了一所大型生产制造公司客户服务团队的经理。尽管这个团队被视为销售部门的"一流的"领导，麦克斯还是意识到了差距。他试图帮助小组成员做出他们自己的结论，而不是通过"这是我看到的"的方式灌输给团队。他组织了一场会议，开场就是让组员就他们的客户支持打分"好、非常好或者优异"。小组声称他们是"优异的"，并列出他们所做的所有的精彩的事情。麦克斯鼓励他们更深入地思考一个问题："是什么让一个客户支持小组变得优异的？"当他们讨论问题时，麦克斯提示组员思考一下他们和客户的个人互动，把他们的互动作为一个基准尺度和其他拥有优异的客户服务的公司进行比较。这样一来，团队就有机会界定出在客户支持中需要具备的重要品质，包括认同感、专业精神以及承担责任达到客户期望的意愿。麦克斯通过询问这些品质中的差距发出了一个提醒。团队觉得一个"非常好的"客户服务团队要有认同感并通过对每一个问题落实责任机制来找到一个完整的应答，而一个"优异的"团队通过和他们的客户建立互信的关系而变得卓越。他们详尽的行动计划准确地定义了客户服务代表们应该具备的理念，和其他事项一起，通过和有一段时间没有联系的客户取得联络，询问他们如何为客户提供服务。这样的练习让每个人得到"及时提醒"，知道他们之前并不是在以可能的最高标准进行工作，并且明确改善提高的机会。当他们达到或者真正超越其客户的期望时，团队能够意识到那份喜悦。

有所大学分配教师到教务委员会的系统十分冗长和过时了。艾伦（Ellen）起草了一个新的系统，但是必须得到教授评议会的认可。很遗憾，她没有运用走廊政治模式，因此评议会成员在她演讲时提出了很多问题和顾虑。当艾伦意识到自己的提案极有可能不能获得通过时，她礼貌地打断了讨论，兜回到到现有系统所存在的问题上并给出了详细的解释和说明。评议会成员对此感到很惊讶。他们从来没有意识到这些困难，于是立刻变得很愿意支持艾伦的提案。于是，艾伦建议对她的新系统进行一次试运行，如她所愿，方案得到了批准。

保罗·利维（Paul Levy）被任命为BIDMC医疗系统的一把手，这个系统是两家医院的一次艰难合并之后的产物。为了让大家都知道一套新秩序的需求，利维开发了一套醒目的信息诠释这是BIDMC做出改善的最后的机会。并且将从他和国家检察长的私下会晤中得到的，医院可能被卖掉的真实可能性公诸于众。他知道这个坏消息可能会令员工和病人感到害怕，但是他坚信一个强有力的及时提醒会让员工直面变革的需求，这是非常必须的。[7,4]

乔西（Josie）的无辜死亡缘于一个热水澡。2001 年 1 月，这个一岁半的孩子爬到浴缸里烫伤了。她被送往一家大型医院，最初的康复看上去很有希望，但是之后这个小孩子开始感到永不满足的口渴。当她吮吸毛巾来解渴，而护士告诉她的母亲不要让她喝水，即使这样乔西的生命体征还是正常的。之后，一个护士无视无麻醉剂处方，给了她美沙酮，导致她心脏骤停。两天后，她死于重症监护室。乔西的母亲索瑞尔（Sorrel）在 2004 年 12 月一次活动上分享了她的令人心碎的缘自真实事件的提醒，这个活动旨在发起一场运动，目标在于每年减少由于不可避免的错误而死于美国医院的人数十万人。一个小型的非盈利组织名为"医疗保健改善研究所"（IHI, Institute for Healthcare Improvement）支持着这项关系到十万人生命的运动。截止 2006 年 6 月，加入 IHI 的医院都完成了这个目标。尽管这个组织缺乏管控医院的官方授权，运营团队的人员不多，资源一般，但是它通过鼓舞和指引参加运动的 3000 家医院（代表超过 75%的美国医院床位数）的高层管理人员、医生、护士和其他工作人员，为拯救十万条生命的运动添砖加瓦。

寻求帮助

* Markita Andrews，1981 年，9 岁的她在三周之内卖掉了 2245 盒饼干。在她十三年作为女童子军的过程中，一共卖掉了 60 000 盒饼干（童子军这个活动是每周六上午十点到下午四点，周日下午两点到四点）。

玛奇塔·安德鲁斯*从七岁开始，就靠卖饼干为女童子军筹集到八万多美元的资金。她并不见得比别人聪明，也不见得比别人外向。相反，她自己说她自己和其他人的最大区别是她发现了一个销售技巧："问，问，问。"因为害怕被拒绝，因为不敢主动要求自己想要的东西，很多人还没有开始就已经失败了。

把一个新想法引入组织的工作量很大，所以要找同事和资源协助你一起努力。

◆◆◆

你的身份是一个热衷于将新想法引入组织的布道者，或者是一个专职负责人。

在组织中引进新想法的工作量很大，尤其是对不熟悉环境事物的新人。

许多专职变革推动者失败的最大原因是他们不会寻求帮助。他们坚信自己可以做，或者他们觉得寻求帮助表明他们能力不足。其实，他们的成功与否与其所具备的寻求他人帮助的能力是息息相关的。

《瓶中闪电：面对改变的 60 种智慧》*的作者大卫·鲍恩（David Baum），曾经观察得出一个结论：如果一个领导总是看着无懈可击，一向信心十足，迟早会使其团队对现实有一些曲解。反之，一个承认自己也有不足的领导会得到大家的支持，获得意想不到的慷慨相助。

* 英文书名 "Lightning in a Bottle: Proven Lessons for Leading Change"，繁体中文版由经典传讯文化出版，译者陈琇玲。简体中文版由机械工业出版社 2002 年出版。

我们总有需要帮助的时候。把目标设得很高的人最终会意识到没有其他人的帮助，自己根本实现不了这样的目标。寻求帮助需要花费时间和精力，但回报率绝对是很高的。采取一些措施来识别和鉴定那些可用资源，必定会让你从中受益。

通常，我们会觉得亲力亲为可能是最简单的。但是，我们忘记了让其他人加入可以带来除了帮忙之外更多的好处。他们的加入可以扩大你的支持团队。并且，这也可以鼓励大家对项目有局部的或者整体的责任感，这对想把新想法引入项目的负责人特别有意义，这可以让你激发其他人对新想法的兴趣并让大家一起实施采用新想法。

有些人不一定很快为你提供帮助或提出意见。这可能是因为以前从来没有人向他们求助。大多数人在有人向自己寻求帮助的情况下，还是愿意施以援手的。大多数人希望与其相关，受到邀请，并参与其中。大多数人在有机会成为团队的一员并可以影响一项举措结果的时候，都会集中精力和能量，并会做出承诺。

因此：

在需要的时候，尽可能多找机会向其他人寻求帮助。千万不要孤军奋战。

向关心你以及/或者关注你在意的那些事情的人求助，向他们寻求建议和资源。寻找一些可以和大家聊一聊新事物的机会。你可能觉得你不认识任何一个可以帮助你达成理想的人，但仍然要坚持和大家做更多的交流沟通。在合适的时候向他们询问并记得表达诚挚的感谢。

有时候，还真的需要花些时间和功夫求助，可能你交谈的对象会介绍其他人给你，或者提供其他帮助，你要继续，直到找到自己需要的帮助。每个组织都可以提供一些帮助：网页开发、图形设计、特殊印刷、免费广告、公司内刊物、秘书和助理。只要去找，你就会得到帮助。有些时候，随便走到负责支持的团队工作区，和任何一个人聊聊，就可以帮助你发现他们可以提供什么样的帮助。

如果真的遇到不愿意帮助你的人，就换一个思路。可以和他解释这是一个可以让他学习新事物、建立新的关系或者可以让他在年底总结时增光添彩的机会。

如果你所得到的帮助不如预期，不要气馁。即使一个小小的起步，也可以帮助你让大家多了解你的新想法，让你在将来拥有更多的资源。

========

这个模式可帮助你争取到其他人的帮助，让他们感觉自己也为这项举措做出了努力。来自不同人的点滴贡献可以促成不少小有成绩的局面，积累成卓著的成果。最重要的是，每一次寻求帮助的过程，你都可以吸引更多人对新想法的兴趣。

如果你身处崇尚"你必须有能力自己做"的组织之中，寻求帮助可能给你带来让大家感觉你水平不够的风险。其实，你是有办法克服这种困境的，可以通过树立一个集体形象的办法，把所有对变革举措做出过贡献的人都集合在这个集体形象之中。

> 有人告诉沙曼莎："现在没有什么人认识你。如果和马克或格雷格聊一下，他们知道应该怎样做，他们肯定可以帮助你。"他真的说对了，沙曼莎得到了很多帮助。马克告诉她怎么和网上每日新闻主编联系，发布关于活动的信息。格雷格把她介绍给技术支持人员，他们帮助沙曼莎创建了一个关于新想法的网上公告栏。当她有问题的时候，他们两个都愿意帮忙。这让沙曼莎相信自己能够顺利完成工作。

> 结对编程是新兴敏捷软件开发方法的一部分。程序员说，结对让他们很容易意识到自己不知道的事情。在结对开发形成的关系中，每个人都慢慢放开以前一个人独自工作、独自蒙混过关的难堪。寻求帮助已经变成软件开发不可缺少的一部分。

发现和感悟

之前，我们觉得这个模式是为了让你在别人的帮助下做一些事情，但是现在我们发现它也涵盖了引入从其他人的视角看问题。邀请新人加入，但是也不要忘了邀请那些认识新人的以及新人将要与之沟通创新想法的人，他们的人际网络中就有潜在的支持者。这个模式强调了一项变革举措中存在的问题不是单靠你和少数几个人能解决的。办事最有效的变革负责人愿意将他们的想法奉献出来，以鼓励其他人做出贡献。只有参与了，才会有承诺。这些都是寻求帮助的好时机：当有人做了一些你想要了解的事情时；当你知道自己不擅长于某事时；当你不知道向谁寻求帮助时！

通常，变革领导者的过往经历显示他们一贯是积极主动的。要他们停止说"让我告诉你怎么做"非常困难。要学着放手。当你了解你自己之后，你会意识到自身存在的不足，并且意识到有必要让其他人做出贡献。

预先计划，不要等到需要时才计划。维护一个关键人员名单，那些人在将来可能可以为你提供帮助。你永远都不知道最好的想法会在何时何地呈现出来。如果你愿意向任何人求教，往往会得到一些好点子，对你来说会是一份意想不到的惊喜。

如果你让人们致力于他们喜爱的事情，那么你在招募人员的时候会事半功倍。给予他们展示才能的机会，你身边会聚集起更多坚定的支持者。

有人曾经这样问："如果得不到任何好处，为什么我要提出一个新的想法呢？"下面提供了思考这个问题的几种途径。

1. 你有很多想法。如果你有一个好的想法，无论这个想法是否可行，你的脑海中总能涌现出更多的想法。

2. 你很清楚这个想法来源于自己，对于这个事实不需要外部验证。

3. 随着时间的推移，那些举足轻重的人们会知道是谁提出了新想法。

4. 找到一个有能力让想法获得认可的人，通过她宣扬你的新想法。

5. 当自己的想法回归到自己之后，你会十分欣喜。

6. 你的想法有 80% 都是完美的。在你听取他人的意见之后，这些想法的完美度可以上升到 95%。

7. 人们总是忙忙碌碌，对其他人所从事的事情往往并不知悉。这在任何一种社会状态下都是一种真实的局面。我们大多不善于交流和沟通。把自己的想法说出来。不要想当然地认为每个人都知道你在忙什么。

在一些情况下，寻求帮助会被人看作一种缺点和弱点。你可能不得不仔细考虑什么才是更重要的，是让别人觉得你软弱无能，还是事情能够得到妥善处理而且更多的人可以加入到团队中来。

寻求帮助可能有一些难度，如果你是个性强硬的人，习惯于按照自己的方式行事，寻求帮助对你来说无疑难上加难。你要看到你从事的每件事周围都有更大的目标需要你关注。仅仅局限于完成行动计划清单上的每一项任务是不够的，要着眼于创建一个充满活力的、不断成长的团体。

循 序 渐 进

E. L. 多克托罗[*]曾经说过:"写小说就好比夜间开车。虽然你只能看到车头灯所照到的地方,但仍然可以安全抵达目的地。"并不一定非要看到目的地或者一路上所有的风景,看清面前的两三尺路即可。这是我所听到的不论是对写作还是对生活的最好建议。⁺

一步一步地向自己的目标前进,能够缓解组织变革这项艰巨任务中的挫败感。

你是一个极其热衷于将新想法引入组织的布道者。在运用过**适可而止模式**和**回顾时间模式**之后,你意识到你的组织内部有些人对新想法感兴趣。

你在考虑应该如何计划将新想法引入组织。

"如果我们可以看到前面的路该怎么走,那么这很有可能不是我们要走的路;这可能是我们用别人走过的路来代替自己该走的路。我

* E. L. Doctorow(1931—2015),美国犹太裔小说家、编剧。1960 年发表处女作《欢迎到哈德泰姆斯来》,第三部长篇《但以理书》获 1972 年右根海姆奖,《比利·巴思格特》获福克纳奖。

\+ Lamott, A, *Bird by Bird: Some Instructions on Writing and Life*, Anchor Books. 1995.(简体中文版《关于写作:一只鸟接着一只鸟》,商务印书馆 2013 年出版)。

们自己的路得靠自己在前进的过程中逐步做出决定。"①前往一个有意义的目的地是没有捷径可循的。

让所有人立刻转变思路，依从于你的思维做事是不可能的。因为任何一个组织都有着太多未知因素，所以如果试图一次设定一个过于宏伟的组织变革计划，只会让你经历失败的挫折。复杂事物的本质会让你受挫，并让你毫无进展。想要爬梯子，就不该幻想从平地一下跳到最高处。相反，你应该慢慢地一步步、稳稳地爬。与此相似，组织内部发生变化，不可能是一蹴而就的，而应该是一步步地迈进，有时候步子小得不容易让人察觉。人们对小的改变不像对大变化那么抗拒，但是，很多的小变化的积累最终会带来重大的转变。

过于遥远以至于让人觉得像登天一样难的目标，我们会觉得气馁，也觉得很难一直保持满腔热情。相反，设置短期目标并看到清楚的进展和成绩就体现出了优势。想想看，如果设定了一些按部就班的计划，每当你完成了一项之后就小小地庆祝一下，比起勾勒一个需要好几个月甚至几年时间才能企及的超能力愿景，肯定更能鼓舞人心，令人激动。

变革负责人所犯的最普遍的错误是期望大包大揽，过于激进。他们常常就像那些激动的花匠，一站在自己的苗圃前，就抑制不住内心的激情，对花儿们说："长呀！努力长！你能行的！"②切记，一个好的花匠是不会想着力促花卉成长的[7,4]。相反，他们知道，所有重大的变化都是慢慢地启步，并在日积月累的稳步发展中产生的。组织层面的变革就如同自然界那样，新生事物在开始时平静地逐步蔓延，这样，负责人才有机会从失败中学到经验和教训，为成功打好基石。

---

① Whyte, D., *The Heart Aroused: Poetry and the Preservation of the Soul In Corporate American,* Currency Doubleday, 1994.

② Senge, P. et al., *The Dance of Change: The Challenges to Sustaining Momentumin in Learning Organizations,* Doubleday, 1999.（简体中文版《变革之舞》）

因此：

在推行变革举措的时候，使用一种渐进式的策略，在保持长期愿景的同时明确短期目标。

把精力集中在几个意义重大的问题上。创建一个激动人心的愿景，把目标设得稍微宽泛一些，可以增加成功的几率。你可能想把达成目标的要事列出来，但是你并不需要具体的实现计划。相反，你可以设置几个短期目标并做好依据实践经验进行调整的准备。

确定可以很快见到成果的事情，然后在变革举措中进行小部分实施。努力获得一些能够带来任何改变的早期成果。用这些最初的成绩作为基石，日益推进，达到追求的目标。每一次达到一个短期目标，一定记得庆祝这些小小的胜利。

哪怕是为了新想法的一个小小的局部，也要鼓励大家通过试运行的方式进行尝试。实施那些不会扰乱整体系统的小变化，并且坚信这些小变化在积少成多后终将产生大的变化。在你开疆拓土启动变革之前，先不要急，退一步冷静地思索一下，如何在对当前局面造成最小波动的情况下仍能达到你想看到的结果。随着时间的推移，足够多的微小努力促生了一个新的秩序，这是你无论花费多少心思都不可能在白板上筹划计划出来的。与其试图改变整个系统，不如考虑怎样一点一滴地清除一点障碍或者添加一点新元素。迈出变革的第一步，然后花些时间进行回顾和反思，再决定下一步怎么走。

如果慢慢也有其他人变得热衷于引进新想法，就让这些新的布道者自己计划一下怎样在这个变化历程中做哪些贡献。通过推进适合自己具体情况的工作，他们会获得更多的成绩，你不需要事无巨细地了解每个部分。变革远远超出了小我的范畴：你是否事必躬亲地参与每一项具体工作并不重要，达到目标比什么都重要。达到目标需要大家集体合作而不是只依靠一个人的努力。

一定要小心，不要对那些目标轻率承诺明确的完成期限。企业文化的改变有很多因素需要考虑，是很难预料的。对那些承诺企业文化层面的变革会在某个特定时间段内发生的人保留怀疑态度，这些人其实是在夸夸其谈。

在变革的过程中，就算你前进一步后又后退了两步，还是要保持乐观。找寻安慰来帮助你发泄情绪、减少挫折感，从而保持信心。就像布莱恩·佛特（Brian Foote）和乔·尤德（Joe Yoder）的**积少成多**模式所说的，错误在所难免，成长是缓慢又持续的过程，不可能一步登天。

========

这个模式帮助你使用渐进方式来策划整个变革举措。因为你不可能预知所有会发生的事情，所以这种渐进方式令你有机会积攒经验和教训。可以按照经验来动态调整。

但是，人们可能会认为你不知道自己在做什么。帮助他们了解目标和实现目标的途径并不是一回事儿。就算你不知道到底怎样一步步达到目标，也得设计一个清晰的目标，并和大家随时保持沟通。这个模式不是让你事先完全不做任何计划，毕竟诺亚也不是在等到暴雨来袭的时候才开始建造方舟的。

从 1992 年到 2001 年，北挪威大学附属医院（University Hospital of North Narway）逐步引进了一套数字化放射系统。这个引进很成功。整个系统引进是循序渐进的，慢慢扩展的。首先引进的是一套小型的客制化的图像管理系统，然后是一套患者流程处理系统，最后是一个升级过的通用系统版本供挪威北部所有的 11 家医院使用。这个按部就班的策略使系统设计研发人员有机会收集试行员工的应用反馈，在没有让太多人开始运用的时候，逐步改善系统。这样，日后就可以把一个完备的、经过精心测试的系统介绍给更多人。

在美国，北卡 RiverLink 公司的负责人开始了一个为期十年的计划，致力于复兴佛兰西博德河地区，将其改善为一个适宜人们居住、工作和娱乐的地区。但是，中央楼群着火和土地流失等好多没有预见的挑战出现了，计划不得不被一次又一次地改变。最终，RiverLink 公司的人员开始筹划有短期目标的策略。短期目标可以使人们看到计划的可行性，对计划有信心。除此之外，公司执行官也逐渐地体会到"随时调整比一味坚持最初的计划更有成效。"

发现和感悟

我们决定把这个模式更名为**循序渐进**，因为我们认为这个新名字能够更好地描述你引入新想法的过程。因为这种逐步累积跬步的过程也是不断学习积累经验和教训的过程，曾经有读者称之为"跳跃和学习"。有时候向前进一步可能是一个重大的进步，人们会有很大收益，我们把它称为"啊哈"时刻。当发生挫折的时候，你能了解到什么是不可行的。如果"啊哈"时刻迟迟不来临，你可能会变得沮丧不安，但是请提醒你自己，你正在学习，从每一份努力中汲取经验都是极其可贵的。

这个模式源自于一种叫承诺或者一致性的强大的影响策略。一旦我们朝着已知方向前进一步，哪怕只是一小步，往往就会继续向这个方向努力。向前进的步子越多，我们坚持不懈往前走的可能性就越高。认知心理学家认为这种策略会在大脑创建新的神经通路，同时它也克服了大脑与生俱来存在的对变化和新事物的恐惧。

你可能会问："万一我失败了呢？"或许意识到失败的可能性不是一件坏事，在充满荆棘的变革之路上挫折是在所难免的，对此要有心理准备。你可以问问自己："我失败了以后，会是什么情形呢？"营销大师赛斯·戈丁（Seth Godin）说："如果你做了妥善的选择，即使过程中你经历了失败，你也将离成功又近了一步，你将变得更睿智、更强大，毫无疑问，所有害怕尝试的人也会更加佩服和尊敬你。"

天体物理学家马里奥·利维奥（Mario Livio）在他的《杰出的失误》（*Brilliant Blunders*）[7,7] 这样说："在科学领域，失误不仅仅是不可避免的，它更是研究进展的不可缺少的一部分。科学研究不是直通真相的坦途。如果不是有失误和已知的死胡同在前的话，科学家将走太多太长的弯路。失误保罗万象，以这样或那样的方式，扮演着催化剂的角色，促进了那些令人印象深刻的重大科学突破，因此它们被称为'杰出的失误'。它们通常以连续不断的小步偶尔穿插着如量子跳跃的步子，负责为科学的进步之路拨开迷障。"在科学进步中的观察到的现象和其他任何工作进展中观察到的是一样的。

奇普·希斯 （Chip Heath），和他的兄弟丹·希斯（Dan Heath），共同撰写了《瞬变》（*Switch: How to Change Things When Change Is Hard*[7, 8]），书中这样写道："无论你正进行着怎样的变革，都请缩减一下。"想象一下，如果一个人在根本不喜欢锻炼的情况下，强迫自己随着一首 iPod 的歌曲做锻炼。在她尝试做了这样一小步努力的时候，她通常会在下一首歌响起时继续锻炼。

我们常常觉得我们的变革征程会以一种全新的、没有错误记录的状态开始的。事实上，逐步推进的征程必须以组织当前的状况为起点，接下来我们必须回答的问题就是我们下一步要怎么做。我们总是不断地以我们当前所处状况为起点继续往前进。组织的各个部分对于变革的适应速度各有不同。循序渐进令一个组织中的各个部分有机会积攒到经验，以后这些经验也可以为组织的其他部分所用。

这个模式的一个严重后果就是循序渐进的策略可能会导致热情的支持者感到沮丧、心灰意冷，因为他们热切地期望看到大的变化迅速地发生，而实际上看到的只是一些微小的进展。随着时间的推移，认可和庆祝取得的点滴成绩尤为重要，这样可以鼓舞士气，昂扬斗志。

以下琳达分享的故事可以为循序渐进策略提供一个有趣的注解。

由于我是年龄挺大的时候才戴牙套的，我喜欢了解这一技术在过去几十年里发生了怎样的变化。过去，那些忍受了戴牙套之苦的人不得不惊恐地看到，在他们的牙套拆除之后，他们的牙齿慢慢恢复到原来的位置。畸齿纠正过去意味着较大的改变，但是现在它意味着稍小的变化，也就是说，更轻巧、更柔和的力量促使牙齿排列整齐，极大减小了不适感。正如一名牙医所说的："我从患者那里得到的一个共同的评论是，'医生，请弄得紧一些。我想尽快完成整形，尽快摆脱我的牙套!'"人们总是觉得纠正时弄得紧一些能迫使牙齿更快地排列齐整。当然，一定程度的力量是需要的，同时畸齿纠正也是一种微平衡。力量太大当然能迫使牙齿排列整齐，但是会危及稳定性。在旧的技术下，牙齿常常回归到原位，达不到应有的目的而让人沮丧，同时也浪费了大家的精力和时间。

专家推动

外地某个公司邀请我到他们公司做演讲。演讲之后，这个公司内部的一个布道者找到我，和我分享说："其实，从内容上来说，你所讲的并不比我介绍的更多，但是大多数人都愿意听你的演讲。你的演讲比我的演讲更有影响力。这样也好，在你的演讲之后，他们可以来找我继续探索一些具体的信息。"

可以邀请德高望重的人到组织来介绍这个新想法，以帮助普及一下变革的相关知识。

◆ ◆ ◆

你是一个将新想法引入到组织的专职负责人。

你一直在组织一些可以提高新想法可见性的活动，但是，你还需要吸引更多人对新想法的兴趣，并且吸引更多人为新想法的引进而做出努力。

有些人总会因为工作繁忙而错过你的演讲，但是，他们总可以挤出时间来倾听领域专家的演讲。如果一个演讲嘉宾有可信度，人们更容易被其演讲内容所影响。

即使是已经接纳创新的人，也需要持久地保持兴趣。他们需要一些事情来维持兴趣，加强承诺；不然的话，他们可能会慢慢忘记新方式而回到以前的方式。

因此：

安排一个德高望重的人为你的组织做一个关于新想法的演讲。

如果缺乏资金，可以告诉专家他的到来和演讲是一个向公众宣传他最新的项目或者书籍的绝佳机会。这样，你可以会说服他义务参加你安排的活动。在活动之前，一定要大力做宣传，有计划地用个人名义逐个邀请并且提醒大家参加，这样可以确保他来演讲时有很多人前来参加。告诉你的关系网，知名人士通常期待能有很多人倾听他的演讲，如果参与者比较少，会让他们觉得没有面子。尤其在来演讲的嘉宾是义务来做演讲的情况下，大家的参与度就显得尤为重要。

为了帮助专家了解公司的需求，可以有足够的信息和机会来调整他所讲的内容，要在会前和专家事先安排好沟通和交流。要向专家深入介绍组织内部关于新想法的一些态度、内部结构和组织真实的优先级别等信息。确保他了解哪些人会和他交流。鼎鼎大名的专家可能希望谈论一些大多数人没有做好心理准备要理解的内容，所以鼓励他运用**适可而止**模式，在组织内成员可以消化、接受信息的合理层次上对话。

在宣传和介绍演讲嘉宾的时候，着重介绍他在创新方面的相关经验。即使大家原来对他不很了解，这样的介绍也会给人留下很深的印象，并让大家对他要讲的内容更加感兴趣。

如果演讲嘉宾答应除了演讲之外还可以参加一些其他活动，可以运用**特约嘉宾**模式，安排一些支持者参加这些活动，以此回报他们对你的支持，或者，让公司天使或基层支持参加，让他们对新想法有更深刻的印象。

记得和嘉宾申请可以录像的权利，以便因故不能参加的人能够有机会观看重放。在专家演讲之后的一段时间，可以安排一些集体观看录像的活动。确保自己能留在活动现场解答大家的问题。这样一来，便可以利用嘉宾的演讲和录像为新想法播种。

========

这个模式可以帮助你组织一些活动以增加大家对创新的了解，同时提供一些相关的培训。无论多么忙，人们都会被知名专家的演讲所吸引，同时因为有威望的专家是你请来的，这也会自然而然地增加你在组织里的威信。活动前的大力宣传以及活动之后人们的谈论，对那些无法直接参与的人也会造成不同程度的冲击和影响。

这个模式的风险是它可能令大家热情高涨，让你应接不暇。在专家离开公司后，安排一些人来帮助你。没有适当的后续跟进，大家的热情和兴趣可能会消失。此外，安排专家活动的工作量还是很大的，需要额外的人力支持，使你无法专注于其他更重要的工作，这可能对你的长期团队发展计划没有裨益。要把这样的活动列入长期的宏观计划之中。

> 巴博邀请了一个非常有威望的专家到组织内部做一个关于某个新想法的座谈会。在专家演讲活动举办完之后，她立刻感觉到参加活动和没有参加的人之间的区别。大多数参加了活动的人愿意再多听一些关于这个新想法的事情，而没有参加的其他人还是一如既往地持有怀疑态度。

> 大卫说："因为某种原因，和内部专家比，大家更相信外面请来的人。我们尽可能多地运用这种方式。我们已经请过好几个有名的专家来公司演讲，每次活动之后，都会有很多人愿意开始接纳新想法，人数之多，每次都让我感到震惊。并不是我们不喜欢公司内部的培训或内部辅导老师，而是我的亲身经历让我深刻理解到外聘专家的影响力！"

发现和感悟

　　这个模式最初是着眼于一个著名权威的现象，但是我们的心得是，举办任何形式的重大活动都可以吸引人们对你的创新举措的关注。

牵 线 搭 桥

　　我们想劝人事部接受我们提出的关于雇用一些少数人种的建议，因为这个建议有利于公司长期的发展。我知道我绝对不是向人事部提出建议的合适人选。我们要做的事就是走社会议室去谈，可如果那个去谈的人是我，那么我们所有的希望就破灭了。我派鲍伯代表我们，我们成功的可能就大很多。他平日里西服革履，专门负责常青藤盟校的招生工作。和我们所不同，他从来没有任何富有同情心的名声。他和人事部的人有共同语言。人事部的人认真听取了他对的介绍，并在没有任何异议的情况下，全盘接受了我们的建议！

　　想方设法让已经接受新想法的人和没有接受新想法的人结对一起工作。

◆◆◆

　　你是一个极其热衷于将新想法引入组织的布道者或者专职负责人。在组织里，有的人已经接受了新想法，但有的对新想法还是不接受。

　　不论提出建议的人多么热情，总有些人拒绝听陌生人或者自己不信任的人所提出的任何建议。

在很多时候，人们并不是对新想法抱有怀疑态度，他们其实是对推动新想法的布道者表示怀疑。无论一个新人的知识有多渊博，经验老道的资深人士往往都不愿意听从他的建议。他们需要倾听来自他们当中的一员或者一个他们信任的人的建议。人们喜欢思维、性格或者生活方式与自己相似的人。人们喜欢和背景差不多的人交流与沟通。

即使相似度微乎其微，也足以促进大家对新想法持有更开放的态度，从而使大家愿意开始尝试新想法。

当人们看世界的角度和那个谈论一个新想法的人不同的时候，人们常常对这个人抱着怀疑的态度。那些已经接受新想法的人们，尤其是那些被公认为思虑周全和决策敏锐的人，可以帮助扭转这种情况。

因此：

向早期接纳者、关系网或已经采用了新想法的权威人士寻求帮助。把他们介绍给与其志趣相投的人，鼓励他们一同讨论新想法的价值。

把怀疑论者和一个他认识和尊重的已经采用新想法的人结对。让已经采用新想法的人运用个人沟通模式，解答怀疑论者所提出的问题。这样做的目的是为了说服持有怀疑态度的人，但是，如果对方强烈坚持，这个办法不一定见效。如果真的这样，运用这个模式至少可以使怀疑论者的观点被他所尊重的人知道。

为每一个怀疑论者找到合适的沟通桥梁，可能会花很多时间和精力。因此你应该把这个模式运用在关键人物身上。与此同时，如果你知道某个很热衷于新事物的人和另一个对新事物持有怀疑的人是好朋友，你可能只需简单地问一句："你愿意帮忙和<那个持有怀疑态度的人>聊聊关于<新事物>的经验吗？"

不要因为这个模式不一定适用于所有人而感到气馁。记住，总有落后者不到最后绝不会采用新想法，他们通常在所有人都已经开始采用新想法之后才接受新想法的。即使那样，他们也是因为有各种各样的外界压力才接受的。因此，与其花费时间劝说他们，不如简单地等待他们想通了再说，你的资源有限，要好好利用，让自己把时间和精力放在更重要的事情上。

当有人愿意尝试牵线搭桥时，一定记得表达感谢。

=========

这个模式为两个可以交流新想法的人搭建了沟通的桥梁。由于有人愿意帮忙沟通，那些原本对新想法不大接受的人才有机会听到新想法的相关信息。除此之外，愿意帮忙搭桥的人由于自身努力，也自然而然成为对新想法的引进有重要贡献的人。

这个模式也有一定的风险，一个坚定的怀疑论者可能会让已经接纳了新想法的人重新考虑，这样一来，你有可能一下子失去两个人。一定要确认牵线搭桥的人是真正的力挺新想法的人，立场坚定，并有能力应对巧舌如簧的的怀疑论者。

> 我是一名专职负责人，我的办公室紧邻着一个对新想法持有怀疑的人，他在组织内部深受大家尊重。我尝试着影响他，但没有任何进展。最终，我找到一个他尊重的人。此人已经在公司里工作了很久并且支持变革。我找她帮忙去做说服工作。她答应了，现在，那个曾经的怀疑派也变成一个支持者了。

> 丽莎需要比尔帮她一些忙。虽然她知道如果她询问他的话可能会得到她想要的东西，但是同时她也知道比尔非常喜欢她的一个朋友。于是，丽莎让她的朋友帮忙牵线搭桥。丽莎不仅能确认比尔一定会帮这个忙，她还知道比尔一定会很开心能有机会为这个朋友帮忙。所有事情就和丽莎计划得一模一样！

发现和感悟

这个模式最初是着眼于寻觅能够成为牵线搭桥者的合适人选，但是我们现在发现这个模式也能用于在各个组织之间建立关联，就像接下来的故事中描述的那样。

亚特兰大市正在学着如何在城市的各个区域之间建立关系。"CODA 就是一个桥梁。"城市亚特兰大奥运会发展公司（Corporation for Olympic Development in Atlanta，CODA）的首席执行官克拉拉·阿克萨姆（Clara H. Axam）说："让企业高层走进社区街坊是办不到的，让社区街坊正襟危坐地在会议室里会令他们手足无措。而 CODA 可以适应各种情况。我们知道如何用各方熟悉的语言进行沟通。我们就是连接双方的桥梁。"现在考验的时刻来临了，在 1996 年奥运会结束之后，万众瞩目的亚特兰大公众关注热度逐步降温后回归正常的状态，这种之前建立起的关系是否还能一如既往地持续下去呢？这种由 CODA 联接和启动的社区重建工作能否得以继续？如果可以，那就是建立起来的关系起到了重大作用，因为那里没有任何清晰的结构可以依靠。

自 带 午 餐

　　某个工程师到我座位来找我："你那个<新事物>的引进工作做得太成功了。我想看看你能不能帮帮我。我有一个想法，但实在不知道怎样着手做引进工作。"我告诉他一个秘诀，组织大家一起吃午餐，在午餐时我和大家交流对新想法的看法。最开始，参加的人不多，但参加的人大多兴趣浓厚并愿意帮助我做下一步的推进工作。

　　　　利用和大家一起吃午餐的方便而放松的环境，向大家
　　　　介绍和交流新想法。

◆ ◆ ◆

　　你是一个极其热衷于将新想法引入组织的布道者或者是一个专职负责人，想组织一个介绍新想法的会议。用户社区的成员可以自由决定是否参加。

　　　　对于工作时间里举行的可选择是否参加的会议时，人
　　　　们可能会因为太忙碌而放弃那些会议。

　　总是有更重要的事情需要做。尽管大家对新想法有着与生俱来的好奇心，但真的需要大家在工作时间抽出一些时间来参加关于新想法的学习，还是有一定困难的。组织者通常很难找到一个合适的时间让大家都能参加并可以自愿出席。大多数人吃午饭的时间都差不多，所以，安排在午餐时间的会议往往参与度相对比较高。并且，因为大家感觉午饭的时间无论如何也是要花的，所以大家一般不觉得午饭时间开会是浪费原本计划做"正式工作"的时间。

因此：

邀请大家自带午餐，利用共同午餐的时间开会。

如果找到合适的时机，大家的参与度就会相对高一些。考虑运用**准备食物**模式，从你自己的口袋里掏些钱准备一些食物，把午餐会变得更具吸引力。运用**持续公关**为午餐会做宣传，把午餐会的安排告知你的关系网或关系好的权威人士，让他们帮忙宣传。

在午饭会议结束之前，运用**行动计划**模式让大家保持兴趣，该寻求大家帮助的时候不要犹豫。告诉大家如何找到更多的信息，并和大家分享组织中哪些同事已经采用新想法。

分发一些小纪念品有助于大家对会议中讨论的新想法留下更深刻的印象。

=========

这个模式有助于大家进一步了解新想法。大家愿意花时间自己带午饭来开会，足以表明大家有对新想法感兴趣，有想要进一步了解的愿望，并且随着时间的推移，这样的愿望可能会逐步增强。

虽然午饭时间比早上或下午开会能够吸引更多的人参加，但是仍然有人不乐意参加这样的午餐会，因为对他们而言午饭时间是他们的私人休息时间。你需要给这些人安排其他的一些活动让他们也有机会了解新想法。并且，有些企业文化是不接受午饭时间开会的。所以，在做计划的时候，要考虑到大家是否接受自带午餐开会这个概念。

在布莱恩的组织里，负责测试的人员总在一起参加自带午餐的活动，这是他们一起相互联系、分享想法并且一块儿学习和探讨测试有关话题的机会。这个活动一般是每两周一次，从中午开始到下午一点钟结束。会议形式很灵活，可以是自由讨论，也可以是正式的演讲。会议的话题也是多种多样，涉及产品展示、测试方式、学术会分享、软件测试资格认证、测试人员组成和组织的测试流程。

最开始时，布莱恩需要自己提议一些话题，随后他很快地变为向他的同事寻求反馈。在新年伊始，他成立了一个委员会来专门收集话题、设计议程、物色主讲人、准备一些小点心和一些附加资料。刚开始的时候，参会者大多是测试人员。之后，自带午餐活动的会议通知被发送给公司的每个人。这个活动吸引了不同类型的同事，包括经理、开发人员和其他所有对测试感兴趣的人。

大卫组织过自带午餐的活动。他的建议如下。

- 在一两周内，每天中午都组织自带午餐的会议，每次都安排演讲活动。
- 寻求大家的帮助，组织一个委员会来组织这个活动。
- 让参加者自带午餐。
- 首先从组织内部寻找演讲者。
- 请公司的高层领导来主持一次活动，并且介绍演讲者。
- 为活动做一些宣传，使大家都觉得这是组织内部的正式活动。
- 记录大家参与出席的情况。
- 在会前发送与会提醒给注册参加的人。
- 在每次活动时准备一些小点心，一些小纪念品或安排抽奖活动。
- 花一些时间回顾并让每个参与者提一些反馈意见。

发现和感悟

并不是一定要在午餐时间举行活动。时间的选择可以多种多样，可以在下午茶时间，也可以是工作结束后的小聚，或者甚至可以在工作开始前共进早餐。

怀疑派带头人

卡尔·萨根*曾经说过，我们需要在两个矛盾的需求中找到平衡：用最怀疑的眼光仔细审视为我们所用的所有假设，以及用最开明的态度看待新想法。如果只是一味地怀疑，永远学不会任何新事物。那么你会变成一个因循守旧、故步自封的人，也会觉得这个世界正在被荒谬的胡说八道而主宰。（当然，你会发现很多的事实数据都支持你的想法。）与之截然相反的是，如果你非常轻信，没有一丝一毫的怀疑精神，那么就不能分辨有价值的想法和一文不值的想法有何区别。

* Carl Edward Sagan（1934—1996），美国天文学家、天体物理学家、宇宙学家、科幻作家以及科普作家。行星学会的成立者。小行星2709、火星上的一个撞击坑都以他的名字命名。

> 向对新想法持怀疑态度的意见领袖寻求帮助，请他们担任"官方怀疑论者"的角色。即使无法改变其想法，也可以有效利用他们的评论意见使更多人看到你对引进新想法所做的努力。

◆◆◆

你是一个极其热衷于将新想法引入组织的布道者或者一个专职负责人，试图让每个人接受新想法。你在运用**无畏**模式和**牵线搭桥**模式引起持怀疑论者的兴趣。

在组织中，有一些对新想法持怀疑意见的人是影响力较大的意见领袖。

对新想法持怀疑意见的人中间，有些人既是权威人士又拥有众多人脉关系，他们和组织内部很多人都有交流。如果他们公开表示不愿意接受新想法，除非你能改变他们的想法，抑制他们的影响或者寻求他们的帮助，否则你引进新想法的努力可能就会停滞不前。第一个选项是改变他们的想法，但是似乎不太可能发生，你可能没有能力扭转他们的想法让他们站到你这边来。可是如果你让他们在变革举措中担任一定的角色，他们便可以从一个持怀疑态度的局外人成为推进变革团队内的一份子，为变革的推进做出正面积极的贡献。他们通过唱反调的方式来帮助大家做决定：提出一个有力的争议让大家来讨论分析。支持这个做法的人认为，经历过这样的过程而产生的计划是最千挑万选之后得到的理想计划。

有一定程度的反对意见是挺有好处的。如果有强烈意见提出了不同观点，必将引起更多的思考和讨论，从而最终达成共识。

因此：

向对新想法抱有怀疑的意见领袖寻求帮助，让他们担任"官方怀疑论者"或者"官方实用论者"的角色。

鼓励他和大家分享他认为引进新想法可能会出现的潜在问题。邀请他参加所有会议和演讲，如果他无法参加，就找机会和他单独聊聊。向他仔细说明，一定要让他理解他的意见不应该成为变革进程的阻碍，相反，向他说明他的角色可以帮助大家发现潜在的问题以便提前进行防范。

好好利用怀疑派带头人提供的宝贵信息。例如，在谈论新想法的时候，一定要提到有待解决的问题，让大家感觉你对新想法有着整体的规划。这些信息可以帮助大家设置真正有价值且符合实际的目标。

在有人提出你从来没有考虑过的亟待关注的问题时，一定要表达诚挚的感谢。这可能是一个可以改正或者避免严重错误的机会。

运用**怀疑派带头人**模式要适度，要记得过犹不及的道理。一定程度的不同意见是有好处的，但要避开那些个性彪悍、公开敌对的怀疑论者。

如果有必要的话，或许应该考虑动员几个怀疑论者创建一个所谓的希腊合唱团（Greek Chorus）方式，让所有怀疑论者可以畅所欲言。这可以是一个一次性的专题讨论会，也可以运用定期开会的形式。

=========

这个模式帮助你和有影响力的怀疑论者建立一定的关系而其他模式无法达到这个效果。邀请他担任怀疑派带头人，鼓励他的参与并为他提供机会，使他了解新的想法。让他有这样的角色，也可以满足他的自负。意识到并且试图证实一个有意见的人的想法会让他感觉被认同，而且，这种良好的感觉也会让他觉得没有必要继续唱反调。

如果怀疑论者在组织内有强大的影响力，他们不断扩大升级他们的反对意见可能会导致新想法的引进工作被迫中止。你一定要做到游刃有余，做好面对和处理批评与负面观点的准备。

在戴夫所在的公司里，有几个人很擅长发表批评意见。尽管他们看似愤青，但在组织中的威信还是挺高的。于是，戴夫一定要让这几个人中至少有一个人加入公司的指导委员会。他说，这些擅长发表评论意见的人可以帮助他集中精力，保持目标明确。

当某个部门开会或有讨论的时候，他们总是期待苏姗提出不同的意见。不论苏姗到底相信什么，她很擅长唱反调。最开始的时候，她似乎没有什么喜欢的东西，但一旦她有机会尝试什么东西，通常就会开始喜欢这个东西。她那种从最初的怀疑态度，到尝试之后最终所持的开放态度，令她在组织内部享有很高的信誉。因此苏姗有一个非常重要的角色。尽管大家有时候觉得苏姗好像在和他们作对，但从长远来看苏姗对大家满怀赤诚之心，帮助大家脚踏实地地工作。没有她的洞察力，其他部门成员可能不会全面思考各种各样的可能性。

发现和感悟

原来的模式建议任何一个不赞同新想法的人都可以成为怀疑派带头人。我们现在意识到在定义这个角色时你可能需要更有针对性。一个好的怀疑派带头人不能只是怨声载道，而是有愿望把事情做得更好，有能力就要做什么样的贡献以及怎么做贡献给出清晰的指示。寻求一些愿意以有礼有节的方式提出质疑的人士。避免让那些自命不凡的人，或者坚信他们的观点至高无上的人成为怀疑派带头人，这样的人往往容易行为过激，让每个人都陷入负面情绪。

这是一个"审视负面意见"的角色，他应该不是一个只对现状唱反调的人，而应该像一个能言善辩的律师，对拥护绝大多数人的证人进行盘问。提出质疑，而不是主张另外一种观点，一个怀疑派人士能够鼓励人们寻找超出正常范畴的一些证据。这是一种避免群体思维的好途径。

确认性偏差解释了无论合乎事实与否，个人偏好支持自己的成见和猜想的倾向。意识到这种偏见是有帮助的，应对它的最好的途径之一就是邀请那些拥有不同看法的人分享他们的观点，对他们要阐述的观点怀着开放和包容的心态。否则，仅仅因为我们无法客观地看待证据，我们会面临做出很多错误决断的风险。一个好的怀疑派人士不仅能指出潜在的偏颇，更能够提出解决问题的主意，要充分利用好这个有利因素。

在这个模式原先的版本中，怀疑派带头人的角色被描述为会议中的一名与会人士。其实这只是实际应用的建议之一。有很多不同的途径可以使怀疑派带头人参与其中，例如，作为和其他怀疑派人士的牵线搭桥者。

带头人不是一成不变的。这个模式的负作用之一是，某天目前的怀疑派带头人会说："我不想再做那个消极的人了。"当它变成工作的一部分，就没有那么有趣了！汤姆·迪马可（Tom DeMarco）在他的《滞怠》（Slack）[8,8]一书中提议，每个人轮流扮演这个角色，如同爱德华·德·邦诺（Edward de Bono）在他的著作《六顶思考帽》（*Six Thinking Hats*）[8,8]所做的那样。

使用这个模式的最大的经验在于，千万不要忽视一个怀疑派人士，并希望他离自己远远的，而是要积极地鼓励他，他可以是你想要获得的宝贵的资源，或许他会成为你的变革举措的一名主力贡献者。下面的故事正好描述了这类人和他们的特殊贡献。

失去了我的"怀疑派带头人"[8,8]

艾伦·达雷的故事

在我倡导向 Scrum 和敏捷变革的时候，我遇到了很多怀疑派。一名非常优秀的工程师竟然对于 Scrum 有着如此强烈的反对，我真害怕他会阻挠所有的变革举措。有一段时间我也害怕和他谈话，讨论他的反对意见，因为：

- 他的技术水平很高，专业知识丰富，能编译出非常棒的软件。
- 他的个性很强，能够决定哪些是他想要的，并为之努力。
- 他陈述自己的观点和意见时总是很坚定，毫无保留。
- 我仰慕他的能力和职业道德。
- 私底下我和他不熟，不太了解他。

要面对他，我必须知道我要谈论的内容，并且做好准备让我的信念经受烈火的考验。一天，我问他为什么他会如此强烈地提出反对意见，之后我们有了一次艰难的但是受益匪浅的谈话。这是相互理解的开端，开启了之后更多次的谈话，也让彼此的协作更融洽。在一次和这个持反对意见的工程师私下交流的时候，我告诉他，他是我的"怀疑派带头人"。毫无疑问，如我所料，他对这个说法持怀疑态度。几个月过去了，我们的讨论比他了解的更有帮助。他在改善任务卡、消除重要障碍、改进构建过程和其他一些方面提出了他的建议。对我最重要的是，他帮助我有机会进步和提高。我能更好地介绍我的想法，为推进 Scrum 和敏捷的实践找到更恰当的论点和论据。他帮助我更深入地理解他的观点的同时，也对我自己的观点有了更加深入的理解。

我们变得更像朋友，而不仅仅是同事。这周他宣布了他要离开公司投身其他挑战的决定。他的离开，对于团队和公司在技术层面造成的损失将会持续一阵子。对我这个 Scrun 和敏捷的布道者的损失也是不言而喻的。我现在需要找到另一个"怀疑派带头人"来激励我不断打磨和提高我作为变革负责人所需具备的才能。我需要物色一个人，当我思路和想法没有达到预期时，他能够直言不讳，让我对现状可以有自知之明，挫败我的傲气。唉，我能找到"怀疑"敏捷的人，但一个同时又能够提供坦率而真诚的对话的人，实在是不容易。

关　系　网

当我需要在这个庞大并且复杂的组织里寻找某个事物或者某个人的时候，我知道我总是可以依赖玛丽。玛丽似乎认识这里的每一个人，至少在每个部门中，她都认识一个人。当我和她解释自己面临的问题时，她几乎毫不思考地说："噢，这样的，你需要和某某聊一下。"只要有需要，我就去找玛丽，她帮我节省了好多时间。

向组织中有良好人际关系网的人寻求帮助，有助于向大家传播和推广新想法。

◆◆◆

你是一个极其热衷于将新想法引入组织的布道者或者专职负责人。你试图开展一些活动增加大家对这个新想法的了解，但同时也知道可能有其他对新想法感兴趣的人。

在一个庞大的组织中，你不可能有时间和精力和每一个人单独联系与交流。

很多研究一致表明，非正式的关系网极其重要。人们通过非正式的关系网来获知新想法，互相辅导，分享实践中的一些小技巧和积累的经验。这些通过非正式的关系网来传播的信息有可信度。当我们认识的人谈到一些新事物的信息和情况，我们自然而然地会更重视这些信息。

一项跨 25 年之久的研究表明，对很多的话题来讲，在寻找一些想法和信息时，人们更愿意问朋友、亲人和自己熟悉的专家寻求意见，而不愿意借助于传统的途径。因此，做决定其实也就意味着和周围的人交流。

当关系网和其他人交谈时，就产生了口口相传的流传效应。这些特殊的人遇到每个人的时候都可以看到机会。他们认识不同社交圈中的不同人群并且他们似乎有天赋将整个世界连在一起。新的想法越接近这样的人群，就越有可能被采用。

研究人员发现，在这个特殊的关系网人群中，还有一个更加特殊的一群人——影响者。他们大概占美国成人总数的 10%，他们对很多话题都感兴趣，同时和很多组织有联系。他们非常擅于表达自己。由于他们在社区中、工作中和社会中的人脉关系，大家都愿意听取他们的意见。也就是说，他们可以影响更多人的决定。包括你在内，每个人都认识一个这样的人。要做重要决定的时候，你会找他们咨询。他们通常知道答案，如果不知道，他们也会认识知道答案的人。在很多重要的潮流方向上，例如对新科技和新想法的采用，他们的想法和认识通常比一般人超前两到五年。

如果把口口相传比喻成一个国家的电台信号传播，那么影响者就是信号放大器，他们有策略地传播放大信号，让可以接收到信号的人群日趋成倍增长。信号在通过一个又一个影响者的传播之后，变得更加强大，可以传播到整个国家。

你要在正式的内部组织结构中工作，但是你绝对不能忽略其他信息流通的网络可以传播信息的能力。如果擅长运用组织内部的信息关系，你完全可以提高成功的可能性。

因此：

向人脉广泛的同事寻求帮助，他们可以帮助你在组织

中传播新想法的相关信息。

寻找人脉丰富的人。他们的人际关系广泛，找到他们并不难。因为早期接纳者大多比创新者更有可能成为很多不同社交圈的成员，所以，你更有可能在早期接纳者中找到这样的人。

可以运用**个人沟通**模式说服他们，让他们理解新想法的价值。如果他们是创新者，应该很容易被说服。如果他们不是创新者，额外花一些时间说服他们也是值得的。因为一旦成功激发了他们的兴趣，他们的关系网可以把你说服他们关系网所需的努力变得事半功倍。关系网不需要和每个人都是亲密的朋友关系。他们通常和志同道合或者比较亲近的人关系密切，所谓"强关系"，但同时又维持着一些不那么关系亲密的人脉关系，所谓"弱关系"，帮助他们与其他社交群体建立联系。鼓励他们和"强关系"和"弱关系"群体分享新想法。他们关系网中的人通常也认识对新想法抱有怀疑态度的人，让他们成为你和这些怀疑派人士之间的牵线搭桥者。他们帮助建立好一些关系之后，一定要记得表达感谢。

对于关系网丰富但对新事物不感兴趣的人，一定要谨慎留意。尤其是那些属于影响者的关系网，他们容易用有说服力的方式发表他们对新想法持有的观点。所有重要潮流在早期都是经过影响者的信息传播而成功成为主流的。同时，影响者也有能力扼杀掉有潜力的潮流。他们可以赞同和推进一个潮流，他们的反对也可以将一切盛名变成短暂的火焰。利用反对新想法的关系网，让他们担当特殊的怀疑派带头人的角色。

=========

这个模式帮助你利用关系网联系、影响到自己本来影响不到的人。一旦人脉广泛、关系网丰富的人被你的新想法说服，他们就会帮你将新想法的信息带给很多人，这是你自己力所不能及也感到自叹不如的地方。

但是，广泛的人脉关系可能会让感兴趣的人数剧增，让你应接不暇。你要准备好更多内容激发大家的兴趣，准备一些行动计划，以免新加入的人感觉没有什么有趣的事情发生而失去对新想法的激情。

> 当帕特在组织中引进一个新想法的时候，帮助她最多的是公司的秘书。她们似乎认识所有的人，也知道所有的事情。她们是决策层经理的幕后力量。她们知道和谁谈什么样问题。她们成了帕特最有力的资源。

> 某个公司的很多人拥有丰富的关系网，因为这家公司经常赞助那些发起各种活动（如音乐俱乐部、飞行俱乐部和高尔夫球俱乐部）的组织。这家公司还有一群在午休时间打桥牌的人，他们在每隔两周的发薪日，都会一起外出聚餐。无论在工作范围内，还是闲暇时间，大多数人都是认识了很多年的老熟人。尽管是在非工作时间，他们的闲谈中当然也会很自然地涉及工作上的事情。

发现和感悟

拥有关系网的人可能来自于组织内部的任何小组，例如，那些协同工作的人，一起午餐的人，或者甚至是一起在工闲时抽烟的人。想想这一点：抽烟的人必须走到户外的一个特定的可以抽烟的小区域，那里他们通常会抽着烟和各种各样的同事聊天。抽烟的时候也常常是人们传播公司新闻的时刻。

关系网的角色不应仅由那些能帮助你料理一些事情的人扮演，这个角色非常关键，必须是你的变革举措伊始就要充分考虑的一部分。没有一个拥有丰富关系网的人，你获得成功的几率会大大下降，因为这个人知道如何帮助你进行持续公关，并且这个人在组织内部拥有众多强关系和弱关系人脉网络。当然，如果你本身就是一个拥有关系网的人，那就再好不过了，如果不是，就把发展一个这样的人物作为优先考虑的要务吧。

公 司 天 使

我的老板来到我的座位前，他说："我听说你一直组织关于<某新想法>的自带午餐活动。我觉得你应该给副总裁做一个演讲。他的管理团队会议在两周之后举行。"我答应了，但不理解为什么高层领导会对这个想法感兴趣。我想这个演讲应该是面向技术人员，并且是专供技术人员的。我这次可是大错特错了。我在管理团队会议上的演讲给我带来很多意想不到的收获，培训，一摞一摞的书，最终，我还得到了一个工作，让我有更多时间和精力引进新事物。如果没有高层管理团队的支持，我的新想法引进工作不可能进行得这么顺利。

从高层领导那儿获取支持，有助于把新事物的引进和组织的目标结合起来。

◆◆◆

你是一个极其热衷于将新想法引入组织的布道者或者一个专职负责人。你一直在组织自带午餐，并且还得到了基层支持。

部门管理团队的支持会带来大家的一些关注和资源，但还是需要高层领导的支持才会使新想法引进的影响和意义更加深远。

在没有任何特殊活动的情况下，部门内对新想法的热情只能持续一段时间。如果想保持并加强大家对新想法的兴趣，还有必要做一些投资，比如，培训、书籍、学术会和例如一个权威的演讲者或者指导者这样的外部专家的访问等等。因为每一层管理团队的经费都是有一定限制的，所以资源总是有限的。一个对新事物的重要性深信不疑的高层领导，可以给予合适的指导并且提出明确的方向，让进展过程更顺畅。除了保证资源之外，他还可以帮助提高合作的机会，并且鼓励将新想法和组织的更重大的目标联系起来。这对于变革举措的成功与否至关重要。和组织更重大目标挂钩，可以让变革更持久，影响更大。

能说服越高层的领导，得到他们的支持，推进变革举措就越保险。一个对政府、研究所和全国及工业实验室的科技转移实践的分析研究显示了天使（也就是公司高层）的重要性，他们为新启步的项目保驾护航，直至成熟运作。

因此：

谋求那些对新想法有特殊兴趣并可以提供指引方向和资源的高层领导的支持。

尽早向高层领导介绍新想法。说明它是符合组织需求的。如果高层领导或者他的管理团队对新想法犹豫不决，想知道更多的信息，你可以建议他召集专家评审。

在公司中寻求声誉好和威望高的领导的支持，切记，如果选择的领导不得民心，可能会适得其反，反而为新想法的引进带来副作用。也要小心他们的支持方式，以免让大家感觉这个新想法是组织上高压强行引进的。还有，有一些高层领导基于自身的兴趣接受新想法，一旦换了位置或组织，很难继续积极支持。

当高层领导支持你的时候，确保他不会将新想法的引进变成指令性的推广。公司天使的职责就像彼得·圣吉（Peter Seng）在《行政领袖》（*Executive Leadership*）一书中所描述的一样，是一个保护者、辅导老师和思考计划的伙伴。这不是一个独裁主义的职责。大卫·鲍姆（David Baum）建议，高层领导可以说"我们在经历很多令人惊叹的变化"，这样一句简单的话足以让人感到大家一起的努力奋斗受到了认可，单单这样一句话就足以起到意想不到的作用。

要保持公司天使的兴趣。和他们保持联系，在邀请专家来组织进行演讲的时候，安排他们作为特邀嘉宾出席。

========

这个模式帮助你向公司高层争取对新事物的支持。由于基层经理和组织中的其他人对高层的导向比较容易接受，所以，高层的支持会使引进新事物变得简单。公司天使可以保证你的兴趣和基层支持者的计划是一致的，以免引起内部竞争和混淆。

这个模式的风险是大家可能会感觉这个新想法的引进是上层高压强加的或者觉得这个新想法只是短暂的"本周流行语"而已。如果担心出现这些情况，或许可以先将精力集中于基层的兴趣上。

一个大学团队花三年时间争取全美大学体育会对他们学校的运动员计划做一级认证。他们总结的经验是，校长的支持极其重要。尽管他不会介入材料的准备，但他会不定期参加团队会议，倾听大家的建议，并且和团队一起讨论，让大家感到付出的努力是受到高层管理认可的，从而使团队更加振奋。他经常在校内会议中（尤其是在对这个运动员计划不支持的院系中）提到这个正在进行的计划。当学校的运动计划通过认证的时候，校长继续在校园内介绍运动员并指出大家应该为学校的良好运行感到自豪。

每次海伦在向组织决策层提出新建议的时候，总会面对漫长的讨论，一次性通过的可能极低。但在一次副总裁参加的会议上，他花了几分钟表扬了海伦为引进组织变革所做的辛勤工作，之后的情况截然不同。她的两个建议在那一天都一次性通过，在她所有提议中创下了最高记录。

走 廊 政 治

我是几个公益组织的董事，以下的情况对我来说已经习以为常了：我知道当我的来电显示功能告诉我是某个董事来电，我就做好洗耳倾听的准备。同时，我也知道我会学到很多东西。他会详细讲解一些内部的信息，最终他总能得到我的支持。他特地花时间和我解释，所以我每次都会认真听他讲解介绍。此外，或许什么时候，我准备董事会的某个议案的时候，我也会打电话找他呢！

在重大决策之前，以非正式的方式与有决策权以及有影响力的关键人物沟通一下，让他们清楚地了解和决定有关的所有前因后果。

◆ ◆ ◆

你是一个极其热衷于将新想法引入组织的布道者或者专职负责人。你面临着一个会对变革举措有极大影响的重要决定，决策者是公司同事，或者至少是一些你可以联系到并且说上话的人。

当一个新想法在一次大型会议上被提出来公开讨论时，往往很难在这个会议中顾及到所有决策者对之的疑虑和感受。

如果在参加一个有关新想法的决策会议之前，对可能发生的局面毫无预见性，那么你面临着很大的风险。一旦决策对新想法引进不利，你可能很难再有改变的机会。集体决策通常是不会轻易改变的。但是，你要清楚地知道，决策者一般都不会轻易地赞同新的想法。如果他们是在会议中第一次听到这个新想法，他们自然而然的反应往往就是"不"。要给予他们机会，让他们可以事先表达心中的顾虑并澄清他们的疑问。在一个大型会议上，想达到这个目的是比较困难的，比较行之有效的方法是和他们每个人单独沟通。

因此：

在投票决策之前，以非正式的方式与有决策权或者有影响力的关键人物单独沟通。努力和可能投反对票的人沟通，获得他们的支持。

有礼有节地向有决策权的人扼要地介绍新想法，解释现实存在的问题，然后问他们有没有什么疑虑。仔细听取他的想法，然后逐条消除他的顾虑。在回答了他心中最重要的问题之后，再给他提供一些有关新想法的具体信息。不能单单凭自己的感觉来讲解，更需要用事实来讲解。对于你期望出现的局面要有着清晰的掌控。讲讲周围发生的事，让他理解到问题是实际存在的，变革势在必行。确保每一个有决策权的人都全面了解问题和决策将带来的结果和影响。不要为了赢得支持而扭曲事实；否则早晚会出问题，让你陷入很难堪的局面。

如果某个决策者是一位已经对新想法表示支持的经理或者内部专家，就把这个信息告知每一个人。在多数情况下，先获取比较容易接受新想法的人认同之后，以他们为参考再和其他人沟通就会比较顺畅。

不要把问题作为争论的话题。不要提供具体的人和事，也不要埋怨。不要把这个模式用于处理私人问题。（例如，要把某人放在解雇名单上，这就变成了个人恩怨，会招来怨恨的。）运用这个模式时不要规避权力很大的人物。即使你成功赢得了投票，最终决策朝着你期望的方向进展，那个权力很大的人可能会很气愤，因为从他的角度看，他会觉得事情绕过了他已经形成了一边倒的局面。运用**与重要人士私下**

交流模式令有权力的经理在会议和决策中知道如何合理应对。

运用**无畏**模式让持有怀疑态度的人平静下来。即使你讲的道理对他们而言不具说服力，也可以让对方降降温，不要太激进。

知道什么时候应该妥协，妥协有时是达成最终成功的最好途径。不要盲目信从。只要不让大家觉得你是在耍心眼，用诡计，以退为进也是一种策略。在交流时做一些让步，是在争论中取胜的有效方式。

和有决策权的人建立良好的关系。一个初来乍到的人，还没有和组织人员建立一定的关系时，不大可能成功地运用这个模式。

如果时间有限，就要选择那些目前"墙头草"的人物作为主要联络对象，这些人还在左右犹豫，没有明确他们的投票决定，他们是值得你争取的。

如果决策最终没有如你所愿，也要记得"没有永远的朋友，也没有永远的敌人。"有一天，在其他对你重要的决定上，有决策权的人可能会支持你。与此同时，注意不要让有决策权的人变成一个积极反对你想法的人。如果赢得了支持，记得向大家表达感谢并记得你欠下的人情债。如果有人支持你，当他们有问题的时候，你一定要仔细倾听，看看自己可以怎么帮助他。

在活动前，和大家积极沟通的重要性，这和模式始创者大卫·凯恩（David Kane）的**通气**模式（No Suprises）很接近，在这个模式里，大卫强调在任何变化之前有必要和客户沟通。换句话说，事先全盘考虑可能发生的事情，做一些风险管理，就不必担忧事后如何补偿了。

=========

这个模式帮助你和有决策权的人单独交流。它有助于你在会议前提供一些有利于你赢得支持的信息。因为大家对问题有了了解，所以会议也不会拖太久，会议效率就会更高。因为会前已经消除了大家的担忧，所以会议上甚至可能不需要再花时间来回讨论。

这个模式的风险在于你单独交流过的人可能在将来对你有所求。并且，会议前的单独交流可能会被认为是不光明正大的政治手腕。你要尽可能开诚布公。如果纯粹出于自私自利的原因而运用这个模式，结果肯定是适得其反的。当原动力来自于如何为组织谋求最佳利益时，这个模式才能体现出最大的效用。

> 当比尔的公司决定使用统一软件流程（Rational Unified Process，RUP）的时候，一些经理还是非常依赖于原来的流程，不想考虑更换新流程。于是，在他们决定投票决定之前，比尔和所有软件开发经理都进行了单独交流。在开会投票时，没有经过任何疑议就决定使用统一软件流程了。比尔非常清楚，如果不在会议前和每个经理单独沟通交流，那些经理不会明白公司需要转换到统一软件流程的原因，并可能很自然地反对这个变化。如果在这种情况下投票表决，就很难再有机会将这个决定推翻。

> 丽莎想推进一项针对所有软件开发人员的强制性培训，这个项目必须经过管理团队批准。她找机会到每个经理的办公室聊了一下，介绍了这个项目的运作情况、费用和价值。她解释了培训如何保持公司的价值和在短期和长期给公司带来的好处。这样下来，在丽莎把她的提议带到管理团队会议上的时候，决定自然也就水到渠成了。在没有任何疑议的情况下，他们投票通过了。

发现和感悟

斯沃斯莫尔学院（Swarthmore College）社会心理学家所罗门·阿希（Solomon Asch）领导的杰出的心理学研究工作，提供了在时间有限的情况下运用这个模式的更深入的发现。在一次试验中，一名参与者被领进一间屋子，那里已经有几个研究联盟的成员，参与者被告知他将共同参与一项视觉敏锐度的研究。这组接受试验人员的面前放了两张大卡片。一张卡片上有一条线条，即目标线。另外一张卡片上有三条不同长度的线条。屋子里的每个人都要回答同样的一个问题："这张卡片的三条线中有哪一条和另一张卡片上的目标线是同样长度的？"负责试验的人员总是从那几个研究联盟的成员着手提问，让每个人轮流回答。试验重复进行，在一些情况下，所有的研究联盟的成员都给出了正确的答案；但是有时候，他们会故意给出错误答案。当屋子里的绝大多数人都觉得错误的线条和目标线相匹配时，三分之一的参与者也会大声附和这个错误的答案。就这样，三分之一的参与者经过仔细审视，在知道答案是错误的前提条件下，但是为了附和屋子里的其他人，他们还是给出了错误的答案。

在另外一组研究中，阿希调整了指出错误线条的研究联盟成员的人数。当只有一名成员给出错误线条时，主观错误率非常低。当有两名成员指认错误线条时，错误率就提升了，如果有三名成员给出错误答案，错误率就更高了。随着给出错误答案的联盟成员人数的增加到四个，五个，六个等，都造成了错误率的略微上升，但是并不明显。因此看来，在有必要影响人们接受一种观点时，三是一个重要而神奇的数值。如果你没有时间拜访团队或者小组内所有的决策者，那么以和至少三名决策者交流作为你的目标吧。[8, 8]

在一些情况下，这个模式并不是几次喝茶和咖啡闲聊那么简单，其实它涉及的面更加广泛，也更加复杂。运用这个策略需要投入大量的时间，也需要事先进行系列的短会为最后的投票做好充分的准备，下面的故事很好地阐述了这一点。

乔治·米歇尔（George Mitchell）的《和解》（*Making Peace*）（美国图书公司克诺夫（Alfred A. Knopf），1999年出版），讲述了北爱尔兰经历的和平谈判。走廊政治看起来就是在大型会议前进行很多的小型会议，最后这些小型磋商会对最后的决议起着决定性作用。正如米歇尔所说的那样："一旦脑海里有了清晰的计划，我就会马上和我的下属，和我的同僚讨论。之后我会和英国官员与爱尔兰的领导人交流。我和授权的代表交谈。我和所有党派开展同样的交流。我不断努力，进行几轮的沟通。基于收集到的其他人的意见，我对一些细节进行了修整。当最后的期限来临，我和其他所有与会者都已经做好了一切准备。我花了几周的时间琢磨计划，和与会者进行讨论，争取他们的支持。在我呈报修改后的计划以获取他们的最终认可之前，我已经知道计划一定会毫无疑义地获得一致通过。"

专职负责人

什么会促使我们的日常工作行为产生变化？我相信最重要的一个元素是一个对流程改变有强烈兴趣和激情的带头人。我们的带头人是一个深受大家信任的组员，众人皆知，他是一个工作认真负责且真心诚意帮助引导组织推行各种各样的实践改进。

为了提高在组织内部引进新想法时的有效性，努力把引进新想法纳入正式工作的职责。

◆◆◆

你是一个极其热衷于将新想法引入组织的布道者并已经成功得到部门经理的基层支持或公司天使的支持。

在组织中有效引进新想法，所涉及的工作量是志愿者不堪胜任的。

将引进新想法纳入积极努力尝试引进工作的个人的正式工作职责，会避免新想法的枯萎和夭折。一个专职的个人，可以组织必要的活动，保持大家对新想法的兴趣，让新想法按部就班地得以采纳。一个有兴趣和激情的志愿者很难有足够的时间和精力来做这些事情。变革行动应当成为工作职责的一部分，这样才能保证在变革举措上有充分的时间和精力。

因此：

找一些非常有效并且实际的理由，将变革举措纳入你正式的工作职责中。

可以参考下面的建议来说服你的经理。经理大多对数字指标感兴趣。可以追踪记录你所组织的会议以及与会者的人数名单，还有加入你设置的通讯录的人数及名单。其他有说服力的信息包括你的一些客观和主观的发现，来自于你本身通过**不妨一试将**积累的个人经验或者其他人的经验付诸实践。内部专家的支持，尤其是经理极其信任的专家，会很有帮助。还可以计划一次专家评审，就新想法在组织内部推进的合理性做一次评估。

外部验证也是非常有说服力的，尤其是经理比较关注的领域的刊物或者是和公司业务相联系的书籍文章。一些关于公司竞争对手的新闻也很有帮助！另外一个有效的方式是，在出任专家推动活动的嘉宾来公司的时候，运用特邀嘉宾模式来消除经理的顾虑和担忧。

如果你不但对新想法有相当的热情，而且有专门的时间来负责宣传计划新想法，你就是那个"专职"人士。你可以从投入少量时间来起步，日后通过运用**量身定制**模式，让经理意识到新想法为公司带来的好处，之后顺理成章地逐步调配和投入更多的工作时间。

在成为专职负责人后，要保持对新想法的热情，不要忽略任何目前你所从事的有关新想法的布道者的活动。即使是受聘的专职负责人，也必须继续承担布道者的角色。

时刻提醒自己，新想法的成功引进不单是你一个人的事情。很多专职负责人都会在热情的激励下孤军奋战，凡事亲力亲为，而不是调动所有人的积极性，让大家各司其责。运用**总动员**模式以及**寻求帮助**模式。用你鼓励了大家做了多少事情来衡量自己的成果。除此之外，还要习惯新想法在组织中慢慢被接受，在团队纠结于新事物将如何帮助他们获得成功时，你要有足够的耐心，为其他人创造参与和贡献的机会。

========

这个模式帮助你建立一个专职职位，在组织中负责引进新想法。因为这样你就有时间，也有人力物力来具体计划实行引进新想法的工作，所以新想法在组织中的推广也会逐步取得成绩。

但在创建这个职位之后，大家的期待会很高，会希望新想法的引进是必胜的。如果创新的成功与否落到你一个人的肩上，得花时间考虑时间的分配、记录成果和一些小的成绩，并不断演示创新带来的好处。衡量数据是很有帮助的。如果你一直记着这一点，将数据记录下来，那么这些数据在老板需要证实这一职位的价值时会显得尤其有用。

玛格丽特的主要工作是负责在公司内部新事物的引进。因此，她有时间和大家单独交流，安排计划一些特殊的活动，将要引进的新事物的信息发布在大家随处可见的地方，并和经理保持定期进度汇报。换句话说，她最大、最重要的资源是她的时间。

一个刚刚走马上任的副校长注意到大学里有几个新领域被大家忽略了。于是，他针对每一个领域任命了负责提高改善工作的老师。这些老师从他们正常授课时间中得到一些空余时间来分析问题并开始引进必要的改变。

准 备 食 物

我们小团队每个星期都要准备进度汇报。我们都很痛恨这种汇报，心痛每个星期开这种进度会议浪费了我们多少宝贵时间。一次，有人告诉我，下个进度会议的时候是我们组长的生日。于是，我买了一些巧克力甜点饼干。当大家进来准备开始开会时，我说："我听说蒂姆的生日马上到了，就买了些甜点饼干！"好像在黑暗的山洞里突然有人找到光亮一样，大家微笑着，开始聊小时候的事情。整个会议变得很有趣。我们拿进度汇报开玩笑，拿我们都痛恨的任务开玩笑。我们提早结束了会议。所有变化都起源于巧克力甜点饼干。

有了食物，普通的聚会就会变得与众不同。

◆◆◆

你是一个极其热衷于将新想法引入组织的布道者或者专职负责人，你组织了一个引进新想法的会议。用户社区的人可以自愿参加。你有一些资金来源，你可以自己掏腰包或找基层支持和公司天使赞助。

通常，会议只是另一个普通的、缺少人情味的活动。

研究表明，我们在品尝食物的时候会兼带着喜欢当时周围的人和事。在很久远的时候，人们就已经知道大家一起分面包的重要性。在克里斯托弗·亚历山大的模式**集体聚餐**中，分享食物在人类的任何活动中，对帮助大家相互了解和增加集体感有很重要的作用。食物将一个会议变成一个活动。"大家一起吃东西，……是很自然的友谊的象征……"[①]

因此：

在开会的时候，准备一些食物。

在做活动宣传的时候，提一下有食物提供。让公司天使或基层老板赞助这些食物。这可以让大家觉得公司支持这个活动。如果公司不能赞助，可以自己买一些不太贵的小零食。你的同事和经理都会对你坚信你的新想法，并且愿意用自己的钱赞助活动的举动表示赞赏。

研究一下食物在各个文化背景下的接受程度，食物和正式工作结合在一起对一些企业文化来说，是不能接受的。每个公司对工作时间吃食物的态度也不尽相同。

在考虑食物的时候，要记得考虑健康因素。对于努力保持体重或者要减肥的同事，在会议桌上放甜点饼干对他们而言有很大的诱惑。如果有人对某些食物过敏，看到桌子上自己不能吃的东西时，可能怕别人认为自己是异类。考虑提供多种选择并提供一些健康食品。

没有必要铺张浪费，即使食物很简单，这个模式的动因也是有效的。

食物在小型会议中也是很重要的，甚至两个人的小会也不例外。

＝＝＝＝＝＝＝＝

这个模式帮助你把一个普通的会议变成一个特殊的活动，让大家有集体的感觉。每个人都喜欢吃免费食物，大家可能因此来参加你的活动。这个模式有助于将普通的会议、演讲或者聚会变成比较特殊的

---

① Alexander, C.A. et al., *A Pattern Language*, Oxford University Press, 1977.

活动。如果会议一开始就提供食物，可以使会议有一个更好的开始。如果会议中大家开始发生争议，食物可以使大家放松，因为可以站起来拿杯茶或者咖啡或者甜点饼干。如果会议进展有些慢，可以通过食物使大家的精力更集中。

当你开始在活动时定期提供食物的时候，大家会期待食物，如果发现没有食物，他们可能会觉得不开心。如果没有钱买食品，可以试着自带午餐。除了食物以外，还有其他的方法可以把会议变得特殊，例如在一个阳光明媚的日子举行户外会议，用大家不熟悉的会议主持和管理技巧，把会议日程减半以便早些结束会议，或者在公司天使的帮助下，把会议安排在一个特殊的高层会议专用设施内。

当公司开始缩减经费时，会议中不再包括餐费及茶点。所以苏开始自己带些普通的甜点。有些时候，竟然有"侦探"在会前探听是否有吃的，再向其他参会人汇报。这让苏意识到食物对活动的成功与否的重要性。当经理找她做回顾的时候，她会说："我认为在开会时有一些零食非常重要，所以我愿意自己出钱为大家买些甜点。"这个经理回答说："好的，既然你认为这很重要，我愿意自掏腰包赞助百事可乐。"每一次都很成功。的确，苏每次都自掏腰包，但是经理每次都不会忘记他的个人赞助，团队里所有人都清楚。事实上，会议的效果远远胜于原来的公司报销所有费用。

当雷切尔准备项目回顾会议时，她总会提醒会议负责人提供一些零食和饮料。她已经注意到在间歇时，大家会围着零食友好地交谈，在大家都想休息但是没法离开会议室的时候，他们就走过去拿点零食。因为这可以帮助大家减少在回顾会议时产生的压力和疲惫，所以准备一些茶点真的很重要。

发现和感悟

研究表明这个模式的缺点是：当你和另一个人在一起的时候，你会多摄入 35%的食物；和一个四人小组在一起时，那就是多摄入 75%；和七个人或者更多人一起时，那就是额外的 96%。我们中的大多数人都是不理智的吃货：当我们的注意力被一个有意思的报告或者另外一个活动吸引时，我们会吃得更多，自己却完全没有这方面的意识。[8, 6]

要确认小组成员都喜欢享用食物；否则，这些点心将背离你的初衷，起不到你预期的作用。

即使一个组织的经费有限，你也可以考虑一下，自己掏钱买一些简单的食物，这样小小的投入未来会赢得丰厚的回报。

电 子 平 台

南海滩饮食计划最初是由心脏学家和营养师设计制定的增强心脏健康的饮食。当我开始南海滩饮食计划时，我对自己说："再试一试这个饮食计划吧！"我阅读了关于南海滩饮食的书籍，开始清理我的橱柜和冰箱。没过多久，我就开始非常厌烦饮食计划所允许的食物。正在这个时候，我在 prevention.com 网站上发现了很多南海滩饮食计划的信息。我已经是《预防医学》杂志多年的读者，但网站上其他人分享的食谱和小技巧对我依然很有帮助。

为愿意深入理解新想法的人创建一个电子信息公布台、通讯组列表、邮件列表或者一个大家可以自由评论和添加内容的网站。

◆◆◆

你是一个极其热衷于将新想法引入组织的布道者或者专职负责人。

与想了解新想法的人建立联系并保持定期的沟通。

让每个人都能获得信息是一件很困难的事情。人们大多忙于工作并对过多的新想法感觉措手不及。他们可能没有时间参加每一项活动，但仍然愿意知道身边发生的新鲜事儿。你也很忙，也想和他们保持联系，想和大家定期沟通信息，让大家知道关于新想法的最新信息。但你没有时间和精力与每一个人保持这样密切的联系。

电子平台可以帮助大家保持联系，帮助新想法在大家的心里扎根。为热衷新想法和努力引进新想法的同事创建电子邮件列表的时候，你有机会认识那些对新想法有重大作用的人并创建一个让他们互相认识了解的机会。

因此：

> 创建一个可供大家访问和互动的电子交流平台，积极推广，让大家知道这个平台的存在。保持这个平台活跃并不断成长进步。

这个电子平台可以是电子信息公布台、通讯组列表、邮件列表或者是一个大家可以自由评论和添加内容的网站。可以利用这个电子平台和大家分享信息资料，推广即将开始的活动，让组织内部有志于参与新事物及相关活动的同事建立联系。因为每个人的需求不同，所以可以创建单独的讨论组和信息通知组，使大家可以选择积极主动参加讨论，还是只想关注最新的情况。

这个方法可以帮助你和大家保持联系，但不能只依赖这个模式。还可以运用持续公关，在公司内部粘贴一些关于新想法的信息。可以做定期情况汇报，也可以告诉人们即将开始的活动。利用关系网传播消息。不要忘记与那些关键人物建立良好的私交。

如果关注记录所有的信息，可以用这些数据来劝说基层领导或者公司天使，令他们有足够的兴趣让组织做出决定，采取下一步变革行动。

=========

这个模式帮助你创建一个可以供大家分享新想法相关信息和期待的电子平台。这个模式帮助你与有兴趣了解新想法最新信息的人保持联系。虚拟社区可以帮助你组建一个真正的社区。

如果滥用电子平台，会导致过犹不及，有人会开始觉得这些信息是垃圾信息。不要过度运用电子平台。去了解你的社区，搞明白大家对什么信息感兴趣。

> 加里组织的第一个自带午餐活动非常成功，大家的参与度很高。但也有几个超级忙的同事在活动后过来找他："我有其他的安排，所以没能参加这个活动。你有没有什么资料可以给我看看？"加里高兴地回答："当然有，我寄给你。"等加里有空坐下来的时候，他把会议的记录和资料用电子邮件发给那些有兴趣的同事。这是加里的电子邮件列表的开始。当大家知道他可以用电子邮件通知大家会议和活动的信息时，这个列表就变得越来越长。这个电子邮件列表也是一个对新想法兴趣社区的开始。

> 艾丽生（Alison）利用电子邮件列表来吸引大家对新想法有关活动的兴趣。这个最初的列表包括参加过自身经历分享的同事。随后，只要有培训课程，课程的参加者也被加入这个电子邮件列表中。这个电子邮件列表用于宣传即将举行的活动，例如，专家推动演讲嘉宾的到来。因为可以通过这个列表推送的邮件知道其他人不知道的一些信息，所以大家觉得能在这个列表上可以使自己有份优越感。

发现和感悟

尽管一个电子平台可以成为传播一些新想法信息的有效渠道，但是我们也发现这绝对不应该视为一个单独的模式。相反，它可以成为**持续公关模式**的一种特别手段。

早期接纳者

杰弗里·摩尔（Geoffrey Moore）说过："有远见卓识的人不常有，他们有眼光，具备将新想法联想到策略机会的洞察力，有能力将洞察到的机会变成众人皆知的项目，更有足够的个人魅力让组织中所有人齐心协力做项目。"他们能让你的新想法的引进初见成效。虽然很难预期他们的出现，但是没有他们，计划更是难上加难。[①]

向可以成为新想法意见领袖的人寻求帮助。

◆◆◆

你是一个极其热衷于将新想法引入组织的布道者，或者一个专职负责人。你有一小组支持你新想法的创新者。

要想在组织内部扩大新想法的影响，一定要让除了最初支持者之外的人产生兴趣。

创新者就像是引进新事物的守门人，但是人们会担心他们对风险的态度，所以他们不是好的意见领袖。创新者只可能在一个高度崇尚

---

①   Moore, G.A., *Crossing the Chasm*, HarperCollins Publishers, Inc., 1999.

创新的公司里成为有效的意见领袖。在其他环境里，你需要更实际、开放并且明智的决策者的帮助。按照接纳者类型正常曲线，早期接纳者紧跟创新者，他们的创新性和风险的承受度高于早期的大多数人。

早期接纳者注重的是根本性突破，而不是一些简单的改善。不同于因为新就喜欢的创新者，早期接纳者会考虑想法的价值并且试图把这个想法和企业目标联系起来。因此，他们很受同事的尊重，是大家公认的意见领袖。因此，变革的负责人总会找他们帮忙加速传播的速度。

因此：

寻找意见领袖并向他们寻求帮助。

可以在成功运用新想法的人中找到早期接纳者。他们通常不会一下子就决定接纳新想法，他们有着开明的头脑，保持虚心学习的态度，总是希望了解、学习更多。给他们提供的信息和培训越多越好，让他们可以信服你的新想法。他们会被一些初见成效的事例所吸引。

运用**个人沟通**模式并鼓励他们多向创新者了解创新经验。为了培养他们的兴趣，可以采用**量身定制**模式和脚踏实地、细致的方式，向他们展示和讲解新事物对组织的好处。在他们体会理解新事物给组织带来的好处时，要积极主动并且灵活地与他们一起工作。

一旦他们被这个新想法说服，就鼓励他们为新想法牵线搭桥。在他们有了一定新事物的实际经验之后，推荐他们成立学习小组或者做自身经历分享。他们还可以帮新想法找到基层支持或者公司天使。

如果你争取到专家成为新想法的早期接纳者，他或许还可以参加专家评审。

和大家保持联系并记得向帮助过自己的人表达感谢。

=========

这个模式帮助你建立一个可以成为新想法意见领袖的小组。他们的帮助可以减少早期多数者和对新想法抱有怀疑态度的人对新想法的担心。

争取到这个小组的帮助是需要努力的。创新者在一个介绍活动后就可能会变得很感兴趣，不同于创新者，早期接纳者肯定想进一步了解这个新想法才可能信服。因为他们客观地对待新想法，所以才更能赢得大家的信任，从而成为意见领袖。所以，在早期接纳者身上的投资是有回报的。

在凯西谈论一个新想法的时候，她注意到卡罗尔很感兴趣，还读了一本有关这个话题的名作。于是，凯西邀卡罗尔一起喝咖啡聊天，解释了新想法的好处。卡罗尔对这个新想法愈发有兴趣。因为卡罗尔的工作和意见在组织里很受尊重，所以凯西让她和其他同事聊一聊新想法。每次凯西计划活动的时候，都会咨询卡罗尔的具体意见。

某个公司针对知识管理的想法以一组有志于创建一个长期优良实践知识库的软件工程师为目标对象。那些做具体知识库研究工作的是受人尊重的、脚踏实地、对新想法相当感兴趣的开发人员，并不是那些对什么新事物都感兴趣的人。

早期多数者

一个高科技公司负责销售的人员讲了这样一个故事。在他们开始销售产品的第一年，一些技术爱好者（创新者）和有远见卓识的人（早期接纳者）很快积极响应并加入。第二年的时候，公司争取到更多的有远见的人士并赢得了好几个大单。在第三年的时候，公司扩张了销售部门，增加了广告推广预算，增设了几个区域性的销售点，增强了客户支持。但是，整体销售还是远远不如预期，开销的增加远远多于效益的增长。该公司将早期市场效益误解为持续稳步增长的市场主流。公司没有意识到将想法推销给创新者和早期接纳者与推销给早期多数者的区别。

要想让组织对新想法许下承诺，请一定要说服大多数人。

◆◆◆

你是一个极其热衷于将新想法引入组织的布道者或者专职负责人。你有创新者和早期接纳者的支持。

创新者和早期接纳者的支持会使这个新想法闪光，但要产生真正的影响还是任重而道远的。

你开始和作为守门人的创新者及作为意见领袖的早期接纳者一起建立扎实的基础。但到一定时候，一定需要多数人的支持，才能使这个想法持续发扬光大。早期多数者代表大约整体三分之一人的想法。一旦这个群体信服了，就会非常忠诚并经常巩固加强组织标准来保证新事物的成功引入。

早期多数者较之创新者或者早期接纳者，对于决定更为深思熟虑。在做出决定之前，他们想知道其他人成功采用的方法和经验。他们会想方设法让新事物发挥作用，并与公司内部事务完好结合。风险在他们眼里被视为浪费时间和金钱，而不是机遇。和创新者不同，早期多数者的决定来得比较晚，不能像创新者一样充当新想法的守门人。和早期接纳者不同，他们大多是跟随者，都不是可以做意见领袖的人。但是，他们是早期接纳者和晚期接纳者之间的桥梁。他们填补了早期接纳者和早期多数者之间的空隙（或者称为"鸿沟"）。一定要跨越这个鸿沟，才能让新想法成功引入主流人群。

因此：

为了让新想法有一个更好的立足点，将支持者的队伍尽快从已经接纳新想法的成员发展到习惯于深思熟虑的多数人。

物色合适的人选，他们的特点是实际并想逐步取得可以预期和衡量的成绩。运用**个人沟通**模式向他们说明这个新想法风险很低但对他们目前的需求却有着很多好处。运用**量身定制**模式向他们展示新事物可以带来的明显改善。运用**不妨一试**模式，通过外部验证来证明成果。鼓励他们参加自身经历分享。

一旦他们信服新想法的功效，就鼓励他们和同事一起谈论新想法。因为他们是和较晚接纳新想法的人们之间的桥梁，所以让他们担当沟通者的角色来与保守的同事交流。记得向他们的工作表示感谢。

=========

　　这个模式帮助你在组织内引进新想法的时候建立扎实的基础。早期多数者的接受是新事物引进的转折点。有了他们的支持就会如虎添翼，帮助越过鸿沟并将新事物转为主流。此外，不同于不停追新的创新者，也不同于自认为总是在快车道上的早期接纳者，早期多数者带给大家的是稳定和长期的承诺。

　　简单聊一聊是不足以说服早期多数者的，这可能会让你有挫折感。保持耐心。在有一定的成果之后再去说服他们。

　　另外一个系的老师到凯伦的办公室来找她咨询一下他写的引入一个新的本科专业的建议。他解释说，他受到系里一些同事最初热情的鼓舞。他继续做了计划并以为其他同事会慢慢感觉到这是一个好的建议。但是，事情和他想象的完全不同。大多数同事都不大支持。凯伦建议说，大多数同事可能考虑到建议可能有风险。于是，他和每个同事谈这个新专业可以带给系里的好处，并证明新专业的引进不会大量占用其他项目的资源。这些努力不是一夜之间做完的，但久而久之，大多数人都开始赞成他的计划。

　　你怎么知道自己已经将一个新想法融入文化中？当某高层经理来到兰迪的办公室来找他的时候，他就知道自己的新想法引进已经到了一个重大的转折点。他一屁股坐下来，开始谈他面临的一些问题："你认为这个新想法有帮助吗？"这是一个大型传统产品的经理。新想法还没有传播到他的部门，尽管任何人都可以参加关于新想法的培训课，但来参加的人大部分都是做新项目的。如果这个经理来询问关于新想法的事情，就非常清楚地表明大多数人都已经接受了这个新想法。

布 道 者

布道者兼作者巴巴拉·沃写道："以前，我以为事情是这样的：
'如果你很出色，就像马丁·路德·金一样，你有一个梦想。由于我
并不出色，我意识到我没有梦想，所以还是跟从他人吧。'现在，我相
信事情是这样的：'是你的梦想让你与众不同。是梦想缔造了伟大。是
梦想让你吸引其他人同你一起，使你梦想成真。'"①

在组织中开始引进新想法的时候，务必想方设法和大
家分享你的激情。

◆ ◆ ◆

你对一个新的想法非常感兴趣。或许是因为参加了一个学术会，
或者读了一篇文章，或者阅读了一本书，于是，你开始深入了解这个
新想法。你相信自己的想法会给组织带来好处，你想向大家推广和
介绍。

你想引进一个新想法，但不知道从什么地方入手。

---

① Waugh, B. and M. S. Forrest, *Soul in the Computer*, Inner Ocean, 2001.

把热情转变成有长久影响力的行动并不容易。总有让我们应接不暇的新想法。"酒好也怕巷子深。"这在一定程度上依赖于对新想法和新实践跃跃欲试的人。他们可以在组织中把想法变成现实。

因此：

> **在引进一个新想法的时候，你对新想法的激情就是你的动力。**

让自己全身心地投入自己的事业。也就是说，第一个需要说服的人是你自己。如果不坚信自己的想法，很难成功地把新想法推广给别人。如果自己没有被说服，也不可能说服别人。要有人缘儿、靠谱、谦虚和开放，但不狂热。畏手畏脚的人是做不了这事的。在各种情况下，都应该寻找各种可能，利用每一个可能的机会让大家多了解新想法。

和大家分享新想法的美好前景。让大家感觉到你的热忱。和大家讲述引进新想法的背景——这是驱动真正变革的动力。你的讲述一定要向大家传递你的激情、兴奋以及信念，并让他们产生共鸣。准备一些可以对不同听众演讲的两分钟长的"电梯演讲"，这样，无论什么时候有人询问新想法，你都可以对答如流。一定要彰显新想法的价值。不要反复灌输或夸大，你和你工作的任何进展要做到显而易见，好让大家保持关注并可以进行下一步的咨询。

运用**不妨一试**模式来了解在组织内部创新的可能性。但要清楚，你不是一个专家。不要把自己夸大成一个专家或者期待自己真的是专家。谦逊的姿态会带来长久的帮助。还要牢记，你并不是想法的独占者，而只是一个有着好的想法的人而已，其他人也可以和你一起分享这个想法。如果其他人的知识越来越丰富或者别人也成为布道者，对你而言，不会有任何损失。

如果没有一个包罗万象的策略，也不必担心。做一个详细的行动计划，大胆地尝试去做。在过程中不断学习、不断积累，并且花些时间进行回顾和反思。庆祝小的成绩，同时也要为可能遇到的挫折做好思想准备，更要意识到变革是很花时间的。摒弃那种总想抄小路找捷径的想法，因为变革的进展可能是缓慢的。一步步脚踏实地地前进并不停地吸取经验教训，再接再厉。

为大家提供午餐盒并运用**播种**模式。在举办的活动中，尽可能提供食物。开始寻找创新者和关系网，并组建电子平台。

如果有足够的兴趣，可以建立一个学习小组。如果有你认识的名人愿意到组织免费做演讲，可以举行相应的专家推动。

运用**个人沟通**模式，记得表示感谢。

如果你是公认的创新者，人们不会那么相信你所说的话，因为你对新事物总是很感兴趣的原因仅仅在于它们是新鲜事物。如果你是公认的早期接纳者，你做决定时一贯的稳重态度能更有效地将影响扩散到整个组织。

研究表明，如果你有人缘儿，有吸引力，人们潜意识里对自己喜欢接近的人会持更开放的态度，你的工作相对也就容易些。如果你比较内向或者刚愎自用，即使你有世界上最好的数据，大家也不会那么相信你。必须有很好的交流技巧，增加大家对你的信任。模式作者乔·伯金（Joe Bergin）的**内向与外向**模式建议你可以试着外向一些，让大家觉得你大胆，外向活泼。你必须懂得何时适合扮演这样的角色，积聚你的资源，做该做的事情。

记得寻求帮助。做销售、拉关系和做内行都是不容易的，但在领导一场变革举措的时候，三个角色缺一不可。不要试图扮演所有的角色。例如，站在你这边的一个内部专家就是成为内行的一个极好的人员。鼓励大家成为自己团队里的布道者。

你的目标是赢得信任。别人不一定总是赞同你的意见，但是他们得相信你说的话。对负责引进变革的人而言，这是相当重要的。一旦赢得了信任，你成为一名专职负责人就顺理成章了。随时思考怎样可以获得管理团队的支持。真正的影响还是离不开基层支持和公司天使的帮助。

========

　　这个模式建立了一个这样的角色，他对新想法拥有着发自内心的热忱，并在最初期就致力于宣传和倡导。这个模式可以帮助新想法获得创新者的支持，还可能激发管理团队的兴趣。

　　你可能面临的风险是你对新想法热情得让大家觉得不舒服。保持热忱，但不要太狂热。不要让热情影响你的耐心。你非常强大的能力之一是可以调节自己的耐性。不是所有人都像你一样可以迅速表现出热情，他们需要时间。

　　比尔·托马斯在 1999 年写了一本关于改善老年人长期看护的书之后，开始了巡回宣传。他在电台和电视上宣讲。也和政府官员交流他作为医疗专家对老年人看护的看法。他提出了疗养院的弊端：极度缺乏生活必需的希望、关爱、幽默，也就是那些生活的要素。他的演讲阐述了他所设想的改变，他也向公众展示了为什么这本书不是一本普通的书，巡回宣传不是普通的旅行，他也不仅仅是一名普通的医生。单单通过一本抽象的书和人们来交流他的目标是远远不够的。他自己也开创了在 31 天内巡回 27 个城市的纪录。对于他来说，这个巡回宣传没有尽头。在看到国内长期看护问题解决之前，这个巡回宣传就要继续。这是一个无畏的使命，一个真正的改变，一个不单只有新想法的改变。托马斯建议："需要大家对你想做的事情有激情。"

　　沃特·迪斯尼很善于表达他对一部新电影的想法和期望。他会在所有员工面前表演每一个角色。虽然他不是一个漫画家，但很清楚自己想要什么，并且让大家理解他的想法。他相信，建立目标，推销清晰生动的梦想，相信大家，不要打扰大家的工作，在关键节点上提供反馈意见。

发现和感悟

将这个模式命名为"布道者"在一开始是有争议的，因为有些人觉得这个名字带有宗教色彩。我们曾考虑把模式的名字改成激情的推广者，但是现在我们意识到"布道者"是一个极其合适的选择。在引入一个新想法的最初阶段，布道者对于新想法是否能在组织内生根发芽是不清楚的，因此，对于新想法的信念是至关重要的。信念创造了令变革举措不断前行所需要的激情。即使你觉得你对有些事情非常确定，总存在着一些不确定的空间，让你可以继续学习、进步。正如史蒂夫·乔布斯（Steve Jobs）在 2005 年斯坦福大学毕业典礼的演讲中所说的：

> 你在向前展望的时候，不可能从各种关联中理出头绪；你只能在回顾过往的时候琢磨出答案。所以你必须相信，这些点点滴滴会在你未来的某一时间关联起来。你必须要有信仰，相信你的勇气、目的、生命、命运可能还有其他的理念。因为各种关联早晚都会帮助我们理出头绪的信念，即使当它引导你走向一条很平凡的路，它也能给予你跟从你内心的勇气。

这个角色归根到底就是销售。你首先要把自己的想法推销给你自己。往往这意味着克服思维中的障碍。我们听到很多人为不迈出那第一步找了诸多借口，因为他们没有资源或者相关知识。这些当然是可以理解的顾虑因素，但是承担布道者的角色，是否拥有足够的资源或者博大精深的学识都不重要，重要的是对新想法的重要性要有着坚韧不拔的信念，并愿意为之努力直至达到目的。归根到底，就是激情和信念。

你必须对自己的愿景有一个现实的认识。否则你很可能是一个痴心妄想的追梦人，一天做了一个不可能的梦，梦想破灭了，你把一切归咎于周遭环境，之后又陷入下一个妄想。你必须对一个不断演进的愿景及其具体行动计划保持时时调整的灵活度。

你的重要任务之一就是寻找更多的布道者。帮助创造一种文化，令每个人都更有可能通过指导别人以及认可他人优势而获得成功。许多研究表明，给予他们机会，使其可以在很大程度上提升快乐感和自尊。支持他人更容易确保他们支持你。

所有的布道者，即使是高管，也无法强迫其他人改变他们的想法。一个高管曾被问及他是如何让下属服从工作的。他给出了一个很简单的答案：他命令他们去做，当员工不愿意改变时，就解雇他们。这种方式对于让员工遵章守纪是非常行之有效的，但是这也造成了迫使人们用同一种方式思维的环境。此外，一旦有棒喝的大榔头不复存在，人们的自觉性也会消失。所以，我们建议培养承诺。你希望组织中的其他成员赞同新想法的出发点是对于新想法的信念。你希望他们的内心是深信不疑的。这也正是**无畏变革**的各种模式想要企及的。

为了推进新想法而接触组织内部的人员时，对现有的流程和技术表现出一种尊重，会使你的布道者工作更加成功。如果越过了这条界线，变得狂热，不顾现状，只是盲目信奉自己的洞察力，那么你会面临着疏离团体而变得孤立无援的风险。

外 部 验 证

我一直劝说我最亲密的朋友琳达，我的老家非常合适她和她先生退休后养老。每次我神飞色舞地讲述我老家的诸好处时，她都只是礼貌地点点头。于是，我告诉琳达，阿什维尔地区在好几个国内刊物上被称为"最佳城市"和"最佳退休养老的地方"。现在，她告诉我，她们已经将阿什维尔纳入他们重点考虑的几个地方之一。

为了提高新想法的可信度，介绍来自组织以外的一些信息作为验证。

◆◆◆

你是一个极其热衷于将新想法引入组织的布道者或者专职负责人。你已经看到了别人写的一些关于这个新想法的资料和刊物。

在决定接受新想法之前，人们想知道这个想法已经在其他组织被证明是行之有效的，好让自己相信这个新想法是靠谱的。

决定采用新事物的过程首先从了解新事物开始。当人们听说新事物的时候，他们想知道这个新事物到底是怎样发挥作用的。这些信息可以来源于组织内部，但最开始的时候，从外部来的信息更加重要。外部刊物总比内部技术总结报告更有可信度。内部的技术总结报告通常大多是一些书面材料，发得广但很少有人认真阅读。

大多数人都希望有一些迹象可以证明新事物并不只是组织中的一些人不切实际的想法。因此，这个时候，从外部引述的赞同和支持的信息能迅速抓住他们的眼球，帮助他们更容易接受新事物。对于**创新者和早期采用者**来说，这样的外部验证信息更加重要。因为，他们都是最早采用新事物的人，而此时组织内部还没有他们需要的知识和经验。

因此：

在组织内部为大家提供有价值的且可以用来对比新想法的外部验证信息。

可以从大量的媒体资源下手，书籍、文献和信息丰富的网站都是好的资源。对需要知道成功在望的人提供一些成功的例子。你提供的文献资料对受众人群得有可信度。例如，经理大多阅读经管类刊物，而不是技术刊物。

要积极寻找播种的机会。可以运用**个人沟通**模式和大家单独分享信息，进一步利用持续公关的手段将信息推而广之。除了大家可以看到的这些信息，还可以邀请权威人士作为演讲嘉宾，帮助大家提供更多的外部验证信息。

试着在那些受到到大家认可的时机和场合下介绍你所进行的引入新想法的工作进展。例如，在你想说服的人喜欢阅读的主流刊物上发表一些文章。这个方法尤其适用于那些早期接纳者和支持你的专家。你也可以考虑写一本书，并联系外部的出版社出版。

尽管在任何时候都可以使用外部的信息，但在新想法引进的早期，这个模式的运用特别重要。在这个时期，人们非常需要关于新想法的信息和知识，而在组织内部还没有产生意见领袖。

========

这个模式帮助你在组织内对新想法展开验证。这个模式帮助证明新事物不是仅仅局限在组织内部的现象。人们在接受新事物之前，必须知道这些信息。这个模式可以帮助大家有效地增强理解，提高信任度。管理团队可能会将外部验证视为这个领域内的竞争正在逐步加剧的一个信号。这些都可以帮助你得到大家对新事物的支持。

但是，在组织内分享外部验证的信息，可能会让大家感觉到思想上的压力。通过各种各样的渠道和大家分享书籍和文献，可能会让大家觉得做法不妥，因为大家不大可能有时间和精力读那么多的东西。这时可以考虑尝试**适可而止的**模式，用简单、真实的说明来陈述你的想法。如果有人问及，再提供更多的背景情况。外部刊物也可能带来一些风险。组织内部的一些人可能会认为你只会写不会做。为了让同事觉得你的题目不是一个学术话题，要尽量包括实践内容，提供相关的例子，还得有实际价值。

> 我的经理对我的研究从来不感兴趣，直到有一天，我把一本书给他看，书上引用了我在学术刊物上发表的文章。从此以后，事情就变了。尽管他对书中涉及的话题不熟悉，但还是对于我的名字出现在书上而印象深刻。我没想到他会有那么热情的反应，同时，这也让我见识到外部验证的力量！

> 我们准备从能力成熟度模型（Capability Maturity Model，CMM）一级提升到二级的时候，从已经是二级和三级的公司请来一些演讲嘉宾谈谈提高到二级或三级给他们公司带来的积极影响。这可以帮助大家理解公司会有什么样的收获，同时还能知道其他公司的发展历程。

发现和感悟

你在组织内部是否有过这样的经验：你们从外部高价邀请一位顾问来进行宣讲，他讲述的内容和你之前一直试图向同事传递的信息其实别无二致。但是为什么每个人都对这位外来者的讲话洗耳恭听，而不太在意你所说的？看起来人们往往就是受制于这种行为，所以对你而言最好的办法就是充分利用好这个外来者带来的优势。通过引用外部资源的信息来提高你的可信度，因为这些来自外部的信息对你的组织很有意义。这些外部信息可以是一篇文章、一本书、一段视频或者仅仅是来自于有影响力的外部人士认为你的想法很好的一些佐证。

无　　畏

　　芭芭拉·沃（Barbara Waugh）在她所著的《计算机中的灵魂》（*The Soul in the Computer*）一书中谈及："我强迫自己仔细考虑所遇到的每个障碍。'这个障碍是否可能是一个礼物？这个干扰或者这个退步，可以让我从中学到什么？'最初、最坚定的怀疑论者可能会成为我最好的合作伙伴，他会不停地发现我存在的问题，比如天花乱坠的宣传、失误和不必要的思虑过度，我可能把我们的进展和下一步计划考虑得过于复杂了。"[①]

　　把大家对新想法的阻力变为有利于你引进新想法的优势。

◆◆◆

　　你是一个极其热衷于将新想法引入组织的布道者或者专职负责人。

　　任何新事物都会带来混乱，极有可能会使大家产生抵触情绪。

---

① 　Waugh, B. and M.S. Forrest, *Soul in the Computer*, Inner Ocean, 2001.

每一个负责引入变化的人都会抱怨大家的抵触情绪，但如果觉得抵触情绪不好，可以考虑一下另外一个极端的情况。想象一下如果没有任何抵触和反抗，是不是会让你更害怕？如果真的是这样，你就会有 100% 的责任，全权负责引进工作，任何时候都不得有任何差错。这让人害怕，是不是？但是，没有人是十全十美的。我们需要抵触和反抗来测试自己的新想法。所以，对待反对者，第一步是感谢他们。非常幸运的是，反对无处不在。这就像是霉菌一样，见了日光反而无法茁壮成长。因此，一旦怀疑有抵触，你要做的第一件事情就是把这些抵触意见公开化，而不是让它在私底下化脓溃烂。

　　怀疑论者可以让我们意识到什么事情做得不对。不论我们的态度多坚决，我们的动机多正确，我们总会遇到一些障碍。没有任何行动是完美无缺的。怀疑论者送给我们的是无价之宝，他们对我们选择的途径给出反馈意见，并且告诉我们应该怎样调整计划和目标。

　　你迟早都得解决"畏惧"这个问题，你的听众和你自己内心都是心存畏惧的。听众可能会害怕失去职位或者舒适的工作状态，或者因为大肆的宣传而不得不被动地接受。有些人抵触变化是因为他试图避免经历到他自己认定的变化所导致的痛苦，或者失去现有的安逸及美好。畏惧通常演变成抵触和反抗。你的反应往往更彰显了你的观点，而这同样也是畏惧惹的祸：害怕在公共场合出丑；害怕自己的想法其实是错误的。两个极易焦虑和畏惧的人发生冲突，会令事情陷入僵局。抵触和反抗不是变革失败的主要原因，引发问题的是大家对抵触和反抗所做的反应。

　　在我们不赞同对方观点的时候，我们很难做到认真倾听。通常，我们只是竭力阐述或重复自己的观点。一个比较好的做法是鼓励另一方充分表达他的观点。有时候，你仅仅需要做一个好的倾听者，用心听别人讲述，这样反而有助于增进彼此的理解。

　　因此：

向抵触反抗者寻求帮助。

倾听，真正仔细倾听怀疑论者所说的内容，并且从中学习。尝试感恩和欣赏不同的意见。当人们和你的意见相左时，停下来考虑一下从他们的视角看待问题的价值。与其掩盖可能的问题，不如询问有哪些可行的解决方案。当有人提出批评意见时，你可以这样回复："你建议我们怎么做呢？"你不需要认同他们的批评，你可以首先肯定他们的存在，然后想方设法理解他们的立场。一定要让怀疑论者感受到你真的是在认真听，让他知道你听取了他的不同意见，并且对他的专业知识表示认可。向他提问，试着理解他的论点。

把怀疑论者的担忧和顾虑公开地展示出来，拿出来讨论，在他们有机会利用这些因素让你的变革努力前功尽弃之前，解决这些问题。在做演讲或者领导大家讨论新想法的时候，可以把怀疑论者的反对意见作为新想法局限性和需要讨论的话题。

在听取抵触者的反对意见时，可以帮着他们理解和学习新想法，这并不意味着要他们摒弃原来的经验。运用**个人沟通**模式来向他们展示新事物可以怎样帮助和改善他们正在做的工作。有些时候，原本抵制新事物的人在有机会掌握一些实践经历以后，会变得非常热情。

不要假设怀疑论者的立场是一成不变的。仅仅因为他在开始时反对新想法，并不代表他永远不会敞开心扉虚心听你所讲的内容。人的本性使我们对其他人的批评避而远之，换位思考一下，这其实可以是一个健康的、重要的文化的象征，只有关心和在意的人，才会发表自己的顾虑。不要规避大家的批评意见，相反，和他们一起分析和探讨这些意见。如果一个人很有影响力，能够仔细分辨信息，一分为二客观地看待问题，可以不断修正他自己所提出来的并且已经被他人接受的评估意见，同时把更新的意见及时和大家分享，那么即使他常常抱怨，也是一个非常有价值的抱怨者。只要他看到了变革的动因，他通常都会改变自己的意见和观点。

邀请对新事物有抵制和反抗情绪的人一起交流，听取所有的担心和顾虑。在那些不赞同你的看法的人中找到一些有意义和价值的事情表示感谢。表达感谢不需要什么花费，但意义重大。研究表明，从心理学上讲，一个人内心中，感谢和畏惧是不可能共存的。如此说来，感谢是畏惧的解药。

对你所做的变革努力要保持谦虚的态度,对不尽如人意的,包括你自己所做的不完美的地方,要保持同情心。你可能喜欢某些人,讨厌另外一些人,要不时地提醒自己,所谓"参差百态,方人生本源"每个人的性格都是不一样的。你和他们打交道的方式会帮助你看清不同的人的性格,或许是一个让你有些害怕的抵触反抗者,也许是一个好得不能再好的人。

先确认怀疑论者是否愿意沟通和听取意见,如果他们不想沟通,那就不要再在他们身上浪费时间和精力。很可惜,有些人天生就是《小熊维尼》中的屹耳,说什么也高兴不起来,那就不要花时间努力鼓励他们,否则我们是在无形中鼓励他们的行为。有时,抵制和反抗仅仅只是因为个性不合。如果有已经接纳了新事物的人愿意帮忙,可以尝试一下**牵线搭桥**模式。如果有一些抵制反抗者特别让人头痛,那么试着寻求安慰,你可能会发现一些新的解决办法。

如果知道哪个反对者是意见领袖,可以考虑让他来担当怀疑派带头人。

=========

这个模式可以帮助你和新事物的怀疑论者建立了关系。与其让其他人利用怀疑论者的观点来反对自己,不如用这个模式帮助自己将他的怀疑、抵触和反抗变成自己的优势。倾听怀疑论者的意见有助于我们看清新想法的不足,从而开诚布公地讨论和解决与新想法相关的一些问题。抵触反抗者对新想法不一定会敞开怀抱,但如果可以努力消除他们对新事物的畏惧,他们中的一些人可能会转过弯来或者至少从思想上变得更加开明。其他人看到你非常尊重抵触者的意见,甚至事先就把反对意见表达出来,他们会容易信服你就是那个新想法的代言人。

这个模式的风险在于,如果你没有准备好面对太多抵触新想法的人及其不同的观点和批判意见,抵触者的做法可能会让你不知所措或者彻底压垮你。鼓励他们和你单独交流,以免在公众场合受到他们攻击而影响新想法的引入推进。

作为新想法的引进者，总是能辨别出到底哪些人对新想法不感兴趣并可能抱有怀疑态度。他们从来不参加介绍新想法的演讲，他们从来不向你咨询和打听新想法的信息，他们对新想法从来不关心。所以，可以将精力集中于积极响应新想法的人，避开拒绝和否定新想法的人。在组织重组和位置变化之前，罗杰就是这样做的。在位置变化之后，罗杰和一个对新想法漠不关心的人坐得很近，他是公司老员工。罗杰总是很礼貌地打招呼："早上好，比尔，一切都好吗？"一天，罗杰听到办公区域隔板上方传来比尔的回答和询问："挺好的，罗杰，你能不能给我介绍一下那个新想法？"罗杰立刻找到比尔，和比尔一起讨论交流了半个小时。他终于有机会得到一手信息，质疑新想法的同事所看到的问题和持有的观点。让人大跌眼镜的是，他们两个人的意见几乎完全相同。比尔提出了罗杰没有想到的几个问题，在罗杰做下一个关于新想法的演讲的时候，他把比尔的问题加入演讲内容中。罗杰和比尔至今保持交流和探讨，尽管两个人都已经离开了这家公司。

莲恩在做关于新想法的介绍性演讲时，有一个听众总是气愤地驳斥她所说的一切。在听了这个人的几个反对意见之后，莲恩决定在介绍结束之后和这个人一起吃中饭。他们两个就座之后，莲恩拿出笔记本："我不能保证我可以消除你的顾虑，但我想先听一下你所有的顾虑和担心。来，说吧！"在整个午饭的过程中，莲恩都在忙着听取他的所有想法，忙着做记录。在终于说完了之后，他非常真诚地对莲恩说："谢谢你花时间倾听我的意见。每个人都很忙，都把我当成怪人，没人愿意理会我的想法。真的很感谢你花时间约我出来。谢谢。"莲恩一直不确定自己到底有没有说服他，但她很开心有机会倾听他的想法。这不仅有利于新想法的引进，对其他所有事情也很重要。

发现和感悟

这个模式的最初版本着重强调倾听的重要性，这仍然非常重要，但是我们不再建议你在倾听后一定要给出你的回应。静静倾听有着强大的力量。你不必在倾听之后采取后续行动，你可以就任何意见或争论保持沉默。顺其自然。

这个模式并不是用于攻克反对意见的，它阐述了我们应该如何运用其他人所知所想来为变革举措做出贡献。不是为了强势攻克对方，让对方臣服，而是给予他人充分的权力和自由让他们下定决心，这样的做法比起你竭尽全力说服抵触者更加有效。制定一套行之有效的策略，用以激发人们深入思考，让他们自己说服自己。

作为一个好的矛盾解决策略的一部分工作，就是将人和问题分离，将精力集中于兴趣，而不是职位。[7,8]这是这个模式的实施方案的重点，也是需要铭记的有利因素。有些人对你的新想法存在抵触仅仅是因为他们根本没有时间和精力仔细考量这个新想法，更不用说来实现新想法了。如果你对他们的处境感同身受，而且你的计划已经包含如何减轻他们生活压力的方式（运用轻车熟路模式），对减轻抵触情绪有着很长足的帮助。

最初的模式没有强调使用这种解决方案所带来的挑战。我们希望抵触者用我们的方式看待问题。可能我们会相信，如果我们争论得更久一些，或者更大声一些，或者更有技巧一些，那么我们就一定会赢！要通过倾听、学习而坚信我们每个人都看到了真相的一面，这是非常困难的。当你看到汽车油量表显示车快没有油了，你不会为此暴跳如雷，同样，如果有人发现你的想法有漏洞时，你也不必感到沮丧。在上述两种情况，都可以使用你得到的信息作为反馈渠道，想一想怎样才能改善现状，例如，在出发进行长途旅行之前先查看一下油量表，或者了解一下相关信息，看看他人可能会受到你的想法带来的影响。

把负面因素作为关注的重点是极其危险的。最近我们组织过一次研讨会，会议的目的在于列出一个好的想法的所有反对意见并提出应对方案。在临近结束时，与会者似乎觉得他们已经弄清楚了所有的反对意见和负面因素。他们不认为我们经常会因为一些不存在的理由而有意识地或无意识地抵制一个想法，例如：我们很难理解（更别说解释）自己反对的根本原因。因此，试图解决某种顾虑是一个冗长乏味的过程，就像玩"打鼹鼠"游戏那样，准备好迎击一侧，而另一侧又有一些新的情况冒头了。

当你想要达成某事时，寻找一些短时高效，可以速见成果的机会，寻找尽可能多的支持者。在变革进展顺利展开之前，除非万不得已，应当避免在有抵触情绪的人那儿碰钉子，因为到了那个时候，你很可能已经有了一些证明新想法可行的有力证据，就会更具说服力了。不要在说服抵触者上花费太多的精力，越少越好。如果他们顽固不化，也没有什么良性的贡献，那么尽可能对这些人绕道走或者将他们视为怀疑派带头人的应声虫。但是你应当只有在万不得已的时候，才采取这样的态度，你的时间是有限的，要合理使用，千万不要在顽固派身上浪费太多的时间，否则你可能一事无成。**无畏**是一个非常好的模式，但是未必对每一个怀疑派都行之有效。

集中关注有影响力的怀疑派。你要用好自己最有利的武器，你要甘愿做一个仔细倾听者。在变革举措的最初期，当你手头还没有实际的数据和成功的案例的时候，用好这个利器显得尤其重要。

当你听到负面的评论时，可以感到气愤，但是重要的是你要把怨恨化作动力，帮助你往积极的方向前进。正如行销大师赛斯·高丁（Seth Godin）所说的那样："把你的畏惧化为动力。"[8,8]你的目标就是好好体会正在和你对话的那个人的想法，因为她觉得你对她所说的很感兴趣而向你敞开心扉。不要一味地为了证明某一个观点而死扛到底，试试使用**以计为首**模式。

当一个变革负责人谈论起那些不赞同新方法的人而把他们贴标签归为"那些人"加以评论时，说着："那些人怎么就是不明白呢"和"那些人真的很笨啊"，这样的说法和做法都是令人担忧的。变革负责人往往对自己的洞察力和领悟力深信不疑，不屑于做出必要的妥协。

戴尔·爱莫瑞（Dale Emery）讲的下面这个故事恰恰反映了另外一种情况：

听苏珊讲完"抵触者"的情况之后，我说："不要把这些人称为'抵触者'，不要贴上这个标签，他们只是在目前这个时间节点上对当前的变革还存在着抗拒。"她听了以后想了一会儿，然后说："那会带来很大的不同。当我把他们视为抵触者时，就好像我把他们都归为抵触变革的另一类人，如果我把他们看做只是在某个特定时间对某个特定变革存在抗拒，不会对他们另眼看待，他们就是我们中的成员，可能他们的抗拒有着他们自己的理由。"我说："现在，试试不要把他们的所作所为看做对变革的抗拒，为什么不设想一下他们对于变革想法会有什么样的回应呢？"苏珊考虑片刻后，说："太感谢你了！现在我知道我应该做什么了！"几个月以后，我又碰到了苏珊，她告诉我，在过去的几个月里，她和公司中对变革心存顾虑的老员工交谈了几次，她着力于认真倾听这些老员工所说的一切，之后她终于明白他们最大的顾虑是如何才能随着变革与时俱进。[8,8]

集 体 形 象

2002 年，一组参与促进项目回顾人士在俄勒冈开会，分享他们对使用项目回顾和头脑风暴的兴趣，以及如何在整个软件开发行业增加使用这些方式方法。这组参与者创建了一个待办事项清单，在这个清单上，第一条就是"我们是谁？我们想要完成什么使命？我们大家是否有着相同的目标？"一旦回答了这些基本问题，这个小组就万事俱备，可以开始努力争取进展了。这个小组自命名为"回顾绿洲"（Retroasis），从这个启动会议之后，他们每年都在全球不同的地方聚会。

为变革举措命名，让大家都清楚它的存在。

◆◆◆

你是一个极其热衷于将新想法引入组织的布道者或者专职负责人。你已经组织过自带午餐的活动，或者刚刚举办过餐厅或走廊内的非正式聚会。

在大家都没有意识到变革尝试正在进行之前，引入变革无疑难上加难。

如果一个事物有一个名字作为标识，大家谈论起来就会方便很多，并且，更重要的是大家更容易意识到它的存在。也正是这个原因，组织都会给每个不同的项目取不同的名字，就好像每支运动队也会有各自的名字一样。这就是为什么我们的每个模式也有一个名称。一提到这个名字，人们就会想到这个新想法，就会明白你在谈什么。如果他们不知道这个名字是关于什么的，也会很自然地问。

为变革尝试取个名字作为标识，帮助大家时时意识到变革正在进行并记得变革的目标是什么。听到或见到这个名字的人越多，对新想法感到好奇并愿意开始介入新想法相关的活动的人也会越来越多。

因此：

一定要为变革举措命名。

你可以通过给小组命名开始，这会是一个很好的切入方式。这个名字可以是小组自己命名的——这有助于在小组内创建良好的关系。也可以通过其他一些途径命名。在某家公司，引入的新流程被称为"产品输入和计划流程"（Product Input and Planning Process，PIPS）。当公司的首席执行官决定从高管层面全力推进这次变革时，他开玩笑说："原来你们的产品经理是格拉迪斯·奈特（Gladys Knight，美国流行歌曲作家及歌手），因为你们这个团队就是 PIPs 乐队！"这个外号马上就传开了，它使这个新流程一下子在组织中打开了知名度。当然，除了名字，公司天使的支持也提供了大力的帮助！

随时随地尽可能提及定义好的名字标识。在进行持续公关的时候，在举办活动的时候，一定把名字放在显眼的地方。

有各种各样的方式可以给组织命名。例如，定期聚会就是一个有组织性努力的表现。这些会议可以是做计划，或者其他事情，或者和公司的其他活动相结合。向参加会议的同事寻求帮助。这些会议可能不一定有很多人参加，尤其是开始的时候，即使只有几个人还是可以成立一个小社区。但是召集这些会议要慎重，每个公司的文化不同，在有些公司召集这样的会议反而会对变革的动机带来一些负面的影响。如果会议进行得不顺利，更容易引起大家的反感。

网页、一个网址或者电子邮件地址，都可以增强小组的集体感，令小组形象在外界看来更专业。

如果小组决定写一个关于任务和目标的说明，就在完成后把这些内容展示给大家看。任务说明和小组的共同目标有助于时刻提醒投身于变革的人集中精力，向着共同的目标努力前进。

=========

这个模式可以帮助你为引入新想法的举措建立一个标识。这个标识能增加引入新想法的努力在组织内部的知名度，为大家所知，提高信任度，让大家更容易进行交流、讨论、询问并想投身其中。它帮助引进新想法的小组创建一个新的代号，这可能是衍生一个有着自身特点的小组织范围文化的良好开端。

但是，在给某一个事物贴上标签大力宣传的同时，大家也会对你有一定的想法。如果你的小组被大家认为是封闭式的、排外的，他们就会自然而然地慢慢对你的新想法有误解。一定要向大家清楚讲明成立小组的目的以免误会，同时要记得动员和号召大家全员参与。

有一个组织把对内部培训课程有贡献的学院工作者称为"大学老师"。他们的网页包括很多内容，每个人的介绍和照片，还有，他们每个人在每学期都会收到一件新 T 恤衫，上面印有公司图标和课程的名字。这让所有参与者有认同感、归属感和自豪感。

德国的一个远征培训课（*http://www.xpeditionstraining.de*）中，第一个作业是让所有参加团队各自取一个名字。课间休息时，一个培训老师分发给每个团队成员一件定制的印有其团队名字的 T 恤衫。因为培训只有短短两天，但印有团队名字的 T 恤衫迅速增强了团队的凝聚力。

发现和感悟

一个小组就好像一个团体中的小圈子，就会产生所谓的圈内圈外这样的说法。这种情况会给这个模式带来严重的缺陷。亨利·泰弗尔（Henri Tajfel）进行的最小规模小组的试验表明，即使一个小组是随意创建的产物，任何一个小组都可以由任何形式的符号来加以定义。泰弗尔将试验的人随机分组，不管被分到哪一组，他或她很快就开始和组内的成员惺惺相惜，而排斥组外的成员。然而，如果你询问这些参与试验的人，他们并没有意识到自己这样做有什么问题以及为什么要这么做。组内成员对于这种区别对待的行为有自己的辩解理由，因为他们觉得组外的成员行为不端、令人讨厌。[8,8]为了预防这样的情况出现，请你一定要尽一切可能确保集体形象的正面性和包容性。要鼓舞人心，不要为那些不够条件的人建立屏障，或者发出"我们理解了，但你没有"的暗示。不要把一个集体形象搞得高高在上，变得精英化。这将与变革举措背道而驰。相反，你要竭尽所能地动员每一个人的加入。

下面两个故事是非常好的案例，展示了什么是正面的、不排外的集体形象。

医疗保健改善研究所（IHI，Institute for Healthcare Improvement）正在进行一场为十万条生命而进行的战役。他们并没有先把注意力集中于负面问题（诸如，由于医院的失误造成病人死亡），相反，他们为这个行动选择了一个非常正面的、不带任何评判色彩的名字"十万条生命"，并且定义了明确的目标。在战役行动启动仪式上，IHI 的首席执行官唐纳德·伯威克（Donald Berwick）这样说："我认为这是我们应该做的事情。我认为我们应该致力于拯救这十万条生命。我也认为我们应该最迟在 2006 年 6 月 14 日，也就是从今天起的 18 个月内完成这项行动。'一些'不是一个确切的数量词，'很快'也无法表达明确的时间概念。而我们面前有一个明确的数字：10 万。一个明确的时间：2006 年 6 月 14 日，上午 9 点。"这个启动仪式不仅是一个开宗明义的标志，更是一次对全体人员的正式邀请，动员大家都参与其中，实现目标。

2008 年总统选举，那些第一次填写调查问卷的登记选民的投票率约为 96%，问卷上的问题是"成为选民对你有多重要？"与之相比，那些回答了不同的问题"对你来说投票有多重要？"的登记选民的投票率只有 82%。这个调研是由斯坦福大学的克里斯多夫·布赖恩（Christopher Bryan）组织的，他说："我们向人们提供了一种主张自己理想身份的可能。这种力量非常强大。"[8,8]

支 持 专 家

　　为了引入新的想法，我组织了第一个自带午餐活动来介绍新想法。一个参与者在活动结束的时候找到我："你介绍的东西很棒，但问题是大家都不认识你，怎么信你呢？"他继续建议说："去找杰夫或者兰迪聊一下，如果他们认为你的新想法可行，就会有很多人对新想法感兴趣。"我迫不及待地找到这两个资深程序员并向他们介绍新想法，的确如此，在我组织第二个自带午餐活动时，参加人数几乎增加了一倍，并且有很多第一次参会者说："杰夫（或者兰迪）说参加活动并听听这个介绍对我有好处。"我对他们的帮助真的是感谢不尽。

向组织内部深受大家信赖的资深同事寻求帮助。

　　你是一个极其热衷于将新想法引入组织的布道者或者专职负责人。

　　除非有来自于组织内部深受大家信赖的同事提供帮助，否则大家都不大愿意对新的想法表现出兴趣。

　　我们大多数人每天都生活在信息的海洋里，没有时间和精力去跟进了解最新、最好的东西，于是，我们依赖其他人给我们提供一些关于新想法的评估反馈意见。通常，大家信任的评估人是深受大家信任的资深同事。这些同事对新想法的支持是你可以获得的最有力的支持之一。

如果管理者参照丹·沃森（Don Olson）和卡罗尔·斯坦戈（Carol Stimmel）的**甘当"小白"**和**寻找专家**模式执行，他们就会承认自己没有时间和精力了解最新技术，他们需要与可靠的技术专家建立一种互信的关系，仰仗专家的帮助。这样的技术专家一旦被说服而接受了新想法，他就可以帮助说服管理者和组织内部其他同事。

因此：

向管理层和非管理层都信任和尊重的经验丰富的资深专家寻求帮助。

用谦虚的态度与这些资深专家真诚地沟通。你的目的是向他们学习而不是需要他们了解创新想法的所有细枝末节。不要试图用太多的新想法的相关信息对他们进行"轰炸"，使他们头晕脑胀，运用**适可而止**模式慢慢向专家灌输，征求他们的意见和问题。和专家沟通时，最好避免这样说："这个学术会太棒了，我参加了并且学到一个非常先进的工作方法。我觉得这个方式特别好。我想开个会把它介绍给大家。"相反，可以试着这样介绍："真可惜，您没有时间参加上个星期的学术会。如果您去参加，一定会很高兴看到那些新事物。我听到一个新的工作方式，想和您讲讲，让您看看这个方式好不好，如果您也觉得好，我再向其他同事推广介绍。"

试试和专家这样说，也可以帮助你有效沟通并获得专家的帮助："我知道您是我们这儿<专业>的专家，并且您也对新事物很感兴趣。所以我想和您聊聊我上个星期参加的研讨会。"研究表明，工程师大多害怕被称为某个方面的专家，因为一旦贴上了专家的标签，可能就会失去学习最新技术的机会。他们总想跟进技术的更新换代，而不是局限在过去的知识里影响自己未来的发展。

你可以邀请专家喝咖啡，在轻松的环境下聊一聊。做一个言简意赅的"两分钟电梯演讲"向专家介绍一下新想法，然后，你要做的就是洗耳倾听。经验丰富的人，通常可以和你分享很多东西。运用**个人**

沟通模式讲一下新想法将如何解决他刚刚提过的一些问题，并运用**量身定制**模式来设计适合组织情况和特点的新想法落实计划。

如果是刚刚接触这个组织，那么可以运用**关系网**模式，找人引荐该组织的专家。如果能找到一名高阶管理者或专家帮助你在组织内部推荐和介绍，会取得很大的成效。

如果专家在听了介绍之后，肯定了新想法的价值，那么你应该邀请他们加入，让他们有机会参与你的计划和行动。他们可以用他们的观点去影响和其他同事，也可以成为专家评审会的成员。

=========

这个模式可以帮助一群能为新想法提供技术可信度的专业人才聚在一起，建立一个专家团体。如果可以说服他们，让他们觉得这个新想法不错，其他同事至少会愿意花时间听完你的想法。管理团队，尤其是高管团队，通常依赖于这样的专家对潜在的解决方案所做的评估。所以，一旦有专家的支持，你就已经事半功倍，成功在望了。

所谓水能载舟亦能覆舟，如果这些资深人士觉得这个新想法是垃圾，一文不值，他很有可能也会和大家分享这些意见，那么他们不仅不能帮到你，而是可能摧毁你的努力。如果出现这样的情况，请鼓励他们承担起怀疑派带头人的角色，将阻力化为有建设性的贡献。

> 阿兰是公司内引入 Java 的布道者。怀疑派最大的担心来自于人们对新技术的畏惧和对系统性能与规模的顾虑。最难说服的是系统架构部门的老板。他是一个积极表达顾虑的人，并且，公司的副总裁对他的话也很是信任。阿兰非常清楚，大家对这个有些顽固的怀疑论者的专业知识是十分信服的，如果能使他从专业知识的角度认可了，那么他就会对接受新想法抱有开放的态度。于是，阿兰试着理解他的不同意见，并且让他感觉到他不是受到强迫要屈从于新想法。最终通过：（1）理论概念要有事实验证；（2）随后一些关于C++开发项目所存在的困难的讨论；这个怀疑论者彻底信服了。自从他说 Java 可以，说服其他人就变得容易很多。

在帕米拉为学院理事会决策层介绍提案的时候，她会时不时地观察理事会中最让人尊重信服的成员的面部表情。如果发现这个专家有任何暗示同意的迹象，例如，一个微笑，一个点头，她就会顺势结束演讲，因为她知道最难搞定的人已经站在她这一边，目标就要达成了。

发现和感悟

这个模式最初的关注重点在于赢得专家的支持，以帮助推进变革举措。其实你真正想要的是确保这个专家不会与你唱对台戏。

不管这个专家的影响力有多大，都不要只依赖于某一个专家，因为她/他某一天也有可能离开你的组织。试着向尽可能多的专家寻求帮助，争取他们站到你这一边来。

很多人在谈到这个模式时经常使用的一个说法就是"可信赖的顾问"。经理和高管在组织内通常都有一个技术顾问，为他们提供可信赖的专业咨询，这个人就是我们所说的专家。

专 家 评 审

　　每次我谈到新想法的时候，经理级别的人都会有那种"噢，不会又是什么灵丹妙药吧"的表情。但是，当他们其中一个经理问我格雷森（Garrisson）对这个新想法的意见，另外一个又问我卡罗尔（Carol）的想法，我意识到这些经理很想知道格雷森和卡罗尔的意见。于是，我向经理问他们可不可以组建一个新想法评审组。每个经理都同意提供一个成员。评审组开会的时候，我做了一个简单介绍，并逐一回答了他们的问题。我做了会议记录并写了一份报告，在得到评审组的批准以后我将报告呈交给管理层。这个活动不仅帮助我说服管理团队新事物非常有价值，而且还让我发现了以前没有考虑到的一些问题。我清楚地记得，评审组里也有对新想法持有怀疑态度的人，但他们最终都被新想法的价值征服了。

　　召集周边的专家和其他有兴趣的同事一起为管理团队和其他开发人员评估新想法。

◆◆◆

　　你是一个极其热衷于将新想法引入组织的布道者或者专职负责人。

有一些经理和开发人员是支持新想法的，但是，其他人在没有得到足够的确认，认为这个新想法有价值之前，是不愿意积极参与的。

太多的信息会使得经理和开发人员感到无所适从。他们往往无法时时跟进最新、最好的东西。同时，他们也曾经对一个又一个的所谓的灵丹妙药失去信心，慢慢地，无论多么有说服力的言语，他们都会习惯性地质疑，不愿意尝试新事物。

但是，大家对可以将工作变得简单易行，而且可以提供产品质量的新想法还是很感兴趣的。他们只是需要一些事实和数据来帮助他们做出判断。通常，经理和开发人员都愿意选择相信内部专家的判断决定，如果他们曾经在一起工作很久的话，就会更加信赖专家的评估意见。

因此：

组织一个大家都很信任的内部专家评审组来评估新想法。

要着手物色评审组的成员了，你可以从那些你觉得支持你的专家入手。这个评审组一定要有足够的经验背景做出有效的评审意见，他们应该是一些管理团队和其他有影响力的人所信服的人。运用**寻求帮助**模式。通过管理团队或其他关系网推荐一些成员。选对人很重要，把那些可能破坏计划的人排除在评审组外。如果专家中有人已经明确表示他对新想法的质疑，你可以将他作为评审组内的怀疑派带头人。

逐个亲自邀请每一个评审组组员参加评审会。如果条件允许，运用**准备食物**和**地点是关键**模式组织好评审会。举办一系列的信息介绍或者为期半天或一整天的研讨会。向评审组的成员提出一系列亟待解决的问题，并鼓励大家就任何可能有疑虑的方面进行讨论。引入资源提供外部验证。在举办这些活动的时候，你要留在现场解答大家提出的问题，消除他们的疑虑。

为管理团队准备一份评审汇报。将评审的结果保存好，以备经理问起例如"这是怎么一回事情啊"这样的问题时可以随时作答。准备好回答评审汇报中列出的问题并为下一步行动做好计划。如果评审汇报受到管理团队的关注和支持，预示着这是引入新想法的合理时机，一定要把握好机会！

评审工作虽然是一次性的，但是小组成员可能愿意继续为新事物担任评估委员会成员的工作。这个委员会可以包括原来评审组的成员，也可以包括其他有兴趣加入的同事。记得对自己得到的帮助和支持表达感谢。

=========

这个模式讲的是如何从大家都信任的同事所做的第一手评估中获得大家都信服的数据。评估结果好的报告可以用于引发对新想法的支持，尤其是管理团队。

但是，运用这个模式也是有一定风险的。如果评审组的总结报告是不建议推广，或者评审组的一些组员非常公开地交流他们对新想法的担忧，可能会使新想法的引进停滞不前。为了避免发生这样的情况，在评审过程中，可以考虑运用**走廊政治**和**保持联系**模式，事先与评审小组成员进行一些良性的互动。

> 在布拉德做过一个关于新想法的演讲之后，副总裁和他的领导团队建议创建一个新想法评审组。每个领导团队的成员都提名了一个评审组的成员。最开始就积极尝试的创新者也受邀加入评审组。在获得评审组的正面反馈意见之后，管理团队立刻积极支持这个新想法的引进，于是，关于新想法的信息很快在组织内部传播开了。

> 在决定将 Lotus Notes 引入公司前，一个信息需求委员会成立了。这个委员会由各个领域和技能的成员组成，主要负责收集信息以评估新软件的可行性。在非常周密的评审后，委员会建议公司引进 Lotus。委员会中的一些成员也成立了一个引进项目，研究决定先从哪个产品试行采用。

自身经历分享

我最初两个关于新想法的演讲激发了创新者和早期接纳者的兴趣。但我知道，多数的早期追随者在没有听到周围同事的想法以前，是不会决定接受新想法的。所以，我以后的演讲都会预留一些时间让用过新想法的同事分享他们的经验。

鼓励有过成功尝试新想法经验的同事分享他们的自身经历，有助于让大家看到新想法的实用价值。

◆◆◆

你是一个将新想法引入组织中的专职负责人。

没有尝试新想法的同事并不清楚有同事已经有了成功使用新想法的经验。

如果自己还无法亲身实践的话，最有效的汲取经验的方式莫过于听听大家信赖的同事做一下经验分享。大家都会被成功在望的景象所吸引，非常渴望了解已经做出成绩的同事所经历的一切。但是，我们往往看到总是那么几个人在做一些演讲，进行经验介绍。其实还有其他人也有值得分享的经验，但他们总是忙于工作，准备正式的演讲是需要花时间做准备的。然而，非正式的交流不需要什么准备，但是也非常有效。大家通常在不需要特别准备的非正式场合里，更愿意与他人交流经验。

因此：

鼓励大家在非正式的、人与人之间具有高度互动的场合下分享新想法采用经验。

为了经验分享活动做足准备和推广工作。利用**持续公关**（persistent PR）模式。为活动准备食物或者组织大家自带午餐召开午餐会。不需要召集很多听众。小规模更容易营造出合适的分享气氛。你一定要出席活动，在现场随时准备帮忙，尤其是在有些经验分享者不大擅长组织讨论的情况下，你的帮忙能使他们和听众的互动更顺畅。

虽然你希望已经对使用新事物有着一些好的经验的同事分享他们的自身经历，但支持你的专家或早期接纳者通常是大家心目中的意见领袖，他们的影响力更大。

你可以尽可能多运用这个模式。让大家听到来自多方面的经验介绍，不要只集中在某几个精英小组中少数人的分享。只有创新者才会在听到一个成功案例之后就会对新想法兴奋不已，其他人需要听到众多的来自不同人群的经验分享后，才能真正成为支持者。

在举办这些活动的时候，可以颁发一些小纪念品，让大家日后看到这个小纪念品就能记起活动介绍的这个新想法。

=========

这个模式可以帮助创建一个供大家分享经验的机会。大多数人会受到成功经验的鼓舞，从而令新想法更具感染力。

但是，如果你选错了经验分享者，可能会令你的变革初衷受到不良的影响。例如，如果经验分享者很自傲，就会不停地絮絮叨叨那些完美的事情，这样会适得其反，让大家反感新想法。鼓励同事中最受喜爱和信赖的人来分享经验。如果有人很执着地要分享自己的经验，而他一贯不太讨人喜欢，可以考虑把他和大家喜欢的几个分享者合并在一次经验介绍活动中，把他可能带来的一些不良影响降到最低。

莎莉受邀做一个新技术分享活动，对此她有些担心。在莎莉准备演讲幻灯片的时候，她的同事，史蒂夫前来找她。史蒂夫告诉莎莉他曾经尝试过这个新技术，莎莉对史蒂夫的经验很感兴趣、表现得非常兴奋，这令史蒂夫很高兴，他甚至向莎莉提出，如果有需要，他可以进行下半程的演讲。虽然史蒂夫对新想法的经验有限，但他的演讲非常亲切、自然，他分享了自己的尝试学习经验，大家都觉得他的经验非常可信。莎莉坐在那儿，非常开心地笑着。她花了很多时间准备正式的演讲稿和幻灯片，但整个活动的亮点就是史蒂夫的经验分享。

在肯的公司，成功经验分享常常是团队定期会议的议程之一。大家对自己的创新力感到自豪，每当听到有人尝试过新事物，大家都会迫不及待地想听他们的经验分享。他们不但分享成功的尝试，偶尔也会分享失败。失败分享使大家更有动力不停地尝试和学习。

发现和感悟

最初的模式并没有就讲故事所带来的力量展开讨论。在题为"听故事对我们大脑的影响"的博客中，利奥·维德瑞（Leo Widrich）指出，故事所激活的不仅仅是我们大脑中的语言处理区域，也会激活大脑中的另一些部分，而那些部分往往在我们亲历那些故事中讲述的场景派上用场，[8,8]所以听故事可以产生身临其境的效果。当我们听到关于一顿让人垂涎欲滴的大餐时，大脑中的感觉皮层就会亮起来；当我们在故事中听到讲到那些动作行为时，我们大脑中的运动皮层就会有反应。听故事时大脑所做的反应涉及到大脑皮层的各个区域。为了使更多的人接纳新的想法，你可以通过分享个人的经历和经验来影响和鼓舞大家，使用**个人沟通**模式试着摸清听众中内心的纠结和困扰，做到有的放矢。

比起演示一次随机整合的事实数据，分享者讲述的亲身经历更容易让人铭记和反复推敲。一定要让意见领袖（例如关系网和牵线搭桥者）了解关于新想法的那些经验故事，使其可以在合适的时机下分享和推广这些故事。

这个模式阐述的是倾听朋友或者值得信赖的同事所讲述的亲身经历。来自于一个我们了解的和信赖的人的自身经历分享，能起到的效果可能比来自于我们并我熟悉的专家的正式演讲要大得多，这样的分享更容易触及心灵。这样的效果在早期接纳者身上显得特别突出，正态分布曲线上的的三分之一早期接纳者人群都是来自于此。[8,8]

创 新 者

罗杰（Roger）是我的邻居，每次他买了最新、最酷的小玩意儿，总会跑到我这里炫耀。他对所有买到的新东西都感到非常兴奋，即使这东西贵得离谱。而我，即使他让我相信哪个东西真的很有用，我也会等一段时间使价格降到罗杰买入价格一半的时候再买。

在开始引进变革的时候，向喜欢尝新的同事寻求帮助。

◆◆◆

你是一个极其热衷于将新想法引入组织的布道者或者专职负责人。

你需要有人帮助你在组织中启动推进新想法。

让所有人同时对新想法感兴趣是不太可能的，但你总可以找到一个切入点。在困惑和矛盾日益上升的环境里，即使是一个只有区区几个人的小团体与你志趣相投，并且想同你一起为创新而奋斗，也会为打开局面起到很大作用，让你感觉豁然开朗。事实上，所有意义重大的变革都是由少数几个人开始启动的，或许只有两三个人，但是这几个人对变革意志坚定。

为新想法寻找知音，从这些最愿意接受新想法的人入手是相对容易的。创新者只是我们当中的少数人。只要新，就会令他们好奇和兴奋。他们只需要得到一些新事物的信息就会接受和跟进创新的念头，根本不需要对他们进行大量的游说。他们渴望弄清楚最新的东西到底是怎么工作的。可以借用他们的好奇心在组织中启动引进新想法。

因此：

找到愿意快速接纳新想法的人。把新事物的信息告诉他们，并且请他们帮助在组织中进一步激发大家的兴趣。

在那些早期参加自带午餐活动和新想法介绍会的与会者中，寻觅创新者。在你刚刚开始谈论新想法的时候，你就会看到有些人就开始很兴奋地摩拳擦掌，纷纷围到你身边来。

鼓励这些创新者担当开门人的角色。使用**不妨一试**模式建立一个早期评估。请他们就新事物提出反馈意见，并且征求他们的想法，了解如何引发其他人兴趣的可行性建议。因为他们是新事物的先驱，所以很自然可以负责建立起最初的几个学习小组，和其他对新事物充满好奇心的人一起交流，一起学习。每个小组中总有一些热情特别高涨的人，这样的人日后可能会成为组织中热衷于引入新想法的布道者。

= = = = = = = =

这个模式可以帮助你得到新想法拥护者团体的支持。激发这些创新者对新想法的兴趣不会耗费太多的精力，同时，有了他们的加入，你再也不会觉得自己是在孤军奋战。创新者愿意接受与新事物相伴的不确定因素，他们的实践大大减少了后期接纳者使用时的风险。

但需要明白，你可能无法长期依靠创新者。他们对新事物的兴趣会使其无法长时间把目光停留在同一个新事物上，他们的注意力会追随不断涌现的新兴事物。此外，他们接受新想法的速度总是那么快，这可能会使大家怀疑创新者的判断。因此，创新者通常都不会是好的意见领袖，但在短期内依靠他们帮忙做开门人还是切实可行的。如果他们自告奋勇地愿意多做一些事情，那可真的是你意外的收获了。

比尔（Bill）一听到新事物，就会兴奋得溢于言表，眼睛发光，眉毛都快扬到发际线。所以，朱丽叶（Julie）第一个找的就是比尔，和他交流她的新想法。他不但尝试，而且还汇报了尝试结果，甚至还帮助朱丽叶计划了几个宣传推广活动。他的热情正是朱丽叶在开始引进新想法初期所需要的，这可以帮助朱丽叶试着说服那些不太热心的人。

有些同事一听说你刚参加一个学术会回来，就会马上过来找你看看你有没有带回来一些新书或者看到什么新技术。他们其实也很想参加会议，但就是抽不出时间。山姆（Sam）总会尽量给这些同事带些东西回来。山姆很开心看到同事拿到新事物相关资料时高兴的样子，这满足了他们总想知道最新最好事物的需要。山姆的老板说："当然可以参加这个学术会，但一定要记得带一些资料回来！"山姆知道老板的意思，他是想着那些有机会参加但好奇心重、求知欲强的同事。

发现和感悟

任何事情都能找到它的知音和捍卫者，包括"创新捍卫者"。琳达在她负责的研讨会上讲了一个无畏变革（FearlessChange）的故事。有一个小组面临着一个挑战，他们身边有一个过度热情的创新者，他们就如何正确应对进行了讨论，决定建立一个名为创新捍卫者的角色。一名参与者说明了团队所做的工作：我们安排了一个特别时间段（每周五下午两点），提供小点心，邀请所有人参加听这个创新捍卫者讲"这周的新事物"，并且与他达成共识，他可以在这个特别时间段里表达他的想法，同时也同意在其他时间不会去打扰别人。人们其实非常愿意听这个人讲讲新事物，只是不想一直被他过度热情的反复灌输骚扰。每周的例会是一个让他积极参与又不会变得令人生厌的好办法。

总 动 员

《领导力》和《新科学》两本书的作者玛格丽特·威特利（Margaret Wheatley）发现："在我们提高了大众参与度的时候，有意义的事情就可能发生了。我总是想有更多的人，从事各种各样工作的人，从各个不同地方来的人，来参加活动。我总可以从不同人那里学到不同的东西。我期待他们对事情有不同的看法，这样才会有惊喜。"[9, 7]

为了让新想法在整个组织中成功地贯彻，应该让每个人都有机会为新事物提供支持，每个人都可以做出个人特别的贡献。

◆ ◆ ◆

你是一名专职负责人，着手启动将一个新想法引入组织。你所在的团体内有一些人，可能只需要一些小小的鼓励，就会愿意加入新想法的推进。

即使你懂得寻求帮助，你可能还是试图由自己来承担过多的工作。其他人，尤其是那些看不到新想法价值的人，可能会认为引入新想法是你"显示表演欲的独舞"。

你是专职的新想法引入负责人，花了大量时间和精力推进新想法引入举措。你想竭尽所能地帮助组织进步、提高，但并不希望组织过分依赖于你个人，同时，整个公司关于新想法的蓝图很可能会围绕着你的意志而形成。因此，如果你一手设置了进展的阶段和速度，就会导致对新想法很多有意义的讨论大大减少。

如果你一个人承担了过多的工作，你可能成为导致整个新想法引进工作瘫痪的那个"单点故障"，因为大家会很自然地认为新想法和你是一体的，你的性格和经历会左右他们的观点，带上你浓重的个人色彩。那些本来可以为如何最有效引进新想法的讨论做出贡献的人，可能会转而臣服于你的意见，把他们自己看成是正在学习怎么"正确引进采用新事物"的学生。

一个对新想法感兴趣的小组可能会慢慢结成脱离组织需求的孤立的小圈子。其他不在这个小组之内的人可能会产生抵制情绪，变得沉默寡言，他们同时也担心自己跟不上变革前进的脚步。如何发动广泛的群众参与是建立一套好的实施策略的必要组成部分。如果大家的想法都一样，可能短期内在某些事情上的压力会减小，但这并无法使长期计划成熟可靠并经受得住时间的考验。

没有人能预测到底谁是新技术的热情支持者。在组织里，故步自封成不了事。这就是你要积极寻找更多人支持你的原因之一。一组各种各样的人组成的多元化团队，不仅能贡献他们的技能和特长，更能让大家充分意识到任何成功的变革举措所必须超越的局限性和组织机构上存在的约束。

领导变革不能靠一己之力。增加大家的参与度意味着新事物是属于整个组织的，而并不是只属于某一个人或者某一个小组。大家广泛参与，使这个新想法变成每个人的成果。分享的经验可以让大家保持兴趣。当你把领导变革的机会和人们分享时，你会从他们花费自己的时间和精力促成成功的投入程度，看出他们把项目视为"自己的"这种拥有项目的主导权的程度。

主导权是一个很重要的指标。这并不仅仅是指书面上的主导权，更多的是指员工在工作中的情感投入。主导权描述了个人和组织的连接，强有力的内心归属感能激发大家努力贡献自己的力量。一个已经被实践过的关于组织行为的格言是："人们支持自己的创造。"

因此：

> **让大家都知道，变革举措欢迎每个人的参与。尽可能地发动来自各种不同部门和团队的人参与：例如，管理层、行政管理、技术支持、销售以及培训部门等。**

尽最大的努力，从一开始就动员各种各样的人参与。如果创新行动在早期就被看成是一个小团体进行的独立派系行为，这个形象将很难被撼动。尽管不能肯定未来是否会成功，尽管不能肯定事情该如何进行，也要动员每个人参与进来，力求建立一个更强大的团体。

把变革举措的部分责任下放到每个人，例如，鼓励创新者帮助测试新想法，让早期接纳者承担带头人的角色。寻找关系网，邀请支持专家帮助传播新想法的相关事宜。不要因为任何先入为主的想法而限制大家的参与。就是抱有怀疑态度的人也可以作为怀疑派带头人贡献力量。

努力吸引各个部门各种各样的人参与新想法的引进工作。寻找各种各样的角色和想法。邀请有潜力的人——不是我们平时熟知的人，而是新的不同的面孔。阿里斯泰尔·科伯恩（Alistair Cockburn）的模式**"整体多样性"**（Holistic Diversity），建议组建多功能团队，同时内尔·哈里森（Neil Harrison）的模式**"多样化小组"**（Diverse Groups），建议在确定需求时邀请不同种类的成员参与。让大家都觉得有自由的空间发表他们对新想法的个人见解。

创建一些讨论组和流程吸引各种人表达他们对新想法的观点和意见。让大家知道这不是一个被动接受、没有任何地方表达自己意见的系统。相反，通过积极的讨论，大家有机会对人们提出的问题给出建议。

给大家机会，让他们"站在聚光灯下"。通过让大家负责组织活动或者讲述自己的亲身经历，让大家相信每个人都具备公众领导力，可以担当具体想法带头人要执行的任务。帮助每个人成为能干的带头人。人们的能力和兴趣各有不同。有些人不擅长写作，有些人不擅长公众演讲。有时你可以使用**寻求帮助**模式，了解他们他们的具体想法。

如果你指定某人担当带头人，就要准备好跟随他的脚步，所以在把新想法的主导权移交给其他人之前，你一定要做好心理准备。

＝＝＝＝＝＝＝＝＝

这个模式可以团结对新想法有坚定信念的人组成一个团体，他们已经准备好在整个变革举措中担当带头人的角色。随着整个变革过程中参与人数的增多，整个变革的推进成果就会延伸到整个组织，成为组织的集体成果，而不是某一个人或者某一个小群体的成果。积极动员全员参与非常重要，这确保了在变革过程中越来越多的人把自己定义为积极的参与者，而不是被动的旁观者。大家一旦有这个认识，就会把引入新事物作为他们自己的职责。这就意味着他们已经接受了一些小举措上的变化，你要克服的阻力也会相应减小。那些成为变革举措带头人的在别人眼里很快就变成了专家，而他们也自然而然成为你亲密的搭档。因为你可以和他们一起商量，你可以依靠他们一起分担，所以你的效率就会成倍增长。根据他们的经验，他们会开诚布公地告诉你哪些想法效果好而哪些不那么好。他们还会告诉你你哪些人是积极帮忙的与哪些人不那么愿意帮忙。他们会一直和你保持沟通，你也可以一直从他们那里学习和积累经验，这是一个良性循环的过程。

当然，每一次你成功动员另外一群人加入进来的时候，你也同时会面临一些风险，因为每个人都可能有不同的意见和观点，太多的意见和观点可能会让你应接不暇。运用**无畏**模式来肯定大家的不同看法，但是要懂得求同存异的重要性，这能让你脱开身继续前进，而不被无数个无法立刻解决的问题搞得筋疲力尽。你并不需要在每件事情上得到所有人认可以后，才开始实施行动。

蒂姆一直积极努力地鼓励大家成为引进新事物的带头人。例如，他本来受邀参加一个软件测试学术会，要做一个新技术的专题演讲。

但是他没有接受邀请，反而提议："应该去请伊丽莎白。她一直都在做相关的事情，有很多经验，并且，她讲演的水平很好。"事情就像蒂姆计划的一样发生了。相似的办法，他推荐另外一个人做学术会的主持。他们两个人本来对新东西不是那么感兴趣，在学术会之后，她们的热情高涨。蒂姆也意识到如果她们再做一些公众活动的带头人，积极性还会提高。同时蒂姆意识到，鼓励大家参与新事物的引进工作，会让大家觉得这个新东西并不是他自己的一个什么奇怪想法，至少最开始的时候，有些人可能也是这样想的。

　　凯伦是公益组织 RiverLink 的执行总监。RiverLink 的主要使命是复苏 French Board River 地区的经济和环境。在一次采访中，有人问她在 15 年 RiverLink 的成功进展中哪个因素起着最大影响作用。凯伦毫不犹豫地回答说能力，就是一种能将志趣和专长各有不同的人（包括律师、会计、工程师、建筑师、自行车爱好者、划船爱好者）和其他各种体育爱好者汇集在一起的能力。社区的扩展通常是通过逐个拜访和更多公共讨论会的形式来实现的，例如，集中讨论组、公众讨论和甚至 24 小时的头脑风暴讨论会。凯伦注意到，每个人在参加活动之后，都觉得自己对这个项目有着义不容辞的责任。

发现和感悟

　　我们最初对这个模式的定位是觉得它更适用于变革举措后期阶段，但是现在我们发现在早期就已经可以开始运用这个模式，并且使模式运用贯穿于整个行动计划非常重要。

　　总动员模式不仅适用于变革的领域，它也可以是你在会议中为眼前问题寻求解决方案的手段之一。利用头脑风暴的形式带领小组成员形成一些合理的想法。通过一些讨论之后，你要为这些符合预期前进方向的想法确定好"主题"，并对提出这些想法的小组成员不吝赞美之词，同时尽可能多地动员其他人参与进来。这样能鼓励大家把新想法视为是小组的集体产物。这比起直接告诉人们你想怎样解决问题来得更有效，所谓授之以鱼不如授之以渔。

　　看上去和你没有频繁联络的关系较为疏远的人可能是非常有价值的人脉。人与人之间的关系，从沟通互动的频率来分，可以简单划分为"强连接"和"弱连接"，在一项对人与人之间"弱连接"的研究中，斯坦福大学（Stanford University）的马克·格兰诺维特（Mark Granovetter）发现在通过人际关系网络寻找工作的人中，只有 16.7% 的人通过工作上关系相对密切的，每周至少能见两次面以上的同事找到工作岗位；55.6%的人通过平时沟通和互动较少的，可是一年至少见上一面的人找到工作。然而，大约 27.8%的人通过关系较为疏远的，可能一年都见不上一面的人帮助找到工作，这些"弱连接"的人可能是大学时代的旧友、前同事或者专业协会里结识的会员。这项研究得出的结论是，那些你一年都见不上一面的人可能比你经常见面、每周能聊上两三次的人，更能为你拓展人际交往的圈子，提供更多的可能性。这种差异的显现是由于关系紧密的朋友往往有着和你一样的人际关系网络，而关系较为疏远的往往能提供给你新的信息资源。这也正是运用**总动员**模式的重要原因。如果坚持只和关系紧密的人保持沟通互动，那么你只能在同样的小的人际关系中兜圈子。如果想放飞你的想法，一定要摆脱已有的舒适圈，拓展更广泛的社交关系网络。多元化的信息来源应成为你的变革举措的一个部分，有助于你应对怀疑派；有助于你发现不同观点、好处和价值；也有助于你更好地了解新的想法和自己组织的情况。

不 妨 一 试

《快公司》（*Fast Company*）杂志的"我的拙见"栏目发表了一封信，信中表达了作者对公司同事拒绝任何尝新这一现象的挫折感。作者声称她知道怎样挽救公司，但她的上司中没有人同意她采取任何行动。塞斯·戈丁（变革者）如此答复：

"你找的是一个保障，好让你在计划失败以后可以免受惩罚。你在等某个高层经理告诉你，可以开始说说某个新产品上市或建立一个节省费用的计划。你想用他们的批准把你从风险的责任中解放出来。这样的事情是不会发生的。

不妨一试！如果想等待批准，说明你是想找人在失败的情况下免除自己的责任。高层经理非常清楚他们相信你的提议所可能带来的风险。如果在他们批准之后事情搞砸了，陷入麻烦之中的将是他们，而不是你。"[1]

---

[1] Godin, S., "In My Humble Opinion," *Fast Company*, November 2001, 80.

为了宣传新想法，你可以在自己的日常工作中使用它，从中发现和体会它的好处与不足。

◆ ◆ ◆

你一心想成为一名布道者，非常热衷于新想法的采纳。你想在组织中开始传播新的想法，但你自己还不是非常清楚这个新想法可以具体提供些什么。和大家聊起来新想法的可能性时，你不知道如何应答大家提出的一些问题。

你只知道新想法是可能有效的好办法，但本人对新想法没有任何经验。你相信这个新事物应该对组织有帮助，但又不那么不确信自己的判断。

只有好想法但没有任何经验来证明，会让人们担心。你很有可能不知道应该怎样回答大家的问题。有的时候，可以考虑自己先私下努力尝试一下，有一些成绩证明可以掌握在自己手中。

如果一直等到自己比较确信，如果一直等到知道自己到底在做什么，你就已经浪费了很多宝贵时间。因为我们总觉得自己知道的还不够多，我们中的很多人都想有所作为，但最后什么都没有做。但是，如果我们不愿意花时间摸索新想法，就失去了学习的机会。

做一些调查研究。没有实践经验很容易招致那些对新想法不感兴趣的人的抨击，同时，如果有成功的经验，他们就不那么容易反驳你。你对新想法的局限性了解越多，越可以帮助你避免过分推销新想法，洞察到一些更可行的方法。

因此：

把创新实践融入现在的工作中，收集足以说明其利与弊的第一手信息。

边做边学。记下你的优势和误区。如果可能，你还是可以试试把新想法的好处进行量化，尽管这样做难度较大。积累足够的信息后，就可以向他人展示新的东西对他们有何帮助。

对可行和不可行要有一个比较实际的估计。不要让创新实践影响自己的本职工作。相反，创新实践应该和自己的份内之事相关联，或者有助于提高本职工作的质量或者速度。否则，你的实践经验是不大可信的。

开始实践之前，你可以在组织内查一下是否已经有人也正在进行同一个新想法的尝试实践。这样会更有效，也能避免嫉妒，和有着共同想法的同事一起进行实践尝试，不要各自为营。

如果你发现有几个创新者，他们同样对新想法实践很有兴趣，可以向他们寻求帮助。但要把实践尝试小组保持在比较小的规模。要确保他们在行动中有条不紊，目标的设置现实而合理，并且服从你的领导。

结合自己的本职工作进行创新实践尝试时，要注意搜寻任何对自己有帮助的信息，哪怕只是一些细枝末节。阅读文章，查看网页，和组织外部对新事物有经验的人交流。这些都会帮助你获得宝贵的、经过外部验证的信息。

做一个自身经历分享的介绍，告诉大家自己的实践经验和感受。运用**个人沟通**模式使同事理解新事物并不是遥不可及的。在分享经验的时候，不要太张扬。同时，不要太乐观或者太固执，认为新事物可以解决所有的问题。你可以从几个同事之间进行小范围的演示起步，告诉他们自己是怎样受益于新事物的。当你拥有足够的实践信息时，可以试着说服整个组织进行新事物的试运行。

=========

这个可以模式帮助你获得承担布道者角色所需要的知识。通过运用这个模式，你可以提升自己对新事物的理解，相应地，你也做好了更充分的准备，能够巧妙地和人们谈论新事物，回答大家提出的问题。

同时，你要承认自己之所以运用这个模式进行实践尝试，正是因为自己之前对这方面知之甚少。因此，人们可能会因为看到你实践这个新想法所做的挣扎和斗争而对新想法敬而远之。你无需故意掩饰自己的努力和困难，但重要的是要让大家看到你整体的正能量。

在一个组织里，一个软件应用的项目被搁置了很久。每个人都在谈论这个项目，但是没有人可以让这个项目重启。因为技术上这个项目和丹尼尔团队正在进行的工作非常接近，于是他们决定放手尝试一下。团队一起建好一个有一定局限性的版本，把它命名为"试验程序"。这个程序使大家可以尝试他们中意的设计以及做低风险的实验，从而用实际结果来证明自己设计是否有可持续性。当他们开始受到大家的赞赏时，他们看到了一些希望，觉得他们正在进行的工作最终会被公认为是更大规模的实践应用的"第一个版本"。

弗兰西斯希望鼓励团队用模式的方式来写软件文档。所以，她开始用模式来试写自己的一些文档。这个尝试使弗兰西斯更好地理解了这样做的困难和优势，使其有实际经验可以更好地向团队做解释。这个团队的成员慢慢开始适应她的新的格式文档，最终，这个甚至看上去不是一个常规的写作方法，竟然让大家慢慢开始接受了。

发现和感悟

我们已经注意到我们往往将**不妨一试**和**投石问路**这两个模式换着用。逐渐地将各个模式进行整合，保持精简，对模式作者而言是一个长期的目标。因此，我们最后决定删除之前的**投石问路**模式，将它纳入**不妨一试**模式。

适可而止

我们大多数人都遇到过这样一类老师，他在某一学科领域知识特别渊博，急不可待地想把自己知道的全部传授给学生，但他并没有注意到学生在发呆，他一直在讲啊，讲啊，学生只是怔怔地看着他。

为了让大家更易接受新想法带来的一些可能很难理解的概念，可以从一个简要介绍开始，等大家准备好之后，再提供更让人信服的信息进行引导和灌输。

◆ ◆ ◆

你是一个极其热衷于将新想法引入组织的布道者或者一个专职负责人。

困难复杂的概念会使初学者望而生畏。

所有的新想法都需要一定的学习过程。某些不得不面对的新事物，其实相当复杂，大家很难在短时间内理解它。尽管初学者应该在某个时期理解这些具有挑战性的概念，从而开始更高效地创新实践，但如果在讲解基本理论的时候已经开始对新想法做深入、详尽的介绍，会引起混淆，使大家感到迷惑。一开始就讲得过多、过细，可能会让初学者觉得新想法太复杂，而忙碌的人可能就会弃而不学了。

可以比照克里斯托弗·亚历山大的**逐步加固**模式，逐步稳健地引入新想法。他推荐在创建一个复杂的建筑结构时，建筑师应该"用这样一种方式来建造房子，在构筑最终的架构匹配计划时已经可以从一些松散的、无关痛痒的部分开始着手，然后在建筑过程中逐步加固，这样的话，每多加一些建筑部件或者细节，都会让整体结构更加结实。"[9,9]

给学生讲授的每一个新概念都要留出时间让他们理解和吃透。如果介绍的好东西太多太快，可能会把学生吓倒，同时也减少了你的灵活性，增加了投入的成本。

因此：

> 在做引进新想法介绍的时候，集中于基本内容，比较复杂的概念做一个简单的介绍就好。在大家准备好之后，再给他们提供更详细的内容。

在做演讲介绍新想法的时候，把比较复杂的概念限制在一两页篇幅内。如果做非正式的交谈，给大家一些容易接受和消化的，但要让他们知道还有其他内容可以进一步了解和学习。提供足够的信息，吸引大家以这些信息为切入点开始自行探索和研究。

在给高层管理人员做演讲的时候，先把结论说清楚。把整体大局讲清楚，等他们问起再讲解细节。把重点放在预期收益上，而不是放在损失上。把重点放在潜在收益上，但是不要为了强调收益而扭曲事实或者故意忽略风险。

虽然不应该给初学者太多的细节使其一下子难以适应，但还是要鼓励他们在积累一定经验之后进行更多思索和研究，而你可以给大家提供需要的鼓励和帮助。你可以给大家一些网站或者一些参考资料。如果大家有问题，你要有问必答。运用**个人沟通**模式，向大家解释这个新事物对他们本职工作有哪些好处。

在确定初学者已经了解基本内容之后，找一个合适的机会与其进行更深入的讨论。这会让他们对所学到的内容更有信心并激发他们继续学习的兴趣。

========

这个模式传授了如何用一种步调缓慢而又可靠的方法来引入复杂的概念。这个方法可以避免变革负责人一开始就把新事物吹嘘成是一个无懈可击的解决方案。

当然，对一些人有效的方式，并不一定对其他人有效。一个极端的可能发生的情况是，有些人不仅对最基本的内容都难以理解，同时还担心以后会有更难的概念。另一个极端的可能发生的情况是，有些人想知道更多的内容，认为你觉得他们不够聪明才不介绍那些比较复杂的概念。一定要注意沟通交流，让大家毫无思想包袱地提出他们的问题，并为大家提供适合他们自身情况的合适的信息量。

在詹妮特（Janet）做辅导的时候，她试着引进一些模式，一些比较难的概念，例如，无名特质（QWAN）和生成性（generativity）被作为重要概念粗略提及了一下，但是她没有做具体讲解。她建议参与者，如果想进一步了解和学习的话，可以阅读克里斯托弗·亚历山大的书《建筑的永恒之道》。詹妮特总是和学生说，如果他们有任何问题，可以随时找她问。

从能力成熟度模型（CMM，Capability Maturity Model）一级提升到到二级和三级的时候，流程的引入和开发周期的变化也随着模型升级而统一同步地发生着变化。在开始时不要将所有流程变化信息全部一股脑儿地介绍给团队成员，而是在准备进入下一个阶段时："适可而止"地点明将要发生哪些流程变化。

发现和感悟

这个模式的意义比我们应对来自一个对创新感兴趣的同事提出的

问题更加深远。金发女孩效应（Goldilocks Effect）指出了凡事皆有度，什么事情都要做到不多不少，恰到好处，这个道理不仅适用于沟通变革举措，也同样适用于确定下一步行动计划。我们对于自身想法的兴奋和热情应该通过克制和倾听其他人的意见保持在合理的温度上，不可以被冲昏了头脑。在很多情况下，我们过度销售了我们的想法，反而适得其反，造成收益降低。判断信息是否已经过犹不及的一种方式是，观察一下你的听众是否不再提出问题要求你澄清。更多并不总是代表着更好。寻找帮助你判断是否已到拐点的社会线索。

基层支持

一天，我问一个银行的经理，他是怎样把他的分行变得这么成功的。"其实也没有什么特别的，"他回答，"我坚信我最重要的工作是帮助我的员工寻找资源，解决那些影响他们做好工作的绊脚石。"

向一线经理寻求帮助。如果老板支持你引进新的想法，你就可以把这个工作做得更有成效。

◆◆◆

你是一个极其热衷于将新想法引入组织的布道者。

你需要大家关注新想法，而新想法的引入也需要各方面的资源。

来自管理团队的支持可以使工作场所中实施的一切行动变得有理有据。如果大家没有感觉到管理团队是在背后力挺这个事情，就很难使他们参与新想法的实施。

管理团队的资助非常重要。一定可以找到这么一个经理，他/她相信变革是必需的，理解需要哪些决定，并且有权力分配各种资源供转型的需要。基层领导团队的态度十分关键。经验表明，有基层管理团队在变化中担当重要职责，创新事物的影响将变得更为广泛。

没有一线管理团队支持也能促成重大变革的顺利进行，这样的先例我们还没有见过。但是，虽然公司高管支持但最终并没有促成重大变革的例子却很多。基层经理肩负着重要的业务职责并且专注于最终效益。他们负责的部门是上级大型组织部门的一部分，但也是有一定规模的，他们有足够的不依赖于上级组织的自主决定权，可以自主实施一些有意义的变革。

因此：

寻找一位一线经理支持自己的新想法，最理想的人选就是你自己的老板。

运用**量身定制**模式来帮助经理了解新想法对组织的好处。可以建议成立专家审评组。亲自邀请经理参加自带午餐会或者自身经历分享这样的活动。如果计划邀请权威专家来公司参加活动，可以邀请经理作为特邀嘉宾和专家进行互动。使用**与关键人物私下交流**模式，消除经理可能存在的顾虑。和经理保持联系，定期向感兴趣的经理通报相关信息。

任何基层经理提供的任何支持对变革举措都是十分重要的，要让这种资助在变革过程中保持下去。和吉姆·科普林的**保护伞角色**模式相似，应当鼓励经理帮助寻找各种资源，清除影响进度的障碍。

如果可以获得老板的支持，那么你可以开始考虑怎样让他帮助你成为一名专职负责人。一线经理的认可和资助可能是帮助你得到公司高管支持的最佳方式。

基层经理的资助支持不应只是来自于某一个经理。你要试图和所有对创新项目有影响权力的经理建立支持关系。

=========

这个模式可以帮助一线基层经理支持你引进新的想法。有了他们的支持，在变革引进过程中你会得到需要的各种资源，并可以吸引那些只听管理团队意见的的人的兴趣。你甚至可以成为一名专职负责人。

然而，值得注意的是，某些基层支持者可能会使你迷失方向和重点。经理参与的同时也可能为你带来一些风险，因为他们可能会施加压力，希望事情按照他们的意愿，而他们的想法和你的初衷截然不同。并且，一个强悍的经理甚至可能将你的想法和成果据为己有。而一个过分热心的经理可能会给大家造成一种不好的印象，感觉这个新想法的采用是上层强制的指令。所以，在寻找基层经理支持的时候，物色一些大家都普遍信任和尊重的经理，他们会帮助你实现你的良好愿望，而不是与你的初衷背道而驰。

　　阿力克斯在引进新想法的时候，有三个经理积极支持和资助关于新想法的所有活动。阿力克斯做了很多跑腿的工作，也写了那些文章，他投入了宝贵的时间和精力。但最重要的还是经理坚定的支持和鼓励，还有他们对阿力克斯的信任，所以引进工作进展得非常顺利。

　　在阿曼达所在的组织，如果没有她的经理支持，变革根本不可能开始。他支持阿曼达利用一定的时间来推进变革，并且提供她所需要的活动经费。没有时间和经费，阿曼达不可能这么快就取得这样的成绩，让引进工作初见起色。

地点是关键

在诺姆·科斯（Norm Kerth）关于项目回顾的书中，他提到他观察到的关于公司内部会议地点的一些问题："与会者觉得公司在会议地点的选择上很随意，显得会议并不那么重要，地点总在'老地方'，这样的活动很容易受到打扰，参加会议的人也不会很认真地做准备工作，因为他们觉得万一缺什么资料还可以随时离开会场去工位上找。"[1]

为了避免活动流程受到打扰，尝试在公司之外的地点组织相对重大的活动。

◆◆◆

你在准备一个半天或者一天的研讨会或者其他的活动。

在公司内部的地点组织活动的时候，参与者很容易被手头的工作分散精力。

就像任何地产经纪人告诉你的一样，地产最重要的三个特性是：

---

[1] Kerth, N., *Project Retrospectives: A Handbook for Team Reviews*, Dorset House, 2001.

地段，地段，地段。对于公司的特殊活动来讲，活动地点也同样重要。

公司活动在公司内部的地点举行，是一个非常顺利成章的事情。这通常会被认为是合理运用资源，可以让与会者在舒服、熟悉的环境里参加活动。但是，一个半天以上的活动肯定都会有间歇，于是人们会很自然地开始查看电子邮件或者被经理或同事抓住查看个别"小问题"。人们所花的时间总会远远超出计划，并且一个"小问题"从来不会真的那么小。结果是有人迟到，精力分散，或者被从活动现场中拉走几个小时，甚至可能再也不回来参加剩余的活动。

这样的干扰会降低整个活动的影响力，因此，人们也会觉得他们必须离开活动现场，立刻处理那些突然间变得更重要的事情，离开的人是这样想的，没有离开的人也会有这样的感觉。即使真的没有被什么事情打断，参加会议的人也会觉得眼前的本职工作上的事情是随时会发生的。

培训是需要花钱的，所以，不要让你的投资白白地浪费掉。这包括考虑一些可能看起来很小但其实很重要的因素，培训地点就是其中一个因素。几乎可以得出这样的结论，最差的公司内训地点就是在公司内部。

因此：

在公司附近找个地方组织半天以上的重大活动。

最好的培训地点通常是公司自有的外部场地。如果没有这样的条件，可以找公司附近的酒店、培训中心或者休息会所。这个地方一定要交通方便。要考虑需要到学校接送孩子的同事或者搭车上班的同事的需求。公司附近的地方可以保证开会时间可以和正常办公时间一样，并且，万一真的需要回公司，也不太费事。

确保活动的价值。大家来参加这样一个公司外部活动，多多少少都做了一些额外的努力，所以，大家的期待也就稍微高一些，你肩膀上的责任也就更多一些。舒适特殊的活动地点不能解决活动内容的欠缺，做好活动日程安排非常重要。

记得告诉大家在活动期间关闭手机等电子通信设备。在活动时，尽可能地阻断那些可能会迫切地传递讯息，把人们带回到日常工作压力的手段。

==

这个模式可以帮助创建一个更好的活动环境。这个模式可以使与会者暂时摆脱日常工作细枝末节的困扰，让他们更集中精力参加活动。新环境通常可以让这个活动更加特殊，可以创建一个更自由的环境，而回到办公室里可能受到更多的限制。在活动间歇，大家能有机会做一些建设性的探讨，帮助大家更融洽地相处。公司外部的活动总会让大家觉得这个活动更加有趣。因为大家有这种"我不是在工作"的感觉，更容易敞开心扉交流。

不可避免地，选择外部地点搞活动比在公司内部花得钱要多。但是，如果真正计划做事情，就一定把它做好。无论你怎么努力，总有人不能暂时放下自己的日常工作，不能集中心思参加活动。你要让他们了解真正的紧急情况确实是需要他们完成的，但是一些小问题和简单的查询是可以自己解决的，即使解决不了，也可以在时间上缓缓，另外还有电子邮件，不必一定要返回办公室处理。试着做做诺姆·科斯建议的"我太忙了"这个练习，让他们理解他们暂时放不下的日常工作不如现在活动中要发生的一切来得重要。

我的公司在巴西的坎皮纳斯城。和我们合作的组织在库里提巴。举办会议时，地点选在这两个城市中的一个，使另一个城市的参加者觉得是公司外部会议。而会议地点所在的公司内部参加者就会经历这个模式里写的所有问题，而另一组人会得到公司外会议的所有好处。这两个组织决定，以后的会议地点选在第三个城市，让大家都享受到在公司外部开会的好处。

凯夫林（Kevlin）在位于奥斯陆以外的一个公司主持研讨会。在三天的研讨会中，人们神秘地失踪了，然后又悄然出现了。他们并不是被外星人绑架了，而是因为被与日常工作有关的电话和事务打断而被迫离开。不论是电子邮件的诱惑，还是同事或老板的"就说一点事情"，都会使整个研讨会有一种不稳定的气氛。在下一个研讨会的时候，公司租了一个从公司步行五分钟就可以到达的会议室。尽管两个地方距离很近，但就是这一段距离减少了很多干扰。并且，大家发现原来那些十万火急的事情其实可以等到第二天或者研讨会结束之后再处理。整个研讨会的气氛非常轻松，不那么匆忙，并且每个参与者几乎都非常专注。

发现和感悟

这个模式可以和**专家推动**及**自带午餐**这些活动相关模式很好地结合使用，因为你准备在哪里举办活动以及你要举办什么样的活动都会直接影响到活动的成果。但是你的行动方案包含的重要因素不仅仅只有"地点"这一项，例如，它还应考虑到活动地点的硬件设施等。确保人们在活动期间有一个轻松、舒适的环境，有足够的座位和活动空间，良好的照明，适宜的温度，等等。这个模式对"地点"的选择给出了一些建议，但是由于全球经济的下滑，这些想法在现实中变得未必可行。即便如此，一个工作地点以外的场所，比如利用一家餐厅或者酒吧共进午餐或者举行一场工作之余的派对，都可以有效地进行一些简短的沟通和互动。以下是实施这个模式的一些简单方法：

东湾（The East Bay）俱乐部在每月一次的例会中总会安排一段茶歇时间。成员根据各自名字的字母排列顺序来确定每次由谁来负责准备茶歇的点心。每年一次，在他们一月份的例会时，他们称之为第十二夜，和其他月份的例会不同，他们在一个周日下午聚会而不是通常的周五晚上，他们会自带食物在一起聚餐。去年，我受邀在那次会议上做了一个培训，整个活动并不是那么令人愉悦。没有餐桌，吃喝以及交谈的环境都不太舒适。今年他们准备了餐桌，我觉得一切都变得非常棒！我觉得其他人也很喜欢这个变化。大家在会场停留的时间比去年长得多了，人们愉快地在一起分享，交流感受。与其说**准备**，不如说舒舒服服地**准备食物**。

在温哥华敏捷开发大会上，会议组织者把座位安排的方式由传统的教室风格变为圆桌风格，这样，与会者既可以做好笔记，又可以在宽松的氛围下喝着咖啡，吃着点心，随意地交谈。大家一致为这个改变点赞！

辅　　导

　　我们做了一个三天的模式培训。课堂上每个人都觉得内容太多了。在评估问卷上，有一个建议是，可否提供一些实际的模式运用上的帮助。于是，我们把三天的课程加成一星期的课程。星期一一天是理论培训，星期二到星期五都是半天的培训和半天的辅导。在半天辅导的时候，我们针对具体实践项目提供咨询。这样崭新的时间安排大大提高了整个课程的价值和培训的效果。

　　　　项目组想启动新想法的时候，要找一个有经验的人随时提供辅导。

========

　　你是一个试图将新想法引入组织的专职负责人。某个项目团队对创新非常感兴趣，但是，大多数的项目人员对这个新东西不太熟悉。

　　　　大家都想在自己的项目中运用新想法，但不知道如何启动。

　　如果有团队成员愿意在项目中引进新想法，在一定程度上他们可以自己学习。但是，如果要有效地应用，他们很可能需要一些帮助。如果这个团队能找到一名专家帮助他们分析解决问题，他们有可能获得更大的进展。这样的导师可以帮助团队及时纠正那些小错误，避免处置不及时而造成的诸如项目拖延这样的大错。

初学者需要学习专家的行为做事方法。给专家当学徒是一个理想的方式，这样初学者随时可以咨询专家的"知识库"。这远远胜于任何提供帮助的系统或者文档。

因此：

在一个项目开始引进新事物的时候，找一个外部或内部的顾问或培训师对项目成员进行辅导，并且提供反馈意见。

鼓励辅导老师应用亲身实践的方法，和团队人员并肩工作，告诉大家他也曾经受到同样的问题困扰。这会让大家对新事物有所期盼，持一种开放学习的态度。对那些复杂的话题，辅导老师应该运用**适可而止**模式向大家慢慢灌输，并且运用**个人沟通**模式向每个团队成员讲解新事物的好处。

仔细查看辅导老师的背景和信誉。不要轻信那个人自己声称所具备的能力。比较理想的是辅导老师有使用这个新想法的相关经验，并且对这个团队所存在的问题有一定的了解。尽管不太可能找到大家都喜欢的辅导老师，但还是应该尽量找一个与团队文化比较合拍的人。如果辅导老师和一些团队成员个性不合拍，这些成员对新东西的兴趣也会被浇灭，你可以发展几个性格与这些成员比较搭配的辅导老师。

向辅导老师讲清楚他应该做的事情，说清楚你聘用他的目的，以及他需要呈现的结果。请辅导老师帮助设定提高团队成员知识水平的具体目标。

注意，不要让团队成员过度依赖辅导老师。不然的话，他们就不想让辅导老师离开，或者一旦遇到问题，哪怕是个小问题也会第一时间去找辅导老师帮忙。所以你要和辅导老师达成共识：什么时候团队可以独立，他可以离开以及以什么样的方式离开。最好的辅导老师会努力让自己既尽到辅导的职责，又能从容地脱身。在辅导老师完全离开之前，可以开始试着让辅导老师只在一个商定的时间过来帮忙，在某个合适的时间点，要鼓励团队成员彻底脱离辅导老师的帮助。

就像丹·沃森（Don Olson）的**努力培训轻松战**（Train Hard Figh Easy）模式所说，组织为了让大家精心准备项目，可能会聘用辅导老师来培训所有团队成员。这样做的好处是在培训时就可以有一些实践经验的分享，不但可以帮助团队有效沟通，而且还可以作为团队拓展活动。

=========

这个模式可以帮助大家在开始应用新事物时加深对它的理解。因为有经验的人可以帮助他们克服困难，所以使用者会觉得新事物的运用不是很难。这有助于为新事物创建更好的印象，提高人们愿意继续跟进使用的可能性。

辅导老师不容易找。专家的数量远小于项目的数量，尤其在刚刚开始引进事物的时候，有实践经验的专家为数不多。从创新者中找一些可能担任辅导老师的人，同时也帮助团队自己增长经验和知识，慢慢培养内部辅导老师。

> 模式大师吉姆·科普林（Jim Coplien）说："在一个组织中雇用模式辅导老师可以使人们更快接受模式，还可以在提倡良好的设计实践，以及不提倡对模式的设计产生过高期望，这两者之间找到合理的平衡。最初，辅导老师可以帮助开发人员认识到产品中已经有的模式，并讲述怎样在其他项目中沿用模式。辅导老师要确保大家没有乱用模式（因为大家总是有重用东西的倾向，因而也完全可能不分青红皂白地重用模式）。[①]

> 20世纪80年代初，凯瑟琳（Cathryn）效力于一个很大的国防部分包商。当时公司正在向一个小咨询公司学习 Ada 语言和基于目标的

---

①   Anderson, B., "Toward an Architecture Handbook," *OOPSCA Addendum to the Proceedings*, Washington, D. C., January 1994, ACM Press.

设计。这个咨询公司的老板雇用了一些咨询师，他们各自有着不同的咨询和辅导方法。开始时，凯瑟琳以为这只是咨询公司老板的好奇心，后来才意识到这个老板其实非常聪明，他知道不同人有不同的学习方式，对一个人有效的方法不见得对其他人有用。他的团队里有一个"随和的盖瑞"（每个人都喜欢盖瑞，但是，凯瑟琳回顾后总结出如果盖瑞是唯一的辅导老师的话，可能并不一定那么有效，和其他辅导老师的平衡产生了最好的效果），"野蛮的艾德"（他是咨询公司的老板，他知识渊博，但有时候有些过分），"大师约翰"（他也见多识广，但他比较随和，也比较懒散，什么事情都不紧不慢的）还有布拉德（没有什么绰号，一个随和、直爽的好人）。这样的组成，每个团队成员都可以找到能够相处融洽的辅导老师，这个组合提供了一个最好的学习方式。每个辅导老师都有自己的特长。

发现和感悟

这个模式的最初版本致力于找到一个专家级的帮手来帮助你和团队提升实践新想法所需要的技能。研究表明辅导工作获得成功的关键在于人与人之间的关系，相互支持，辅导老师运用**个人沟通**模式进行有效地沟通和互动。专家应该和初学者建立一种融洽的工作关系，不只是演示和告诉大家道理，而是鼓励大家实践，从实践中加深理解和提高专业能力，真正做到传道、授业、解惑。

你也需要这样一个辅导老师，他/她可以为你提供持续支持和指导，他/她能帮助你继续学习，令你能进一步深入了解正在实施的变革举措、你的组织和你的新想法，当然还有你自己。

行 动 计 划

在一堂培训课后，一个学生过来找我："我非常喜欢今天的培训。参加培训是在这儿工作的优势之一。我们有机会学习最新、最好的知识，但问题是我一回到项目里，就不知道下一步该怎么做了。你有什么建议吗？"我意识到，我只是传授了知识，并没有讲怎样具体应用。

每次组织新想法相关活动后，都要花一些时间总结，向参与者指出下一步应该做什么。

◆◆◆

你正在为了介绍一个新想法而讲演或者在开会。

大家在倾听了培训课或者活动时的演讲后，往往还是觉得不确定该如何实践。

采用新想法和听到或者学到这个新想法完全不同。培训课可以在短时间内集中讲解各种各样的信息。但是，培训课上大量信息的轰炸常常会让大家觉得有些疲惫和茫然，不确定学到的东西到底是否可以应用于日常工作中。而一次成功的活动可以激发大家想要做更多事情的激情。在参加者离开培训课堂前，要充分利用这种热切的情绪，并在这基础上继续努力。

即使大家对我们期望的将来有一个清晰的目标，但如果大家不知道接下来的行动计划，还是很难看到真正的进展。

因此：

> 每一次做演讲的时候，都要在结束前留一些时间做一做头脑风暴，讨论一下怎样在实践中应用从演讲中得到的最新资讯。

帮助参与者一起创建一个比较宽松的计划。讨论时可以用的话题包括：参与者怎么应用这些信息？在组织中，怎么利用这些信息？参与者怎样进行深入学习？怎样传递这些信息让更多的人知道？是否应该开始建立一个分发邮件列表组群或者网页？是否应该成立学习小组？是否需要找一个演讲嘉宾来做专家推动？

如果你不是这个组织的内部人员，并且，你曾经有过在其他公司引进这个想法的经历，你可能很想告诉大家下一步应该做什么。但是，请你千万不要这样做。因为，和你相比，大家更清楚自己面临的情况和需求，你应该让他们创建自己的计划并对行动计划拥有充分的自主权。你只需要在合适的时机提一些建议，但为了保持你在大家心中的地位，如果他们征求你的意见，你还是要给大家提供一些建议。

创建一个想法及其待办事项清单，并按照优先级排序，决定现在可以做的事情以及暂时可以先暂缓进行的事情，加上时间节点。向大家寻求帮助，共同执行行动计划。鼓励参加活动的人来做每项任务的负责人，记得发电子邮件提醒他们。也可以发放一些小的纪念品，帮助大家对讨论过的新想法加深印象。

查尔斯·魏尔（Charles Weir）和詹姆斯·诺贝尔（James Noble）的**头脑风暴**模式介绍了组织头脑风暴，进行集体研讨的一些方法，可以参考一下。

=========

这个模式给大家提供了一个宝贵的机会，帮助大家拓展对新事物的了解，并身体力行地参与到把新事物引入组织的行动中。这个模式使得参与者在参加演讲或会议之后，不只是单纯地知道新想法是一个好的想法，而是使大家明确了下一步的任务和要求，可以开始具体应用新想法。

头脑风暴形式的集体讨论能够激发大家参与讨论的热情和想象力，但是这样的讨论存在一个可能的风险，就是大家会因为看到有太多需要做的事情而感到不知所措。帮助大家一起列出实际可行的事情。鼓励他们循序渐进，不要太急于求成。

> 詹尼丝（Janice）和金（Kim）在培训课快结束时，让大家一起商量如何将学到的知识进行实际应用。大家集体讨论了一个大致的计划，通过这个计划不仅能够和同事分享他们学到的知识，也能将新想法引入组织。

> 《项目回顾》的作者诺姆·科斯（Norm Kerth）发现，团队成员在做项目回顾的时候会变得非常激动。他们非常愿意在组织中带头引进新的改善。他介绍的"将它作为使命"练习，可以作为项目回顾的最后一项活动，帮助参与者理解怎样创建计划并在使命感的驱动下主动加入变革。

发现和感悟

除了在会议结束前定义好后续的行动计划，为每一项任务找到一个关键人物也很重要。克雷格·弗来斯里（Craig Freshley）这样建议：

> "在每次休会之前，确认一下是否每个行动项目都已经落实到人了。鼓励大家踊跃地带头负责不同的项目。如果觉得某些事情非常重要，你可以考虑自己来承担这些事

项的负责人。不要将任务的领导职责分派给一个不愿意承担该项职责的人。如果某个任务没有人愿意承担职责，那么就随它去吧，不必太在意。这其实是一个很清晰的信号，表明即使这项任务看上去不错，但是目前在小组内部，大家没有足够的精力实行。"

　　和潜在支持者的每一次谈话也可能会给下一步的行动计划带来一些好的建议——一个简短的提醒，谁到什么时候，和谁一起完成什么。这能确保你没有疏漏，也给对方留下你是一个良好的倾听者的印象。这样的方式对面对面的交流或者电话沟通都适用。例如，你可以说："我挂了电话以后，我就马上做<某事>，事情会马上启动的。然后，就像我们商量好的那样，我会和<某人>谈一下，为周四的事情做好一切准备。"

持续公关

作为学生管理协会的指导老师，我试图倡导学生定期浏览协会的网页，查询最新发布的机会和即将举行的活动安排。可惜学生的响应寥寥，直到有一天有一个管理人员把协会的网址写在一张海报上，并张贴在计算机实验室里，那里经常有很多学生进进出出，在那以后协会的网页点击率数有了 10 倍的增长。

通过在整个组织内部张贴提醒标识，提高新想法的可见度和认知度。

你是一个热衷于将新想法引入组织的布道者或者专职负责人。

除非不断地提醒大家，否则人们很有可能将新想法遗忘。

人们喜欢获取知识，但是很多人没有时间定期阅读文档或者网页上的资讯。然而，他们往往会关注并很可能热衷于讨论张贴在他们经常路过的地方的资讯。罗格斯（E. M. Rogers）指出在整个组织内部保持新想法的可见度对于提高人们对它的接纳程度有着很积极的影响。一个大家可以集合、互动的场合，也是大家用来沟通新想法和展示进展的好场所。

因此：

**在组织内部大家最容易见到的地方，最喜欢集合和互
动的场合发布关于新想法的信息。**

要把信息发布在容易被大家看到的地方，使其不容易被人遗忘。
把资料放在人流量大的地方，让大家比较容易看到相关资讯，但是大
家来来往往，在路过的时候瞥一眼，之后很可能就忘记了。畅销书《引
爆点》的作者格拉德威尔建议，用明亮的颜色、常见的图形和令人难
忘的旁征博引来凸显你想要传递的信息。通过要求大家提供反馈意见
或者提出一个能够激发大家热烈讨论的话题，和阅读资讯的受众创建
互动的渠道。向大家寻求帮助。应该把即将举办的那些活动的信息广
而告之。定期更新相关资讯，否则，人们往往会对于一直一成不变的
信息不屑一顾。

正如保罗·泰勒（Paul Taylor）在**团队区域**（Team Space）模式中
所解释的，你应该考虑将资讯存放在一个场合里，在那个地方人们可
以进行随意的、无需特别规划的互动。克里斯托弗·亚历山大的**工作
区域**模式同样描述了一种在工作场所倡导形成小圈子的方式。《敏捷
软件开发》的作者阿里斯泰尔·科伯恩描述了一种"信息辐射"的概
念，在工作场所显眼的地方放一块很大的书写板呈现相关资讯。经过
的人不必回答上面列出的问题，可是哪怕他们只是路过，也会受到书
写板上公布的信息吸引。科伯恩说，随着时间的推移，资讯也在发
生变化，让人们觉得经常性地看一看书写板上展示的资讯是非常有价
值的。

要花些心思去寻找发布资讯的场合。那些平时看上去只是用来张
贴垃圾广告的公告板，你也可以让它变得创意十足，吸引大家的注意。
当然，也可以在办公室附近简单张贴一个指示牌，写着："你想了解
<新想法>吗？找我就对了。"

=========

这个模式建立了一个空间，在那里人们可以看到关于新想法的最新资讯，可以进行沟通和探讨。它可以让新想法的信息在组织内部随处可见，印入人们的脑海。看到这些资讯的人会受到新想法深深吸引，从而自觉参与到变革举措的行动中来。

然而，值得注意的是，你可能为了让信息深入人心而做了大量的努力，但是有些人还是会忽视它们的存在，因为他们每天看到的都是这些信息，已经变得见多不怪了。所以你一定要花些心思，想想如何使大家对这些资讯有热切的期待，过一段时间就换一个新的场合发布资讯也不失为一个好办法。

乔·伯金（Joe Bergin）把这个模式应用到了更广阔的领域。他和其他几位教育学家共同组建了教学模式项目（*http://www.pedagogicalpatterns.org/*）。这个团队致力于用模式的形式将成功的教学实践记录下来。为了吸引更多的人对项目做出贡献，乔制作了一些圆形小徽章，上面印着一些和项目有关的诙谐幽默的话语。团队成员和他们的支持者在会议和集会上都佩戴着徽章，他们的做法引起了人们的广泛关注。

拉尔夫和朱丽叶阅读了一篇题为"SpecGen"的文章，联想到他们部门内同样存在的这个大问题。他们制作了一些标识牌，上面有两个大大的红色字母"SG"和一行标语"谢谢你没有妄加猜测"。这些标识牌对大家产生了一个很大的触动，到了这天下班的时候，几乎每个办公桌旁都出现了这样的标识牌。

发现和感悟

这个模式之前的名字是"周围空间"，但是现在我们认为"持续公关"是一个很合适的名字。

我们常常错误地认为，某种单一的手段，例如一份好的演讲材料或者一封公司范围内群发的邮件，就能抓住每个人的眼球。事实上，我们需要多种不同的方式来迎合不同受众的需求，才能吸引大家的关注。因为大家平时都很忙，你需要定期或者在某些关键时刻，运用不同的宣传公关手段，向大家传递资讯，发送行动计划的提示信息。不要依赖于定期发送邮件这样单一的宣传方式，手段一定要多样化，因为太单调，在一段时间以后人们就会变得懈怠。尝试把你的公众信息推送做得多样化，有创意，例如，在公告牌上用一些彩色的艺术设计。

拉塞·科斯凯拉（Lasse Koskela）提供的下面这个案例，可以最好地诠释最好的宣传公关方式。

> 我的经验表明，人们只有在不同场合看到同一个话题不断被提及和展示，才能真正有所触动。如果你的同事看了你的书，那就是很好的第一步。下次，如果他看到了一篇关于这本书的文章，他就会想："嗯，好像我之前在哪里看到过。"之后，当他在某个会议的海报上又看到了同样的主题，就会觉得"啊，很熟悉哎。"。当他再一次看到你的书，他很可能就会说："你写的看来是一个热门话题呢。你能再给我讲讲吗？" [9]

个 人 沟 通

  经理对某个下属非常头疼，尝试了以往解决所有类似问题的方法，但都未奏效。无计可施之际，这位经理问我是否应解雇这位极端难缠的员工，我没有直接回答，而是向这位经理要了他的钥匙串。我随意选了一把钥匙并问："这个钥匙是开什么的？"

  "我的车。"这位经理回答。

  "可以用这把钥匙打开你太太的车吗？"我追问。

  "当然不能。"

  "这把钥匙是一个非常好的钥匙，它很好用。但我们无法用它打开你太太的车。为什么你不放弃你太太的车，用这把钥匙去打开一辆它可以打开的车呢？"

  每个人都不同，所以我们不能期待每个人的行为与我们的思维方式相符。我们应该花精力去寻找和发现什么原因造成了他或她对新想法的抵触，然后对症下药。

  要想说服他人相信新想法的价值，一定要展示这个新想法对他个人的好处和价值。

你正在进行一场演讲或者在一次会议中介绍你的新想法。你是一个极其热衷于将新想法引入组织的布道者或者专职负责人。

培训和讲演会激发大家的好奇心，使他们对新想法产生一些兴趣。但是，每一个人的老习惯不会无声无息地消失。所以，仅仅依靠培训和讲演是远远不够的。

我们常常着眼于希望在团队、部门或组织内看到的变革，然而在现实生活中，变革每次都是从个人身上开始见效的。想改变一个组织内部惯有的工作模式意味着要说服组织里的每一个个人。每个人都认为变革与自己息息相关。每个人都想知道新想法如何使自己个人受益。

大卫·鲍姆提醒我们，员工不是为你、为部门、为组织、为董事会或者为公司的客户而工作。他们是在为自己工作。这意味着在组织转型中，最核心的是让每个员工看到变革为其个人生活带来的好处。这并不是因为人天生就自私，而是因为每个个人正是变革要触及的最根本因素。

变革负责人通常犯的一个致命错误是只喜欢谈论技术上的收益。人们在洗耳恭听变革带来的所有好处之前，一定要先感受到个人对新事物的需求。成功的变革负责人能了解大家的个人需求，并且能确保变革可以满足这些个人需求。

因此：

一定要与每个人进行深层次的沟通和交谈，让他们理解新的想法如何使他们每个人受益。

在和每个人交谈之前，一定要先了解他的个人需要。你可以尝试"打听"的手段，私底下探听一下大家所关心和讨论的问题，考虑新事物怎样解决他们眼前最迫切的问题。你要多提问题，但是更要学会倾听。尊重对方对问题的理解，通过重申问题、总结想法和谈论要点等方式，进行"积极倾听"的实践。

不要忘记解释新的想法能够如何帮助解决日常工作中的问题，谈谈对现行工作方式而言，这个新事物能实现哪些提高和改善。你可以着力描述新事物可以帮助大家按时完工的方法和途径，因为对员工而言保证工作时效性比提高工作质量更有说服力。时刻牢记，变革的目的不是要改变大家，而是帮助改善现状，让每个人在原有的基础上变得更好。

当人们了解到这个变革有着美好的前景，并且看到变革带来的初步改善之后，会很自然地想要进一步了解更多的相关资讯。这些是可以帮助你引进变革的人，一定好好利用他们的经验和兴趣。知道某人对新想法感兴趣之后，你可以找一个舒服随意的场所，好好和他聊一下。用**适可而止**模式向他们介绍具体的想法和概念。

不要盲目地试图与所有人交谈。要意识到一点：自己不可能有能力或者个人魅力去说服所有人。有人对你不理不睬的时候，试着运用**牵线搭桥**模式，找一个更合适与其沟通并更可能说服他的人。

=========

这个模式建立了和个人的关系以达到深谈变革怎样满足其个人需求的目的。听到对自己有好处的事情，人们更容易从好奇变得感兴趣，甚至热情高涨。

但有些人会把你当作他们走向变革的个人导师，一有问题就立即来找你。这会很占你的时间，也会让你很分心。这时可以尝试**持续公关**模式，沟通一些常用的解决问题的方法和变革的好处。

在某一全球财富 500 强公司的分部，新技术引进部门非常努力地融入每一个开发团队。他们参加开发团队的会议，倾听开发时团队所经历的痛苦，并且尽可能地了解团队的特性。在他们想引进变革的时候，这些和团队互动的经历和所了解的信息对他们设计引进计划有着非常重大的作用。他们寻找合适的时机增加新技术引进的价值，并利用即兴聊天的机会和人们沟通，解释新技术。

在一个组织内，经费和人员削减会导致员工劳累过度，陷入极度繁忙的状态。杰瑞的公司就是这样的。所以，当他引进一个新想法的时候，他的同事有数不清的问题，但毫无例外都提及这个新想法对他们工作量有何影响。他们很想知道他们的工作量会增加（或减少）多少。因为每个人的工作不尽相同，所以杰瑞必须对每个同事的问题有不同的解答。

发现和感悟

这个模式的着眼点还是一样，回答人们关于"这对我有什么好处？"（What's in it for me？WIIFM）这个问题，但是它衍伸的方面可能比我们之前想到的要多得多。正如戴尔·爱莫瑞（Dale Emery）建议的那样，人们可能真正想问的问题是："这对我有什么好处？"你的答复应该让他们知道怎样为变革举措献计献策，做出有益的贡献。其他人不会在意任何形式的细节，他们在意的只是和他们切身相关的问题。这些人所关心的就是如何按时完成他们的本职工作，因此，他们希望知道的信息就是你的新想法可以在这一点上做出保证。

亚当·格兰特（Adam Grant）说，WIIFM 问题的答案不仅针对个人的兴趣，也涵盖了对他人的好处。实用性的定义包括"只要是你觉得有价值的。"研究表明，不同文化的价值观不同。个别美国人的反应不同，他们会被"更大、更好"所吸引。那些有着欧洲背景的人不会被这种吸引力打动，而亚裔美国人则往往会。所有美国人对独立、自主和自由的向往是毫不掩饰的。[9,9]

综合考虑一下其他人想要继续原来的方式的原因，然后用一个合理的论点来解决这些问题。你可能也想了解每个人在变革过程中到底想要保留什么。例如，当一个新上任的老板准备开始在部门内部做一些变革时，她首先询问部门里的每个人，她/他心里有没有希望某一样是可以保留不变的。尽管她无法承诺实现每个人的愿望，通过这种方式，她理解了自己每个员工心目中的敏感因素和热点话题。

搭 顺 风 车

　　我被说服了，吃牛羊肉对健康不利。毫无疑问，我想让家里人开始吃豆制品。与此同时，他们在抗议："没门儿！豆腐那东西软软滑滑的，很恶心。"我可以预见到我的所有关于健康饮食的解释都是徒劳，无济于事。正巧在这个时候，我找到了一个用豆腐做奶酪蛋糕的食谱。在我们小区举办一个团体活动时，在午饭后品尝了朋友苏姗用这个食谱做的奶酪蛋糕，大家都非常喜欢！

　　我受到启发和鼓舞，在下个周末也做了同样的蛋糕，全家人都觉得口味一新。"哇！这个奶酪蛋糕太好吃了！你用了新的食谱？"他们好奇地问。

　　我有些犹豫，是，不是，是，不是，到底怎么回答好呢？最后，我回答："是的，看来我的新食谱很成功！如果你们喜欢，我下次做一个巧克力口味的！"

　　"太好了！巧克力口味的！太谢谢你了，妈妈！"他们兴奋地说。

　　　　在引进新事物的时候，总会遇到一些阻碍，此时可以
　　试着搭搭顺风车，借用公司里已有的方式方法。

◆◆◆

你是一个极其热衷于将新想法引入组织的布道者或者专职负责人。在组织内部，一定能找到一些已有的实践经验与你要引进的新想法相关联。

分析几个不同的新想法引进方法和策略，从中找出最容易实践的。

我们现在普遍要求少投入，高回报。所以，在引进新想法的时候，肯定都发愁去哪里找人、挤出时间和精力做好铺垫，以便顺利引进新想法。

所有组织都有为保持秩序及减少误解而制定的规则。在很多时候，为了引进新想法，我们往往还是需要稍微遵守一些条条框框的规则。同时，新想法和我们的习惯可能存在冲突，这会耗费很多时间和精力，让我们感到身心疲惫。

除了各种各样的规定，组织内部也积累了一些大家都认同的实践经验。想想看，怎么利用这样的实践经验来帮助引进新的想法。如果可以将新想法包装成一个众所周知的实践经验的改良版，就相当于找到了一个引进新想法的捷径。

说来说去，在很多时候，新想法只是另一个帮助大家做好本职工作的方式。把新想法作为一个全新的事物引进，势必会带来兴奋和不安。如果把新想法作为一个已有工作方式的延伸或微调，新想法就很可能在没有太多阻力的情况下，被大家轻松接受。

因此：

一定要学会借用组织内部已受大家认同的实践经验来引进新想法。

要学习利用环境、人员和机会，把新想法作为改善已有的实践经验来引进，可收到事半功倍的效果。

向其他人寻求帮助，他们可能有能力利用现有的有利条件开发出其他方式方法来帮助推进新的想法。向那些了解现状的同事寻求支持和帮助。

在寻找机会介绍新想法的时候，看看有没有机会利用组织内已经规划好的活动。看看有没有可能利用部门会议或者内部的学术会，争取把新想法的介绍列入这些会议的议程。

========

分析尝试怎么运用这个模式来减少引进新想法的阻力。如果可以将新想法和已经在良好运作的事情结合起来，人们会觉得你是经过深思熟虑的，并不是一些鲁莽、轻率的想法，从而很自然减轻了对新想法的顾虑与恐惧。

同时也要注意，你努力帮助大家理解新想法，把它视为现有实践经验的延伸和提高，可能会使他们觉得新想法也没有什么了不起，导致你在接下来的变革过程中持续利用的资源可能受限。这时，要和支持者保持联系，让他们随时跟进了解新想法的实施，继续支持你的工作。

一些成员想在学校引进一个新的科目"艺术软件设计的研究生科目"，打算将艺术教学方式运用到软件设计中。创建新的可颁学位的科目需要繁琐的审批过程，相比之下，认证课程科目的审批就容易很多，只需要系里面审批就可以了。所以，他们先将认证课程科目进行了一年，获得了很大的成功，这个科目成为计算机科学硕士的选修课之一，将其列入选修课也只需要系里面的审批通过即可。那时，创建软件工程硕士学位计划也在紧锣密鼓地进行中。有了之前的成果，支持者有足够的信心向学校建议把两年的美术软件设计类项目作为软件工程硕士学位第二年的选修课。最终，他们提议两年的美术软件设计项目应当独立出来，建立一个独立的可以授予硕士学位的软件艺术或者软件设计工程科目。

安玛丽（Anne-Marie）一直在公司内谈论她的新想法，但好像没有多少人和她有任何共鸣。她需要做一个讲座。老板建议她利用每个月的技术讲座活动和大家分享这个新想法。于是，她唯一需要做的是报名参加这个月的技术讲座活动。负责技术讲座的同事承担了所有的活动推广等工作。她在讲座上的演讲带来意想不到的收获。很多人都听了她的演讲，她也找到不少志同道合的创新者甚至是内部专家，大家有兴趣和意愿帮她进一步推广这个新想法。

发现和感悟

这个模式最初是建议变革负责人要充分利用现有的可能性推动变革，例如，每月举行的技术论坛等；但是现在我们发现它还包含更深的意义，就是要创建任何可以让新事物更易被接受的可能性，例如，依托于另一个有预算或有影响力的项目，借助它的力量。不要只看到那些痛苦的时刻，而要积极地找寻身边运作良好的事物，看看是否可以借势，在此基础上做进一步的努力。

这个模式也适用于语言和词汇。如果告诉大家新的方法只是在现有基础上的微调，并且用常用的术语来介绍你的新想法，那么听众很可能更容易接受你所说的。例如，敏捷软件开发方法的早期布道者常常断言，除非你在做"这 10 件事"，否则你无法做成<方法>。而其他人却发现，当你试图说服大家尝试一些新事物时，这种要么全有要么全无的方法毫无益处。相反，你应该想想如何将你的想法和已经在组织内部运行进行良好的融合。这样，你的变革努力会在不知不觉中顺利推进，对现状也不会有太大的威胁。

我们习惯于立即采用新技术的流行语，并开始在我们和其他人谈话时使用这些语言，以此来影响别人。这样不但无法起到让听众印象深刻的目的，反而常常会吓坏他们，让他们自惭形秽。如果我们使用一些人们熟悉的用语和他们沟通，就可以缩小差距，鼓励其他人看到新事物的好处。如果讨论用试验的方式进行，大家就尝试性地讨论，而不是下很多结论，既然是尝试，大多数听众可能更容易接受。

对许多正在尝试新事物的团队的诱惑是，他们觉得自己会看上去不同于以往。创新的兴奋感往往造成我们更关注自我。因此，你要尽最大的努力去抵制这种情况的发生，有意识地避免对旁边观望的人们造成威胁。吸引其他人加入你的行列的途径，是通过强调彼此之间的相同之处，而不是扩大不同。

在应用这个模式的时候，你所进行的尝试就是要让不熟悉的变得熟悉。我们常常受到自己喜欢的东西吸引，这反映在我们对食物、音乐和艺术等的喜好，事实上，我们生活中的点点滴滴都如此。如果新想法看上去和我们已经了解的某样东西很相似或者接近，至少在开始的时候，最初对新事物的本能抵触会随之减少。[9,9]有的时候，就让人们使用自己的语言去沟通，反而有助于他们更加顺畅地接受变化。

播　种

　　我在做演讲的时候，经常会携带很多关于讲演主题的出版物。这些既可以在演讲中作为推荐读物，也可以在休息时或在演讲后让大家慢慢细读。人们很喜欢看这样的读物。一个参加演讲会的人说："阅读这些书籍，让我很愉快！"

　　带一些资料（种子），一有机会就把它们展示（播种）出来，这样可以激发人们的兴趣。

◆◆◆

　　你是一个极其热衷于将新想法引入组织的布道者或者专职负责人。你有一些关于这个新想法的资料。

　　你想要激发大家对这个新想法产生兴趣。

　　人们喜欢赶时髦，愿意看一些最新的流行资讯，尤其是可以随手得到的信息。在人们处在对新想法做出决定的早期阶段时，很容易受到众多的媒体资料影响，例如文章和书籍等，相信他们从中获得的资讯。

　　互惠原则在任何文化都是成立的。一旦有人给我们一个礼物，我们就觉得有义务做出一些报答。慈善捐款就是依靠互惠原则来筹集捐款的。多年以来，美国退伍老兵残疾人协会只是用一个做工非常精美的信封，回信捐款率只有 18%；但是，当他们开始在信封里放了小礼物以后，回信捐款率翻倍到 35%。一些印有收信人地址的个性化地址标签作为礼物很贴心又不张扬，但是，并不是说这个特定的暖心礼物是捐款率大增的原因，实际上不论捐款人收到的礼物是什么，捐款率总是会提高。是人们收到礼物（任何礼物）的事实，带来了捐款率的飙升。你在开会时带去的书籍和文章看起来不起眼，但拿到文章或借到书籍的人，会受到来自于你和你的想法的积极影响。

因此：

参加聚会的时候，一定要记得带上关于新想法的资料。
把资料放在合适的地方，方便大家随手拿起阅读。

在做讲演和参加会议时，提供给大家一些来自外部的验证资源例如，书籍、报道、和网上的文章都是很好的资讯渠道。把网页上的信息打印下来分发给大家，而不是仅提供一个网页链接，这样能更方便大家看到你想要传递的重要信息。如果你想让大家在网站上阅读一些有趣的信息，最好把网站链接用邮件发给大家，以免他们还得手工敲入网址，这样，大家阅读的可能性就更高一些。把有你名字的资料，无论是作者，还是贡献者，都放在比较明显的地方，这样可以增加你的可信度，提升人气。

如果可能，不要把资料放在桌子上就走。要留在那儿回答大家的问题。这也能确保你的宝贵资料，例如书籍，不会被人顺手牵羊。

如果你将在一个活动中做演讲，一定记得提及这些资料，以引发大家更多的兴趣。这些书籍和文章会吸引大家的注意，你会看到人们在休息时开始谈论你所讲的话题。

在人们向你拿取或借阅资料以及到办公室找你或给你发电子邮件询问更多信息时，一定要运用**个人沟通**模式和**适可而止**模式，让他们了解新想法会使他们受益非凡。如果看到自己的资料被大部分人丢在办公室的角落里，也不要气馁。人们喜欢索取免费资料，但只有很少一部分人真正对资料内容感兴趣并会花时间阅读。不要因此而低估这个模式的能效。尽管"种子"通常只能激发少数人的兴趣，但他们很可能就是关键人物，你信赖的人，例如，他们可能是可以帮助你传播信息的关系网，或早期采用者，或支持专家。

========

这个模式可以大家建立对新想法的认识，可以进一步激发人们的兴趣。人们会被大量的资料吸引，会索取这些资料并提出更多相关的问题。

长途旅行时，携带大量书籍和资料会很不方便。就算是开车，可能也得跑来跑去搬运资料。如果把书籍拿出来展示，可能又会有去无回。一定记得把自己的名字清楚写在所有重要的资料上。

> 阿兰每次讲解对象技术或统一建模语言（UML）的课程时，都会带一些关于模式的书。大家对这些书非常感兴趣。实践经验告诉他，在最后一天才把书拿出来，不然，大家对模式话题的热情会喧宾夺主。通常，之后的提问环节中，大家问的最多的是模式的话题，而不是对象技术或统一建模语言。
>
> 卡尔（Karl）带着他还没有出版的书去讲课，收到了很好的效果。大家感觉这个话题有趣并还在不停演进。同时，大家觉得卡尔有很多这方面的信息，所以纷纷地和他探讨与咨询最新信息。

发现和感悟

这个模式最初是关于在新想法的相关活动中提供并陈列一些书籍和文章。在最初的日子里，书籍非常重要。例如，当你试图说服人们模式所具备的价值时，布道者常常会分享克里斯多夫·亚历山大（Christopher Alexander）的出版物或者"四人组"书籍[9,9]。现在，对大多数人来说，印刷资料已经落伍了，因此播种模式被越来越多的人诠释为一种"苹果佬"（Johnny Appleseed）方法，用以传播新事物的资讯。[9,9]我们更新了附录中的摘要部分来体现这个意义更广泛的方式。

合 适 时 机

在选择面谈时间时，尽量选择这天的最后一个或是倒数第二个面谈的时间，这样可以有更好的机会让面试官记住你。简单来说，想让面试官记住你，选择的面谈时间越晚越好。

在计划活动和寻求帮助时，需要考虑找一个合适的时机。

◆ ◆ ◆

你是一个极其热衷于将新想法引入组织的布道者或者一个专职负责人。

人们在面临紧迫的期限和有太多事情要做的时候，会自然而然地将时间和精力集中于如何在指定期限内完工，而将其他事情抛在脑后。

人们都很忙。但是，人们也总是有忙里偷闲的时候。

你在对一个新想法很兴奋激动的时候，很自然恨不得想立刻告诉所有人。但是，一定要控制住你激动的情绪，如果在不合适的时机将新想法告诉大家，很有可能失去一些潜在的支持者。

当你试图向某人寻求帮助时，时机得当能有更大的胜算。如果人们很忙，他们会觉得你是在添乱。如果在人们时间比较充裕的时候向他们寻求帮助，得到帮助的机会更大一些。

因此：

一定要善于察言观色，尽量避免在人们最忙的时候安排活动和向他们寻求帮助。

什么时候大家不那么繁忙呢？在一个项目刚刚完工的时候，在新年伊始，也可能是在夏天的时候。最好的时机可能因人而异，也会因为公司的不同、团队的不同而不尽相同。适合一个人的，不一定适合另外一个人。无论如何，都应该避免在大部分人都最忙的时候组织活动。

如果可能，单独问一下人们活动安排在什么时候对他们最合适。这会让人们觉得你是真心真意希望他们出席。

对于寻找合适的时机，也不要有太多担忧。你可能花很多时间和精力去寻找，但是对每个人都适用的所谓最佳时间可能根本不存在。你可以试着选择在不同时间组织多次活动,让大家有更多的可能参加。

一旦确定时间，就要立刻公诸于众，并且使用持续公关的手段开展活动宣传。人们，尤其是大忙人，需要提前告知，也需要提醒。如果有条件和机会，单独提醒大家参加活动。

活动结束之后，一定要征求大家的反馈意见。问问参加活动的人对这个活动的满意程度，哪些地方有待提高，包括活动时间是否合适。大家可能会告诉你，他们喜欢这样的活动安排在早上，有些人会告诉你他喜欢活动安排在中午大家一起午餐时，还会有人告诉你，他们倾向于在下班前参加。

不需要在计划活动时总把时间作为首要考虑因素。例如，**学习小组**模式就经常是定期活动，每个人如果有时间和有兴趣，就可以来参加。还有，专家的演讲一定要安排在演讲人方便的时候。

会议和交谈对时间更敏感一些。"机会只给有准备的人"是这个模式很重要的理念。你要耳聪目明，留心观察，发现新想法可以帮助解决的具体问题。在某个新方法有可以即时运用并显现效果的机会时，大家对新想法的接受度会更高一些。

=========

这个模式能帮助你找到更合适的时机来介绍新想法。如果找到合适的时间，大家的参与度会大大增加。

但是，无论怎么努力，总有人不愿意参加在他们看来与其手头上的工作不直接相关的活动。这时可以考虑运用**个人沟通**模式和他们单独聊聊。鼓励他们参加信息丰富的专家推动演讲。

伊恩（Ian）在寻找引进新想法的合适时机时，悉心观察不同的需求。在团队忙着做设计时，不会对测试模式太感兴趣；在大家忙着分析需求时，也不会对配置的管理模式有兴趣。当新想法可以解决大家面临的问题时，就是一个黄金时机，人们都会洗耳恭听你的新想法。

纳尔什（Nilesh）在学期刚开始的时候，组织了第一次关于新想法的研讨会。第二次研讨会安排在这个学期的考试后。两次活动的参与度都很高。并且，大家都表示对这个新想法有兴趣，还纷纷表示要参加下一次活动。但是，第三次研讨会在一个学期的第四个星期，这时，大家都忙着对付越来越多的功课，没有人有时间参加，所以活动被迫取消。

发现和感悟

我们意识到有些时候是介绍新想法的好时机，而有些时刻由于各种各样的限制条件而不适合介绍新想法，诸如临近任务完成时限或者预算紧张的时候。我们也发现这个模式也是一个很好的审视组织的途径，看一看组织内部是否存在一个"合适的时机"。汤姆·迪马可（Tom DeMarco）在他的《滞怠》一书中谈到了组织需要呼吸空间来成长。

如果组织内部完全没有可以放松的时间，那么这个组织不会有机会学习和成长。创新行动需要时间和精力的投入。除了使用**了解自己**模式之外，你也要对自己的组织了如指掌。充分了解组织在最初以及整个变革过程中的情况，以便决定是否还有一定的冗余度来采取一些新的举措。

特 邀 嘉 宾

    我们公司第一次邀请了一位非常有名的学者，我努力把这个一天的活动日程安排得满满的。我想让更多人有机会和这个学者接触。当这个学者说他会在活动的前夕抵达并且愿意和有兴趣的人一起共进晚餐，我简直激动得无以言表。太好了！晚餐！中餐！事实证明这都是难得的交流机会。有了这次成功经历，我总会安排大家和著名学者一起进餐。在非常轻松的环境下沟通和交流，让大家觉得比正式的演讲更有趣，也有吸引力。

> **安排管理层、公司同事与受邀而来做专家推动的嘉宾（大人物）一起交流。**

◆◆◆

    你是一个极其热衷于将新想法引入组织的布道者或者一个专职负责人。一个受邀前来做专家推动的嘉宾在活动期间的休息时间，到达的当天或者活动结束之后，总会有一些空余时间。

> **一定要珍惜名人来访，努力让名人来访的功效得到最大化的发挥。**

如果受邀而来的人可以在做普通集体演讲的同时还可以再参与一些小规模的其他活动，可以产生更大的作用。名人总是有吸引力的，可以帮助推动你的新想法。如果公司的管理层和有影响力的人能安排时间和名人进行单独交流，这样他们可能更容易对你的新想法产生兴趣并变成你的支持者。因此：

　　要好好珍惜在名人讲演之前后和一切可能的空余时间，让团队、个人和领导有机会与演讲者交流。

　　安排午餐、晚餐和其他一些可以与演讲者轻松交谈的机会。你要亲自向相关人士发出邀请，尤其那些对变革举措有过贡献和帮助的人。演讲者可能还愿意和一些还没有完全理解新想法价值的领导单独交谈。这是个获得基层和公司天使支持的好机会。这也是一个保持互动和交流的好机会。

　　如果可能，你可以安排形式不同的活动，针对不同的对象，使大家有足够的机会和名人接触，而不会因为没有受邀参加所有活动而不高兴。例如，晚餐可以人少一些，但午餐可以安排在食堂里，让所有人都有机会参加。也可以安排"提问时间"，让来演讲的名人有机会和团队就一些具体问题展开讨论。

　　注意，不要把演讲者的时间安排得太满。给予演讲者一定的自由度，允许他有机会考虑和拒绝某些安排。有时候，我们设想演讲者希望与大家一起共进午餐和晚餐，但实际上每个人都或多或少需要一些私人空间。如果演讲者愿意在你的公司里花额外的时间和精力，那么请一定要表示诚挚的感谢。

　　不要期待所有受到邀请的人都参加和演讲者一起交流的活动。你给大家安排这个机会的心意比什么都重要。无法参加的人但受到邀请的人，会觉得自己受到了你的重视，这可能已经足够了。

========

　　这个模式让大家有机会和来做专家推动的嘉宾交流。参加活动的人会很享受与名人在一起的时光。这对为变革举措做出过贡献和给予帮助的人来说，是一种奖赏和犒劳；对于还没有接受新想法的领导，是一个难能可贵的公关机会，以争取他们的支持。

　　安排计划一定要妥帖，避免适得其反。如果你需要限定受邀请的人数，人们可能会因为没能受到邀请而不开心。但是，如果你总是尽力安排尽可能多的人参加并给大家公平的机会，人们就不会因为自己未受到某一个活动邀请而迁怒于你，因为他们知道还有机会参加另外一个活动或者是下一次以不同的方式受到邀请。

　　多萝茜（Dorothy）邀请大家和来访的名人一起午餐或参加一个面向所有人的研讨会。并且，研讨会上还宣布了大家可以自由提问的时间。这样，即使人们不能参加，他们也知道机会是面向所有人的。

　　在讲演会之后，迪罗伊（Deloy）经常邀请大家在演讲结束之后，与演讲者一起共进午餐或喝咖啡进行交流。因为演讲会在公司的食堂里举办，地方宽敞，所以每个人都有机会参加。即使那些坐得远一些，无法和演讲者单独交流的人，也很开心有机会听到其他人的轻松交谈。

寻 求 安 慰

我在公司里引进新想法的时候，经常不可避免地犯错，因此常常觉得有些气馁。那个时候，我会看看办公桌前贴着的我最喜欢的电影台词："对于一个人最重要的事情之一，就是保持不怕丢脸的勇气。"这就是对我的真实写照，我不在意错误带来的尴尬，继续引进新想法。我不会放弃，但是我会去找一个可以依靠的肩膀，找一个人帮助我认清事情不像我想象得那么坏，帮助我找到一些正能量。

> 当事情进展不如预期的时候，不要气馁。找机会和其他与你一样正在推进新想法的征程上奋斗的人、境遇相似的人一起交流。

◆◆◆

你是一个极其热衷于将新想法引入组织的布道者或者专职负责人。

> 在引进新想法的时候，很容易受到挫折，进而想到放弃。

人很容易陷入悲观的情绪中，但是，如果是一种适度的悲观，就可能在悲观中产生新动力。和其他与你有相似经历和困难的人一起相互分享和鼓励，也许可以找到让人惊喜的解决方案。团队的能量激发大家的想象力，以应对严峻的局势。研究表明，在某些情况下，团队的支持和帮助尤为重要。即使你可能一直保持着对新想法的热忱，多多少少也会遇到需要有人激励的地方。你需要一种信念，认为自己并不是在孤军作战。这种意念能支撑你前进。

那些很早就开始尝试新事物的人在遇到艰涩难懂的复杂资料时，同样会觉得沮丧。一个比较通用的解决办法是成立一个兴趣组。大家可以在一起，集中集体智慧，思考那些以一己之力难以解决的问题，找到方案。

因此：

一定要和其他也在引进新想法的人或者对新想法感兴趣的人定期聚会。

安排一些非正式的午餐、晚餐或一起喝咖啡聊一聊。找一个工作单位或家庭以外的地方，一个所谓的"第三场所"，一个当地的公共设施，环境轻松融洽，可以使每个人暂时忘掉工作，在放松的氛围中聊天商谈。

如果有足够的经费，可以参加一些学术会，进一步学习新想法的相关理论和实践，并且，参加学术会给你机会遇到和你境况相似的人。

和这些境遇相似的人沟通，大家彼此都有机会付出和受益。大家可以有机会"哭诉"，也有机会"提供一个可以依靠的肩膀"。如果你得到了任何帮助，都要心存感激，记得表达感谢。

如果找不到合适的人，试着运用一下查尔斯·韦尔和詹姆斯·诺贝尔写的**纸板咨询师**模式。他们建议在毫无头绪的时候，试着大声向一个人或是一个物件倾诉自己的详细想法。这会帮助你看清让你陷入迷途的设想和逻辑以及你的结论。信不信由你，他们说这个办法甚至适用于把狗狗作为倾诉对象。

=========

　　这个模式帮助你创造一个机会来讨论和分享在引进新想法过程中获得的成功和遇到的困难。当有相似兴趣和目标的人聚在一起沟通和互动时，一个团体就开始慢慢建立起来。这个团体能在你受到挫折的时候增强你的信心，让你得到一些宝贵的建议和策略。也可以趁此机会扩大你的人际关系网络，认识更多的创新者和人脉。

　　但也要小心，不要让会议变成大家的抱怨会。这只会让大家更加不满和失望，自怨自艾。适度的抱怨和牢骚是好的，但一定要把精力集中于解决大家提出的问题。一旦大家把心里的不满表达出来，你可以利用这时产生的能量和大家的集体智慧，谋求突破困境的方法。

　　休斯敦独立教学区做出一个重大的决定，采用新的电子教学技术。老师们很快意识到对新的教学技术了解太少，他们从四处收集而来的信息不大能解决问题。教师电子社区在这个时候成立了，目的在于帮助老师学习怎么在教室里使用电子教学。这个实践社区让孤军奋战的老师可以相互帮助，分析并记录他们的最佳经验。

　　在南卡州格林维尔，商人每个月都在华尔街议会早餐俱乐部聚会。在最近的一个聚会中，请来的演讲嘉宾（安利公司的创办人之一，理查·狄维士（Rich Devos）提醒所有参会人："你从来都不孤单。在这个聚会里，总有人可以帮助和支持你。"

理查·狄维士（Rich Devos），著作有《信念》《心底的希望》。同时也是 NBA 奥兰多魔术队和奇迹队的老板。他的名言："乐观的态度不是一种奢侈品，它是我们生活的必需。"

发现和感悟

　　在我们最初对这个模式的描述中，我们曾提到只有布道者可能需要一个可以安慰他们并让他们依靠的肩膀，但是事实上在形势严峻的时候，我们所有的人都需要其他人的体恤和安慰。所有变革都不可避免地涉及到损失。你要做好准备，把自己的肩膀借给组织中的有些人靠一靠，安慰和鼓励他们，因为他们正苦苦纠结于新想法给他们造成的损失。

在经济学和决策理论里，损失规避是指人们面对同样的损失和收益时感到损失对情绪影响更大。这就解释了为什么个人在面对损失的时候，往往需要经过长期的艰难挣扎才能从负面情绪中解脱出来，而作为布道者和其他的变革支持者，必须给予理解、同情，并且承认变革所造成的个人损失。

由 衷 感 谢

    我的一个朋友在一个公司工作了将近 30 年之后，被公司解聘了。我在他离开公司后见到他，他说他觉得最伤心的事情是在他离开的时候，没有一个人，甚至他的直属老板都没有和他说他们会想念他或者说他们非常感激他的工作。这让我想起自己被解雇时在公司的最后一天。我记得有好多人来到我的办公室，说得到过我哪些帮助，我怎么影响并且改善了他们的生活，我帮助公司和他们个人都取得了进步。我那时没有觉得被解雇的忧伤，反而有些开心和激动，很庆幸我能有机会在这个公司和这些可爱的同事一起工作，其实他们所做的很简单，只是说了声谢谢，但是这足以让我感动！

    由衷地对帮助过自己的人真诚地说谢谢，以此表达你对他们的感激之情。

◆◆◆

    你是一个极其热衷于将新想法引入组织的布道者或者专职负责人。

    人们经常觉得自己的辛勤工作没有被任何人注意到，或者没有任何人在意他们的辛勤工作。

要大家埋头干活很容易，毕竟大家来上班都是有工资的。但是，一个非常简单的感谢和鼓励，会让大家觉得更开心，觉得自己的贡献是有人认可和感激的。即使没有任何资源提供任何实质性的好处来向自己的支持者表示正式的感谢，你还是可以向他们表达你的谢意，这对他们意义重大。

最近一个对1400名首席财务官的调研表明，一个简单的感谢对保持员工积极性有着很大的作用。在问到除了奖金之外最有效的调动积极性的方法时，有38%的人选择经常性地赞赏员工的努力和成绩是最好的员工激励方法。

但是，在现在这个快节奏的商业社会里，我们总觉得没有时间和资源大规模地感谢大家的努力。并且，也可能没有足够的资金买礼物来谢谢大家，或者在繁忙的日常工作时间表里抽不出时间和大家一起吃饭庆祝取得的成绩。

通常，每个团队成员在项目里都付出了艰苦卓绝的努力，每个人都是英雄。可是我们好像往往都丧失了夸奖和庆祝的能力，忽略了团队成员的付出，英雄得不到应有的褒奖。虽然如此，很多公司的总裁或总执行官被问到"扪心自问，现在你知道哪些是你希望在25年前就已经有人能告诉你的事情？"他们的建议是，时不时地停下来考虑一下自己应该感谢谁，然后花时间向他们当面致谢。[9, 9]

因此：

找到每一个曾经帮助过你的人，非常真诚地向他们表示感谢。

即使是非正式的认可，也可以给人留下印象——一次单独交流、一个电话或者一个电子邮件。一些小的投资可以得到很大的回报——一个卡片、一个早餐面包、一份水果或者一个小礼物。这些都表明你花了时间和精力琢磨他们的喜好。在你有能力的时候，给支持者一些他们会珍惜的东西。这些东西不需要很贵，收到礼物的人自己会发现礼物的价值，把礼物和他们对变革的自发努力联系起来。邀请他们参加嘉宾演讲会也是表达感谢的方式之一，告诉他们正是他们的工作带来了不一样的新局面。

花几分钟时间写一些表达感谢的小纸条。南茜·奥斯汀（Nancy Austin）与汤姆·彼得斯（Tom Peters）的管理经典名著《追求卓越》（*A Passion for Excellence*），提醒我们，致谢小纸条是一个快速的、有积极反应的、便宜并且非常奏效的办法，可以获得友谊，并且扩大对他人的影响力。这就像是"鞋带营销……人们记得你写的表达感谢的小条，当然也记得你，因为这些话语非常珍贵。"

在时机合适的时候，你要在公开场合对取得的成绩表示感谢。哪怕只是一个小小的成果，你也应该对帮助获得成功和做出特殊贡献的人表示感谢。

不要只感谢那些直接帮助过自己的人。也要考虑到那些积极参与你所组织的活动的人，例如，自带午餐活动或者自身经历分享活动。让他们知道你感谢他们花时间来参加。及时的感谢可以让大家对你的致谢印象深刻，日后仍能记忆犹新。

感谢是要因人而异的。经常和大家交流，让他们知道你很感激他们做出的努力。大方地向大家致谢，并让他们感觉到他们的重要性。即使已经过了一段时间，你还是可以告诉他们你对他们做的事情仍旧心存感激。

=========

这个模式帮助你和在变革举措中做出贡献的人们建立更好的关系。真诚的感谢会给大家留下很深的印象，会让你以后更容易得到大家的帮助。这个模式能够鼓舞士气，效果好到完全出乎意料。更重要的是，它也提醒你，你不是孤军奋战，所获得的成绩不是自己一个人的。它帮助你保持谦虚，让那些帮助过你的人感觉到你的慷慨以及对他们的价值的认可。

但是，一旦向大家致谢，你可能也会面临这样一种风险，一些人会生气，觉得自己被忽略了，或者认为你给每个人的感谢程度不一、厚此薄彼。考虑全面一些，尽量做到平等和公平地对待致谢的对象。感谢每一个帮助过你的人，不单单是那些承担了关注度比较高的任务的人。如果真的疏忽或者忘记了某个做过贡献的人，要记得再三道歉，求得他们的谅解。

有一个同事的实际工作经历让我产生灵感而写了这个模式。这个同事在完成一个耗时长且难度高的项目后，没有得到经理的任何感谢，她感觉非常郁闷和受挫。尽管她并不在意自己加班加点的工作，但是，她对经理没有向团队说一句表达感谢的话而伤心。

亚当（Adam）在一个大型卫星通信公司里担任团队负责人。在每一个项目阶段完成后，他会给每个人写一封信表达感谢，并且打印在纸上，送至每个团队人员的老板（这些团队成员都是承包商派来的合同工）。这些感谢信产生了特别好的作用。那些合同工感觉有人善待和感谢自己，觉得很意外，但也很开心，于是，在公司里，至少在这个部门内，公司和合同工之间的屏障被解除。这样的感谢保持一段时间后，会带来很好的效果。

发现和感悟

我们认为把"由衷感谢"作为这个模式的名字更合适。它真的不仅仅是为了表达感谢（这个模式之前的名字），因为表达感谢对我们中的绝大多数人来说只是一个简短的话语，而没有太多深层次的内涵。相反，这个模式真正的价值在于花时间来表达真诚的心意，告诉你要感谢的这个人，你对他的努力充满感激。你希望由衷地他能体会到你的诚恳和对他们的贡献的认可。

我们发现公司可能没有多余的资金用于进行实物奖励，但是给予衷心的感谢不失为一种不花钱而又易行和效果显著的方法。

我们以前总是觉得这个模式为接受感谢的人带来了好处，可是现在我们发现它同样可以使表达感谢的人受益匪浅。研究成果给出了这样的启示：有着一颗感恩的心就能更加快乐，那么，就能活得更健康，赢得职业生涯里更多的成功。研究表明，懂得感恩的人有着更充沛的精力，也更加乐观，往往很少受到生活中的挫折困扰，面对压力的适应力更强，比其他人更能抵抗抑郁的情绪。懂得感恩的人也更有同情心，更愿意去帮助别人，很少屈从于物质，对生活的满意度更高。对这个世界上很多对生活充满困惑和不满的无病呻吟的人来说，这个模式无异于一剂简单易行的良药。[9,9]

日本国立生理科学研究所的研究人员发现，赞扬对于大脑皮层的激活区域，与一个人获得意外之财时大脑皮层收到刺激的区域非常相似。马里兹调研公司（Maritz Research）在最近一次针对圣路易斯一家公司员工进行的问卷调查中印证了向员工表达真挚感谢的重要性。这次问卷调查发现，在从来没有收到自己直属经理一句"谢谢"的员工中，有81%的人说他们很可能会辞职。相反，常常在工作场合里获得赞赏和认可的员工，只有 25%的人表示他们可能会考虑离职。亚当·格兰特（Adam Grant）和弗朗西斯卡·基诺（Francesca Gino）的研究表明，致谢不仅仅是一种互惠行为，即，接受感谢的人会更乐意帮助表达感谢的人，它进一步从总体上促进了主观上愿意帮助他人的亲社会行为。换句话说，表达诚挚的谢意不仅可以鼓励员工帮助你，也能鼓励他们主动为他人提供帮助。赞美你的家人，你的朋友和同事，赞美所有你能赞美的人。赞美对人们大脑的益处就如同冰冷的没有情感的金钱给人们带来的刺激一样强烈。[9,9]

马克·古斯腾（Mark Goulston），在他的《真正的影响》（*Real Influence*）中描述了"'谢谢你'的力量"。

1. 对于人们做出的超出其本职范畴的贡献，要表达赞美和感谢。例如："乔，谢谢你在三天的长周末里加班加点工作，把我们的演讲平台做得这么完美。"

2. 认可人们做出的努力和个人牺牲。例如："我知道你的家人对你是多么重要，为了做这个案子，你不得不牺牲了你和女儿们团聚的时间，全身心地扑在工作上，毫无怨言。

你的奉献精神鼓舞了团队中的其他成员，激励他们做出了非常棒的演讲材料。"

3. 描述业务受到的影响。例如："因为你的努力，我们的客户对我们的会议非常满意，我想他们应该很快就会签署合同。"

当面表达赞美很有效，但是当你和其他人而非当事人说起这些（很快能传到当事人耳朵里，或者你知道这些赞美之词会很快传到你想要施以影响的人），这样的赞美和致谢会变得更有效，力量更强大，以下就是一个很好的例子。

> 史密斯博士最近进行了一次关于某种药物效力的演讲。简（Jane）是这种药品的销售代表，她参加了这场演讲会，并且深受感动。她走到史密斯博士身边，详细地告诉他，她是多么喜欢这场演讲会（不是简单地说"哦，讲得太好了"）。史密斯博士非常感谢她的反馈。过了一会儿，史密斯博士的一个同事走到简身边，她热情地告诉那个同事她真的很喜欢这个演讲，并且再次详细地诉说了她觉得精彩的和可取的地方。史密斯博士恰巧听到了他们的谈话。那周的后半周，当简打电话给史密斯博士时，他告诉简，他非常感谢她在演讲会后给出的评价，而且当他无意中听到简向他的同事赞美他的演讲并给予的评价时，他觉得更开心，认为比当面赞美更有意义。这并不是说他不相信简和他当面说的话，同样的话当面说或者听到她和其他人说，触及内心的感受是不同的。

这个模式真正令人惊讶的部分是它相当有效。看起来虽然有些老套和夸张，但这确实是我们听到很多用户告诉我们的，就像下面这个故事：

> 我想分享一个我自己的故事。在我工作过的一家公司里，有一个"内部服务台"。大家对于这个平台提供的功能都很沮丧，可能是因为工作人员没有足够的时间来解决所有报告的问题。如果一个人反应问题特别尖锐，或者发邮件的时候把很多经理抄送上，那么工作人员往往就会花大部分精力去关注和解决这些案子。等上几周时间很正常，

服务质量也很差，很多时候没有人能告诉你什么时候他们可以解决问题。可是突然之间，不知道是什么原因，在我提出了我的问题请求之后，在合理的时间内我收到了回复：他们告诉我他们正在处理中，大约一个小时后我收到确认消息，我的问题已经得到了解决。

我真心感谢这种快速处理和对于问题的及时状态更新，我发送了一封感谢邮件给内部服务台，同时也抄送给他们的老板。奇迹，绝对是奇迹！从那以后，每当我发送了一个请求，我很快就能得到回复并且能获得帮助很快地解决问题。每次我都会发送一个"谢谢"快速响应和支持的邮件给他们，哪怕他们做的这一切都是他们应该做的。这种状态持续了很久，以至于后来我部门里的同事们，在每次他们有问题需要内部服务台帮助的时候，都会找我帮忙。"为什么你总能很快得到帮助呢？""迈克，请求你，你能帮我发一个邮件给内部服务台，让他们帮忙解决一下我的问题吗？"现在，我算是完全理解了为什么这个故事会有这样的结局。

再一次，我要感谢你让我体会到赞美的力量。

致敬！

迈克尔·尼尔森（Michael Nilsson）

最后，我们来看一下接受感谢的问题。我们常常对表示感谢的人反应平淡，说："哦，其实这没什么。"表达感谢的人会觉得深受打击。这里有几个小小的建议。

- 把认可和赞美当做来自向你表达感谢的人礼物的。
- 当人们对你表示认可时，请注意你的反应。要学会说"谢谢"。
- 如果你正在忙于别的事情，无暇顾及别人的感谢，可以在忙完之后去找到那个表达感谢的人，接受他的感谢，告诉他你正在努力工作试图做得更好，并说："谢谢你之前特地来和我说谢谢。"

你可以通过一种友好的沟通方式帮助别人形成坦然接受感激的能力，例如："不要觉得不知所措。我只是想告诉你我是多么感谢你所做出的努力。"

小 有 成 绩

就像《瓶中闪电》的作者大卫·鲍姆所推荐的："人们的潜意识是可以控制的，总谈自己想做的而非自己不想做的，潜意识就会无形中发生改变。因此，把精力集中于积极因素，很自然可以培养出积极成功的心态。"[1]

不要被面前的困难和组织内部不得不处理的数不胜数的事情吓倒，记得庆祝成功，哪怕是看似微不足道的小成绩。

◆◆◆

你是一个极其热衷于将新想法引入组织的布道者。你已经运用了一些模式，有些很有成效，有些还需提高。

每个组织内的变革都有自己特有的一个好坏兼容的历程。变革是一个困难的事情。

---

[1] Baum, D., *Lighting in a Bottle: Proven Lessons for Leading Change*, Dearborn, 2000.

我们经常把精力集中于我们的终点和结果，常常忽略体会和欣赏整个旅程。成功完成一个任务时，我们经常忘记对自己所取得的成就进行肯定，甚至还可能低估我们的收获。我们总自然而然地牢记一路的艰辛，而忘记赞赏自己所取得的成绩。我们总盯住每一个还需要完成的事情，而忘记我们一路上值得庆祝的小收获。我们总是忙于应对无数的待办事项，一个任务完成了，又马上开始想着下一个。我们一直这样，长此以往可能会丧失信心，也可能被工作压垮。

在很多时候，我们每一双眼睛都盯着"重大成就"——那些代表成功的大事情。我们花太多精力去找寻所谓的处理事情的灵丹妙药，而忘记我们的点滴努力和进步能引领我们达到最终的目标。因此，大部分工作都无法提供机会，让大家成为一个令人瞩目的成功人士。庆祝活动往往是为重大的成功而准备的，只有很少一部分人会在这样的活动上受到表彰。

但是软件大师和作家卢克·霍曼（Luke Hohmann）提醒我们："达到任何一个目标都应该是一个让我们体会和欣赏自己辛苦工作的机会，这是我们勤奋工作的结果！更重要的是，达到一个目标会使我们有信心和勇气继续努力，形成一个目标设定和目标达成的良性循环！"[9,9]

大规模的改变通常是耗时耗力的大工程，所以，一定要记得设立一些短期目标，争取一点一滴的成绩。早期的一些成功经验，不论多么小的成绩，都可以帮助提高自信心，让你坚信未来可以取得更大的成绩。这样的信念可以形成强大的心理动机，足以应对大规模的长期改变。

因此：

> 在按部就班进行的过程中，不要忘记留一些时间对获得的成绩加以认可，并且举行庆祝，尤其是看上去不值一提的小成绩，你不可以忽视。

不需要安排很大的庆祝会。可以给大家买一个蛋糕，或者只是和每个人快乐地击掌，告诉大家"我们真行！"这些都是不错的主意。

一定记得不要忘记任何一个为这个成绩做过贡献的人。如果是你个人取得的小成绩，不好意思和其他人分享，给自己一些鼓励和表扬也是非常重要的。

成功可以是各种各样的。要用心体会，认真观察。例如，在周末将至的时候，问问自己你和团队这个星期学到了什么，有哪些的收获。这样一个简单的回顾有助于促进你在持续的、目标明确的变革征途上走得更远。

把目光更多地放在收获上，不要纠结于损失和不尽人意的地方。即使事实不能如你所愿，也可以换位思考，庆祝一下自己很幸运，自己不希望发生的事情真的没有发生。

花些时间进行回顾和反思，珍惜每一点一滴的成绩，将其视为可以让自己有更大收获的机会。无论成绩大小，你都要引以为豪，并把这些成绩呈现给大家。是这些成绩，让你可以做得更好，做得更大，更有收获。现在的收获使你有机会构建更好的蓝图。

运用**持续公关**给大家提供项目进展的更新汇报。成功在望会使大家备受鼓舞。

=========

这个模式可以让你真切地体会到每一个小成绩都让你又向目标迈进了一步。即使还有许多工作要做，对已有成绩的认可和庆祝，可以使大家感受到正能量。这让大家很有成就感，从而自然而然地受到激励而更加努力。

有时候，你的成绩可能会让一些人嫉妒，对你的成绩愤愤不满。同时，也可能有人将庆祝理解为成功将至。因此，不论是支持者还是反对者，你都要和他们保持联系与沟通，让他们对进展的情况有一个正确的理解。你可以帮助他们认识到小成绩是解决大问题的基石，你需要他们持续支持来取得最终的成功。

从 1961 年开始，和平公司的志愿者就开始推进一些目标宏伟的项目，但常常因为困难重重而沮丧不已。尽管不是事事如意，但成功的变革引进者还是会百折不挠,并且重视每一个哪怕是微不足道的成绩,会为这些成绩庆祝。一个小的成绩可能意义重大,因为它可以鼓励志愿者和团队成员勇于尝试新的项目。有了一些成绩之后,志愿者可以有机会让大家倾听他的建议,而不再认为这个项目与他无关,更不会认为他的想法荒诞可笑。同时,也有一些志愿者在完成项目之后,觉得碌碌无为。在很大的程度上,花时间回顾和赞扬已经取得的小成绩是关键。

约翰在公司里是一个新的研发中心的领导。刚开始的时候,他们的工作多得让人应接不暇。如果没有每周例会上大家一起创建的工作清单,大家一定会觉得毫无头绪。在每次周会上,大家一起查看工作清单。一旦完成清单上大的工作或者从清单上划掉小的任务,大家都会一起为之而欢呼。

成 功 在 望

　　既看不到也触不到，但是可以激发人类强烈的反应。人们可以因此而产生热爱或者厌恶的情绪。它就是最微妙并且最主观的感觉——嗅觉。

　　一旦你的辛勤付出产生了一些有目共睹的成绩，那些对新想法不感兴趣的人就会对你刮目相看，并且和你探讨一些问题。一定要把握这个机会，向大家多多讲授和宣传。

◆◆◆

　　你是一个极其热衷于将新想法引入组织的布道者或者专职负责人。你的努力工作已经有了一些成绩。

　　在有了一定成绩之后，就会有一些人开始对你的新想法感兴趣，开始提出一些比较具体的问题。

　　有些人，特别是那些早期多数者和对你的新想法持怀疑态度的人，在看到一些成绩之后，才会对新想法产生兴趣。创新者都热衷于追求最新、最时尚的潮流，和他们不同的是，大多数人要等到早期浮现出来的问题已经得到解决并且有证据表明新想法已经初见成效的时候，才会开始向新想法靠拢。其他人的成功经验就是有力的证据之一。当那些还没有接纳新想法的人们嗅到了成功的气息，很可能就可以打开他们的心门，他们会兴致勃勃地找你询问关于新想法的具体信息。

因此：

> 一旦人们开始谈及新事物带来的一些成绩，并且向你提问，有兴趣做进一步了解的时候，你一定要把握机会，好好回答他们提出的问题，并进行详细讲解。

考虑一下怎么运用**适可而止**模式和**个人沟通**模式，将新想法的好处和个人的需求结合起来，激发大家的兴趣。在合适的时机，运用**寻求帮助**模式——让感兴趣的人试着完成一个小任务。对，这是一个对话策略"是的，这是一个蛮困难的问题，你愿意试着解决一下吗？"

同时，注意让大家不要有不切合实际的过高期望，他们可能在寻找万能钥匙。实事求是地给大家讲解，让他们清楚地知道目前的成绩和需要完成的事情。

通过大家的询问，你可以掌握一些信息。即使已经初见成效，对新想法也更有信心，还是要敞开心扉，倾听大家的意见和想法。

=========

这个模式可以为你创造机会，用当下的成功来取得更大的成功。这可以吸引大家开始关注新事物，你可以有机会向大家澄清他们的顾虑并回答他们的问题，鼓励他们成为新事物的支持者。

成功一步步靠近的感觉也会同样感染到受到新事物负面影响的人。如果他们正在寻找一些方法来消除这些负面影响，那么你要悉心倾听他们的讲述，运用**无畏**模式寻找一些方案以达到双赢。

在我们沉浸于项目按时完成和广受用户好评的时候，另外一个团队的人表达了她对你们项目所运用的技术的一些顾虑。她看上去很有兴趣了解我们项目中所使用的不同于"常规"方式的技术，正是这个技术帮助我们这个经验欠缺的团队能够高效运作并且获得成功。这是一个天赐良机，好好利用这个机会解释，让她对我们的新技术有更好的了解。

　　我的模式工作吸引了一个在模式领域很有名气、也很受尊重的学者。他自愿为我提供帮助，到我所在的公司做了一个演讲，大家对他佩服得五体投地。很快，大家对模式这个概念兴趣倍增。于是我安排一些机会，和每一个感兴趣的人一起吃中饭或喝咖啡，一起慢慢聊他们关心的问题。

保 持 联 系

每个人都被日常工作压得喘不过气来。我们要意识到，如果不花时间找机会到同事的办公室聊聊，或和他们一起吃个午餐，就会与公司里最重要的组成部分失去联系——人。

在争取到关键人士的帮助之后，千万不要忘记他们，同时也要确认他们不会忘记你。

◆ ◆ ◆

你是一个极其热衷于将新想法引入组织的布道者或者专职负责人。在你的不懈努力下，成功激发了好几个关键人物对这个新想法的兴趣。

那些对你非常重要的支持者有很多事情要考虑，可能会忘记你的新想法。

任何新想法都需要领导和关键人物持续不断的关注和支持，随着时间的推移，他们的支持可能会慢慢减弱甚至消失。每天都有一些重要事情在进行，关键的决策需要做决断，如果你不持续提醒人们关注新想法，你之前传递的信息就会被大家遗忘。

想方设法让信息保持畅通是非常重要的。确保每个领导和关键支持者都充分了解你的变革举措，以免他们因为缺乏足够的信息而感到尴尬和受挫。在信息畅通上所做的任何努力，都会使你最终受益匪浅。

人们决定接纳一个新事物，并不代表他们的决定是一成不变的。人们在决定之后，还会不停地寻找一些事实来反复确认决定的正确性。人们总会有新的问题，如果问题没有得到解答，可能会放弃决定，退回到原来的方式。

因此：

一定要与自己的关键支持者保持联系。

花一些时间和精力与一些人保持定期沟通和交流，例如新事物的早期接纳者、基层支持、支持专家以及公司天使。你也很忙，在你的日历里预设好"保持沟通"的安排会是一种有效的方法。这样的沟通可以是任何形式的，一个短会、一次午餐、一起喝个咖啡或者有空的时候顺便到同事办公室里聊一聊。利用这样的机会，把实时的信息轻松及时地提供给大家。运用**外部验证**模式让大家及时了解外界动态。如果支持者对以专家推动活动嘉宾出现的大人物有兴趣，可以做一下安排，让支持者作为特邀嘉宾与专家近距离沟通和互动。

一定要尽力和一些关键支持者建立良好的合作关系，持续地通过不经意的方式让大家了解最新的情况，哪怕只是一些小小的进展。同时也要注意，不要太刻意，大家可能会失去耐心而不想知道那么多新的信息。千万别让大家觉得有负担，不然，他们一看到你就觉得很烦。恰如其分的信息量和沟通方式并不容易把握。每个人对信息量的多少和信息来源，要求是不同的。可以问问大家希望多长时间收一次正式的情况报告，然后在机会合适的时候给大家做一些非正式的信息汇报。

哪怕你目前不需要管理团队的介入，也千万不可忽略与他们保持交流和沟通。有些人误认为只有在需要管理团队支持的时候才应该向管理团队汇报。这样会使管理团队误解，认为只要你找他们，就一定是有所求。

如果觉得用正式的方式保持沟通更合适，你可以定期发布记录了具体活动情况的状态报告。一定要让大家觉得你在取得进展，报告上要包括你取得的所有成绩，哪怕是小成绩。同时，也要写下自己关心和顾虑的问题，这样经理或基层支持了解了相关信息之后就知道他们需要对你伸出援手。

========

这个模式可以帮助你与自己的关键支持者建立良好而稳定的关系。过些时间，可以将这种支持关系扩展成自己的关系网。

但是保持沟通需要投入时间和精力。能做到人与人之间直接的交际沟通最好，但利用**持续公关**模式也能起到很好的帮助作用。如果直接找到上层的领导有困难，可以让你的关系网或基层支持帮忙。

艾米运用这个模式有很好的条件。在公司内部，每个人都有一个8英尺见方的办公区域，副总裁就坐在她的附近。当然，他的地方比较大，占地约两个正常办公区域，有一张小的会议桌，并且，他的秘书也在这个区域内办公。他就坐在离艾米团队很近的转角。艾米每天早上来公司时，常常可以看到副总裁已经坐在那儿，当他抬起头来，艾米有时会触及他的目光，向他致意："早上好！"他经常都会问艾米关于她的那个新想法的引进情况。艾米往往就趁此机会给他讲一讲最近的进展，让他对这个新想法记得更清楚。

布拉德利（Bradley）是一个大型国际学术会的主席。他的组委会由来自12个国家的成员组成。在会议期间，布拉德利经常随机地和每个成员打电话，了解一下他的近况。一天，电话线的另一端是一个正在抓狂的组委会成员，她刚刚发现自己工作中有一个重大错误而不知如何是好，她很惊讶布拉德利正好在这个时候给她打了电话。布拉德利安慰她，并提出了一些他可以帮助她挽回局面的建议。他们两个人都对那天的电话感到很庆幸，保持沟通和联系真的是多么重要啊。

发现和感悟

　　我们认识到这个模式相当重要。新想法需要保持可见度和活力，让人们想忘都忘不了，是贯穿整个变革举措的一项长期、持续的努力。我们非常赞同戴安娜·拉森（Diana Larsen，《敏捷回顾》一书的合著者）的说法："实施变革的时候，沟通和交流永远不嫌多。"不要躺在功劳簿上吃老本，想象着你的支持者一直都在自己左右。

学 习 小 组

约书亚·科瑞夫斯基（Joshua Kerievsky）是一个很有名的敏捷教练，他在他的《重构与模式》中提到"课堂上学生学习的目的大多只是寻找信息，而学习小组的参与者的目的是寻求转型，他们不但要理解所学的东西，还想把学到的东西运用到他们的日常生活工作中。学习小组，其实是作为一个桥梁，帮助人们从被动学习转为主动学习。"[①]

把有共同兴趣的同事召集起来形成小组，让大家有机会一起探索，持续学习和进步。

◆ ◆ ◆

你和周围的同事对学习新想法都有兴趣。你们找到了很多关于这个新想法的书籍和资料。

你们很有可能没有经费报名参加关于这个想法的正式培训。

[①] Kerievsky, J., "A Learning Guide To Design Patterns," *http://www.industriallogic.com/papers/learning.html*.

软件大师杰拉尔德·温伯格（Gerald Weinberg）把课堂培训称为"在没有经过老师和学生的大脑思考的情况下，把笔记从老师的讲义里搬到学生的笔记本上。"这种紧张集中的学习就像从消防高压水龙中喝水一样，绝对不是最好的学习环境和方式。尤其对于成人教育，因为成人都希望有机会思考一下自己所听到的信息，再进一步思考可以怎样运用到日常的工作和学习中去。

当你自己读过一本书后，你从书里所学到的内容大多局限于自己个人的经验和思考。当你和一个小组里的人一同读书的时候，每个人的背景和经历都不同，自然可以从中获益。比较正式的独立自学都有自己一定的弊端。学生通常使用一些几乎没有交互性的、完全依赖于科学技术的方式，例如，录像或远程教育课程。由此，学生通常自学来理解资料上的内容，而没有机会和他人讨论或及时澄清疑问。

研究表明，给一小组人员提供单纯的讲解或课堂培训对人们思维方式的改变几乎不起任何作用。但是，讨论小组、角色扮演或者其他视觉形式更有说服力。在一个研究试验中，研究人员将一个新的方式介绍给两组受试者。其中一组受试者先听了一个关于这个新方式优点介绍的讲演。另外一组经历了一系列的内部讨论和集体决策的过程。第一组培训演讲试验对行为结果造成的变化很小或者完全没有，而第二组运用辅助决策方式进行的试验，有 60%到 100%的人开始运用新的方式。

制度性学习依赖于培养学生的"结对组群"的能力，也就是说让大家有机会在不同的集群之间来回走动，有效促进一种社会化的学习和知识传播机制。由各种各样不同的人组成的不同团队必须经历并且获取一些培训经验，这是一种教学相长的互动体验。

因此：

在同事中组建一些小组，每个小组都是由对某个话题有共同兴趣的同事组成的。为了有更好的交流和学习效果，每组最好不超过 8 个人。

在每一次大家定期聚会时，一块学习讨论一本书中的一个章节或者是一个已经清晰定义好的一个话题。让每一个参与者清楚意识到必须在讨论前有所准备。每次聚会时，可以指定某个参与者作为主持人，引导大家学习相关资料。主持人这个职责最好在小组里由大家轮流担当。

如果条件允许，可以让公司出资购买一些你的学习资料，例如书或文献资料。如果绝大多数人都在中午有空，那么可以利用这个时间举行午餐会议。如果没有经费给大家提供餐食，让大家自带午餐，一起聚会也不错。

琳达和其他作者合写过企业中学习小组的成功案例。这篇文章发表在贝尔实验室的技术刊物上，琳达的网站（*http://www.lindarising.org*）也提供下载。此外，约书亚也提供了关于这种有效的学习活动的一些有用的信息来源，可以从*http://www.industriallogic.com/ papers/khdraft.pdf*查阅并下载："知识消防栓：学习小组的模式语言"。

=========

这个模式可以帮助个人创建一个以合理的节奏探索趣味话题的机会。这样的机会给学习小组的成员带来更真实的学习体验，可以帮助他们将探索的精力集中在他们选定的话题上。**学习小组**模式使大家可以在一起可以及时、方便地安排学习，自我掌控学习途径，做学习的主人。这可以让大家在最少投资的情况下得到最大的收益。就算公司愿意出资提供小组里 8 个学员的午餐和人手一本资料书，为期 3 个月的学习在每个学员身上投资不到 200 美元。其他正式的培训每个人至少要花费 800～2000 美元。

但是，学习小组的自由学习探索过程并不适用于所有形式的学习。技术上的问题，例如，学习一种编程语言，当学习者遇到问题的时候，可能还是需要邀请专家亲临指导。并且，这种学习方式并不一定适合所有人。尤其是，当有人不喜欢和其他人有太多的互动交流，还有的人只想索取而不愿意贡献，这样的话，探索学习方式就无法贯彻落实。学习小组只是众多学习方式的其中之一，可以作为组织中教学策略的一个部分。

几年前，陶德（Todd）意识到公司里对 XML 的知识和理解亟待提高。公司的业务是系统集成，所以缺乏 XML 知识将是一个致命的缺憾。公司里没有拥有相关知识的专家，所以，员工成立一个学习小组来谋求在这个领域取得自我提高。最初的时候，他们把在学习小组里学到的知识整合成一个初级的内部培训课程，帮助那些对 XML 一无所知的同事入门。现在，他们在 XML 方面有了重大的突破，他们现在自己开发了一系列内部课程，还应邀到外面去做培训。

一所四年制大学及其附近的一家社区学院计划在他们的机构内更多地引入"服务型学习"的方式，这个方式能将理论的学习和社区中的实践运用结合在一起，校方需要知道怎样用这个新方式来更好地帮助学生。于是，校方将对这个方式感兴趣的老师聚集起来，自发组织成立了一个 12 个人的学习小组。校方给学习小组的老师购买了相关的书籍和读物，老师们每两人结对，每次由一对老师负责在每两周一次的组会上领导整个小组一起讨论学习书中的内容。每个参与学习小组的老师都掌握了如何将这个新的教学方式合理运用到课堂教学中的技巧。并且，他们也做足准备将这个方法推广给其他的老师。

持续的动力

我们可以把引进新方法比作种树：如果没有水、阳光和营养，小树苗就不可能存活下去。小树苗存活，并且能够茁壮成长，离不开长期的耐心培育。但是有些时候，我们却忘记了这些长期的支持因素对所有像小树苗这样有生命的事物其实都相当重要。

要采取积极主动的态度，维持组织成员对新想法的持续关注和兴趣。

◆ ◆ ◆

你是一名专职负责人。你在组织中引进新想法，现在已经初有起色。

我们面前总有太多需要做的事，导致我们有时会自然而然地把引入新想法的任务搁置在一边。这样可能造成你和其他人慢慢丧失对新想法的兴趣。

保持兴趣看似简单，但其实有很多工作要做。在热情高涨的时候着手开展引进新想法的工作，这是比较容易做到的，但是接下来没完没了的工作会让你对新想法的引进感到倦怠。但是如果没有持续的积极主动的努力，任何新想法最终都会枯萎夭折。如果不加强和巩固新想法可以带来的好处，你可能会面临大家对新想法的兴趣和热情消退的局面，尤其在大家忙于应付其他事情的时候，这种情况特别容易发生。你不能掉以轻心。你可能已经多次讲过新想法的好处，但还得继续推销并且提供各种帮助。这样的努力从没有真正结束的时候，因为总会有新人加入，也会有新的管理层参与进来，所以积极主动的工作一定要持续坚持下去。

在新想法带来的成绩已经有目共睹的时候，很容易出现的一个现象就是人们躺在功劳簿上，在一段时间内停滞不前。但是，就算新想法被大家接受并且也已经运用，人们也需要不时验证自己的决定是否正确，是否经得起时间的考验，是继续使用还是到了应该停止的时候。你需要持续不断地邀请大家参与，分享信息，因为人们希望得到持续不断必定达成目标的保证。

在任何变革举措的实施过程中，一定要保持自己高涨的士气。牛顿第三定律就是真理："任何物体在没有外力的情况下都是静止的。"一旦原来的动力没有了，再重新推动所有的事情，就会很困难。所以，作为负责人，一定要保持动力持续推动新想法的引进和实施。

因此：

> 要采取积极主动的态度，维持组织成员对新想法的持续关注和兴趣。每天采取和实施一些小行动，无论这些事情看起来多么渺小，都可以帮助你逐步迈向目标。

以下是一些有助于信息流通的活动建议。

- 保持你的信息中心活跃和受人关注。
- 在每一个可能的机会，都要运用**个人沟通**模式和他们交流新想法。
- 经常安排自带午餐和自身经历分享会这样的活动。
- 邀请权威人士作为演讲嘉宾，吸引更多人的好奇心和兴趣。
- 组建一个学习小组，让大家有机会一起学习进步。
- 利用一些已计划好的活动搭搭顺风车。

- 了解外界最新动态，并在组织内部分享。

- 参加学术会，学习新事物，并和其他人建立人际关系网。运用**外部验证**模式和**保持联系**模式，和大家一起分享相关资讯。

- 不断更新自己的知识。不断学习也是变革努力很重要的组成部分。阅读资料并把有帮助的信息推广给大家，这正是运用**播种**模式的机会。

- 花些时间进行回顾和反思，总结经验和教训，持续进步。

- 对大家的努力表示感谢，让大家感觉到自己持续的支持是有人赞赏的。

就算遇到一些坎坷，也要保持动力。经历过大风大浪的人是可以做一番大事业的，但是，禁不住风雨的人，通常总是以失败告终。在困境中，记得寻求安慰，以此来减轻内心的压力，提高正能量。

========

这个模式可以创建一种持久的变革的动力，它能使新想法在人们心中长存，帮助大家进一步认可他们的决定是正确的。当变革举措成为一个具有生命力的成长中的个体时，哪怕组织成员都忙于工作而一时无法利用新想法，也会把新想法视为一个充满勃勃生机的、不断与时俱进的好事情。

可是，在任何一个项目中保持持续稳定的动力这样的想法与现实情况是格格不入的。人们的天性是习惯于进行周期性的工作。在完成项目的一个重大任务之后，我们喜欢换个事情做一段时间。但是，脱离项目的时间越长，重新回到原来的项目就越困难，因为，我们已经慢慢丧失了对项目的激情。长期来看，我们通常发现，比起定期做一些事情，哪怕只是些小事，偶然发生的一些大任务的冲击会让人觉得更有压力同时也不那么有效。来回反复比简单保持一定的惯性更有压力，同时效果也不那么好。

卡尔（Carl）从来没有意识到引进模式的概念居然和打理花园差不多。你不能简单地把种子扔在地里，然后说"你就好好长吧。"不行，你还要浇水，施肥，铲除杂草。在组织了几个自带午聚的演讲会之后，卡尔意识到了这一点。当越来越多的人来找卡尔问一个或另一个设计模式时，卡尔意识到他现在成为了正式的模式推进者，这个责任落在他身上，他要确保自己时时刻刻考虑到关于推进模式的事情。过了一段时间，模式推进的事情自然变成他的工作内容，他可以正式宣布："我是负责模式所有有关事情的人。"

* David Whyte，英国诗人，在越战期间从事和平运动。1982 年在法国南部建立梅村禅修道场。

诗人大卫·怀特*曾经说过："我决定做两件事情。第一，我每天至少要做一件可以帮助我成长为诗人的事情。我计算了一下，无论每天迈出的一步有多小，一年以后，这都是我走向理想生活的 365 个行动。尽管每天只有一件事，但随着时间的推移，可以成为一个巨大的积累。一天做好一件事情是十分有效的促进剂。有时，一件事情可以是写一些诗，或者，熟记我刚刚读到的并且吸引我的几行诗句，或者，给一个组织写封信，告诉他们我有时间参加他们的一些阅读或演讲活动。有时，一件事情可以是给有影响力的人打个电话，让他们知道我可以做哪些事情。有时，一件事情可以是自己在心中为新的会谈打好腹稿，做好准备。很快，我就感觉到自己已经进入状态，可以随时面对和其他人的会谈。经过最初几个星期的努力，事情开始显现出水到渠成的效果。我已经听到和看到越来越多让我更有信心的迹象。" ①

发现和感悟

最初，这个模式是包含在"继续下去"中的，但是现在我们意识

---

① Whyte, D., *The Heart Aroused. Poetry and the Preservtion of the Soul in Corporate America*, Currency Doubleday, 1994.

到成功的变革领导者会从一开始就保持着高昂的动力去发起变革举措。不断循序渐进地成长和学习，贯穿着你和你的团队的变革征程。

在任何征程的开始阶段，人们自然而然会有一种兴奋度，热切地投身其中。可惜，当最初的新鲜感过去了，人们开始感到无聊和厌烦，很多项目往往就这样失去了凝聚力和动力。在感觉乏味的时候，一种"必须完成"的坚定的心态有助于保持前进的动力和势头。与其把遇到的障碍作为退出的理由，不如迎头而上，更加努力地去攻克它，把困难当做你前进的动力，战胜它就是最好的褒奖。[8,8,8]

在保持长久的动力中，你真正要认识到的是工作永无止境。你必须坚定地继续走下去。永远不要抱有这样的幻想：你一旦完成了一件事情，你就可以松懈并且停下来。

量 身 定 制

　　我一直纠结于怎样才能让部门经理汤姆明白我的新想法有哪些好处。直到我提及新想法可以作为组织内部知识管理的工具时，汤姆终于听懂了，并认同了我的新想法对组织的价值。

　　　　在说服人们相信新想法可以带来的好处时，结合组织
　　的需求，量身定制你想要传递的信息以便更好地起到说服
　　的作用。

◆◆◆

　　你是一个引进新想法的专职负责人，你和大家用个人沟通的形式保持交流和互动，告诉大家新想法可以为不同的人带来哪些好处。

　　　　有趣的想法很容易引起人们的兴趣。但是，想在整个
　　组织内部造成影响，仅仅有趣是不够的。

　　新事物好，并不是因为新事物很酷或者很时髦，而是因为新事物可以带来好处。新想法对组织的好处通常不是那么显而易见，因为从来不会在一夜之间就可以看到变革的结果。但是，当管理团队和早期接纳者关注新想法时，他们所注重的是新想法给组织带来的好处。

决策者总是更愿意引进一些可以带来明显好处，但又不至于与现行实践有太大冲突且容易理解的新事物。他们需要看到新想法怎样融入组织并对组织有提升作用。所以，引进新想法和新事物的时候，要仔细考虑怎样包装。如果引进时没有让大家接受，想法再好也不可能发挥影响。经验表明："不要用艰涩难懂的语言销售技术，推销商业解决方案才是关键。"

因此：

根据组织需要，量身定制你想引进的新想法和新事物的相关信息。

仔细分析流程和目标，找出新事物可以解决的需求或问题。在你试图说服大家，使其相信你的新想法值得考量之前，首先要让大家意识到现状不能再持续，不改不行，这样，他们才会考虑你的新想法。但要注意，不要泛泛地介绍新想法可以带来的好处，要做到有针对性地根据人们的需求阐述新想法的价值。运用组织中大家在各个项目里常用的、熟悉的话语传递信息。从他们的视角来说服他们。把精力集中于大家正在努力做的事情上，向大家展示新想法带来的变革可以让事情朝着更好的方向发展。

在和那些不但支持新想法而且愿意注资新想法的经理沟通时，一定要针对他关心的情况介绍新想法，让对方觉得你言之有物。要注意听取他的想法，并将他的需求加入你的计划中。对于他和你讨论过的那些问题，要清楚地列出你能够采取哪些行动步骤。

不要夸大其词，声称新想法可以解决所有的问题。无论新想法可能带来多大的好处有多大，实施过程中总会有一些不确定因素，无法尽如人意。

一定要把引进新想法的动机解释清楚。对你来说，这可能是不言自明的，但一定记得，并不是每一个人都理解。

如果有其他公司成功引进了同样的新事物，可以考虑运用**外部验证模式**提供佐证。管理团队很愿意了解业界其他公司的情况，尤其是你们的同业公司，或者合作公司，甚至竞争对手。

不容质疑：这就是一种销售工作，对于不同的人群，还要采取不同的销售策略，但是一定要注意，无论什么样的销售策略和方法，都需要传递相同的基本事实信息和原则。

=========

这个模式可以帮助你促进大家更好地了解新事物给组织带来的帮助。这个模式也可以让决策者知道这不但是一个好主意，并且还是一个可以改进现行实践的好方法，从而激发决策者对新事物的信心。

运用这个模式的时候，要花一些心思。不能完全用同样的演讲材料，你要花时间做研究。要分析了解组织内部的需要，然后，看看新想法如何能够有针对性地解决这些来自组织内部的需求。

> 希宝在一个大型公司任职，她给我们提了一个很中肯的建议："在公司缩减经费的市场环境下，上级领导感兴趣的是那些可以快速投入执行并且能迅速带来市场效应同时又减少花销，或者已证明可以很快提高质量的新想法。我每次和资助新想法的经理交流时，都会量身定制要介绍的信息。我和他最初的几次见面，会仔细倾听他所说的内容，自己从中整理出来他的需求，把他的需求包括在我的计划书中。然后，我还会仔细描述可以怎样逐步解决问题。"

> 著名的财经专栏作家戴尔·道顿（Dale Dauten）写道："我曾经读到过，害怕犯错是使大家拒绝推销员的原因之一。这让我改变了我把新想法介绍到公司的方式。我意识到，在我滔滔不绝地谈论新想法可以带来的好处时，高层执行官考虑的就只有一点，即会出现哪些错误？我学会了解释可以如何降低风险，尤其是让管理团队丢面子的风险。"[1]

---

[1] Dauten, D., *The Gifted Boss*, William Morrow & Company, 1999.

发现和感悟

我们最初的想法是，帮助人们理解创新对组织的价值有助于让支持者看出你的新想法有何意义，然而我们现在发现量身定制模式实际上是针对管理层的。一般员工往往并不在意创新对组织的契合度和价值。**个人沟通**模式更适合非管理层的员工，因为他们更在意"这样做能为我带来什么？"以及"我会受到哪些影响？"

使用这个模式的时候，一定要记住用管理层能够理解的话语进行沟通，要简洁明了。不要一味地沉迷于高深的技术；相反，要理解业务的价值和实质。要立足于成本和价值与管理层进行交流和沟通。

当你考虑一种创新方案的时候，没有管理层的介入是行不通的。从一份好的执行计划书开始，试着运用电梯演讲的方式，用两分钟甚至更短的时间，自己的目标、对组织的好处、你需要管理层提供怎样的支持来开展计划，一一说清楚。

投 石 问 路

大卫·鲍姆（David Baum）在他的著作《瓶中闪电》中如此描述："变革的过程对大多数人来说是这样的。大家先慢慢地把脚尖放到水里，在浅水处走走，再往身上泼些水，然后抱怨水有多凉。"[①]

> **在新的机会出现的时候，看看是否可能运用一些模式**
> **来测试一下大家的兴趣，然后再看看效果如何。**

◆ ◆ ◆

你对一个新想法很有兴趣，你愿意做一个将此新想法引入组织的布道者。

> **了解到一些新事物之后，你非常想知道组织是否已经**
> **做好了接受它的准备。**

有时很难判断什么时候是引入新想法的最佳时机。你不想在周围没有人有任何兴趣的情况下浪费自己的时间和精力。一个满怀热忱的

[①] Baum, D., *Lighting in a Bottle: Proven Lessons for Leading Change*, Dearborn, 2000.

变革负责人自然会想尽快产生一些影响。但要清楚自己的能力。"边听边学"这一策略可以表现为你在介绍新想法的同时，也愿意倾听他人的意见。

变革不是一蹴而就的，所以，类似"找到一个支点，撑起地球"这样的技巧很重要。一旦你选对了时机，并且掌握了以小搏大的技巧，就可以事半功倍。

因此：

从下面的模式中，选择一两个模式，试着运用，然后评估结果。

先从不需要花太多精力的模式开始。

- 在喝咖啡聊天时，运用**个人沟通**模式和一个可能会成为创新者的或者一个支持专家的同事进行非正式的交谈；
- 运用**不妨一试**模式，给几个同事做一个小的展示或者进行自身经历分享；
- 运用**自带午餐**模式，向同事介绍新想法；
- 寻找在一些定期的会议中**搭顺风车**的机会；
- 在组织中运用**播种**模式，培养大家对新想法的兴趣。

这些最初的步骤可以帮你决定下一步行动。评估哪些事做得好，哪些事做得不那么好。运用**回顾时间**模式决定什么时候才是在组织中引进新想法的最佳时机。如果遇到很大阻力，你可能需要考虑改变你介绍新想法的表达方式。如果觉得大家产生了一些兴趣，可以进一步尝试运用一些比较花功夫的模式，例如，**专家推动**模式或者**学习小组**模式。

不要仅仅只是在引进新想法的开始阶段运用这个模式。在整个引进新想法的过程中，可以不断尝试，每次看到新的机会，都可以考虑运用**投石问路**模式。

========

这个模式可以帮助你搭建进一步运用其他模式的基础，是你尝试成为传道者的第一步。它帮助你判断是否适合开始引入变革，如果可以，下一步又该着手做什么。

一定要有遇到伤心失败的心理准备。如果一个新想法在组织中太新或者太激进，一时半会儿很难很快赢得广泛的接纳，而且也可能和其他的限制发生冲突，例如，对某个供应商或产品的偏好。推进过猛，反而会过犹不及，有时候需要耐心等待直到组织做好了支持变革的准备。你一定要保持精力，这样时机成熟的时候，才能全力以赴地努力，让你的付出肯定有回报。研究学习新事物所花的时间和精力，对你个人而言总是有回报的。

和平工作队（Peace Corps）的志愿者刚到达援助目的地的时候，他们充满活力和激情。但是，志愿者一定要收敛热情，因为"文火慢炖"效果更好。志愿者被告知："在初来乍到的两个星期内，不要开会，不要公开发表观点。花时间到村庄里观察，倾听大家的日常交流。慢慢地，你会发掘到一些可以介入和分享想法的地方。为了让村民信任你，你要在村庄里和大家在一起，并让大家感觉到你在讲授的同时，也在学习了解当地的情况"。①

在吉姆·科林斯（Jim Collins）和杰瑞·波勒斯（Jerry Porras）的畅销书《基业长青》（*Built to Last*）中，他们说道："3M 的创新之路并不受限于市场规模。"公司的座右铭是"循序渐进"和"步步为营"，因为 3M 清楚地知道不积跬步何以致千里的道理，但由于没有人可以预见什么小事情可以累计进化成大事情，所以只能不停地试验，去芜存菁"。②

---

① Layne, A. "Training Manual for Change Agents," *Fast Company*, November 2000.

② Collins, J. C. and J. I. Porras, *Built to Last: Successful Habits of Visionary Commpanies*. Haper Business, 1994.

发现和感悟

我们已经注意到，我们往往把**不妨一试**和**投石问路**这两个模式交替使用。因为长期保持模式尽可能简练是模式作者的目标，因此我们决定去掉**投石问路**这个模式，把它归入**不妨一试**模式里面。

回 顾 时 间

子曰："吾日三省吾身。"如果我们每天在睡觉前能花一些时间回顾一下这一天发生的事情，哪些事情做得好，哪些可以改善，我们会不会越来越完美呢？如果这样，每天一睁开眼，就在潜意识里努力提高自己，随着时间的推移，肯定会受益良多。这是一个意义深远而又无需任何投资，同时又是任何人都可以做的事情。

——安妮·弗兰克（Anne Frank）[①]，写于 15 岁

从过去的经历中汲取养分，花一些时间和精力有规律地定期评估哪些事情做得很好，哪些事情应该换个方法做做。

◆◆◆

你是一位布道者或者专职负责人，你正在运用**不妨一试**模式将新想法引入组织。

[①] Frank, A., *The Diary of a Young Girl*, Bantam Books 1967.

> 我们总是做相同的假设，然后一再地在这些假设的基础上犯着同样的错误。

低头拉车总是比抬头看路容易得多。我们总想充分利用时间，来回忙碌地在不同的事情中穿梭。如果一直保持这样的忙碌不停歇的节奏，我们很难习惯性地退一步，从一个更宽广的、更全面的视角来回顾和审视自己的工作。并且，一旦这样做了，我们可能会因为发现现有的工作方法其实已经无法奏效了，这样的感受是令人不快的。尽管如此，《神话的力量》一书的作者贝蒂·苏·弗罗（Betty Sue Flowers）告诉我们，绝大多数人正是通过探究过去来创造未来的。

在电影《与狼共舞》中有这样一个场景：美国印第安人部落围坐在篝火旁一遍又一遍地讲述成功猎取水牛的故事，通过这种方式他们不断地审视取得的成功狩猎经验。这是为以后打猎做准备的重要一课，是知识和智慧的传承。追溯和回顾也是这样的，目的就是对刚完成的项目进行回顾和审核，看看哪些事情完成得很好，哪些事情应该换个方式进行。

早在 1988 年，约瑟夫·M. 乔兰（Joseph M. Juran）就介绍过运用回顾来得出经验教训的过程并以哲学家桑他耶那（George Santayana）的名字来命名这个过程。桑他耶那早就意识到："如果不吸取前车之鉴，必将重蹈覆辙。"很多公司都引入了桑他耶那的观点，有的叫"回顾"，有的叫"开棺验尸"，有的叫"产后分析"，有的叫"项目回顾"。无论叫什么，目的都一样，希望从完成的项目中吸取经验教训。

就算项目最后没有成功，也可以发现让大家自豪的有价值的成绩。同时，即使是最成功的项目，也有进一步提高的空间。为了创建一个进取型组织，我们要把回顾作为一个必需的实践，看看项目中有什么可以提高改进学习的地方。同样道理，为了持续不断的学习进步，我们每个人也必须花时间回顾，不断提高。林肯总统曾经说过，我们可能从失败中学到更多的东西。同时我们也要牢记，学习不是一蹴而就的，不花时间，就不可能进步。

因此：

> 无论做什么事情，都要有计划地暂停一下，回顾一下
> 有哪些部分进展顺利，还有哪些部分需要吸取经验教训，
> 尝试一下不同的做法。

回顾应该作为流程的必须部分，要做到有计划、有规律，而不是在我们有时间的时候才发生的随机行为。在运用**循序渐进**模式的时候，把回顾的时间计划到流程中，评估策略的调整效果。在庆祝取得的一些小成绩时，与大家交流一下经验。即使事情进展得不如意，但只要花精力从中学到东西，就不必自责。你总是可以从错误中学到更多。

作为一个团队，在项目回顾时，可以一起做一些高效有趣的活动重温过去，这样对于未来大家提高工作成绩和效率相当有益。如果可能，试着运用**地点是关键**模式。你可以参照诺姆·科斯（Norm Kerth）所写的《项目回顾》，书中提供了如何主持回顾会议的更多有用信息。

=========

这个模式可以帮助你重温过去的经历，理解有哪些经验教训可以帮助你提高。你会发现自己之前从来没有想到的事情。你也可以计划下一步行动，记录进展顺利的事情，同时思索怎样才能进一步提高。你还可以把自己的成功实践记录下来和大家一起分享。

当然，在当今快速变化的社会中要坚持做好"回顾"是不容易的，但是再忙碌也一定要在百忙之中挤出时间来做回顾。因为不回顾过往，不吸取经验教训的结果可能会导致我们浪费时间，不断重复同样的错误。

> "每天，我都必须做困难的决定，我基本上都是依靠以前的经验来做决定的。"微软技术总裁内森·梅尔沃德（Nathan Myhrold）说："历史可以帮你看到沉淀后的精华，同时还提供了很好的学习机会。如果想为未来做明智的决定，那么回头看看过往，从经验教训中得出结论。"

录像带租赁公司 Blockbuster 想让员工多花时间在客户身上而不是行政事务上。他们观察并且收集了大家的建议。他们通过反思总结了一些改善的方法。例如，员工把客户还回来的录像带和光盘放在一个推车里，这样，客户可以直接从推车里取出他们想看的电影，从而减少了员工归架所需要的时间。通过这些流程改进，员工花在顾客身上的时间从 36%增加到 50%，并且还在持续增加。他们从中领悟到一点：公司在花时间反思已经做过的事情后，可以产生很多提高和改善的想法。

发现和感悟

认知科学家告诉我们，仅仅通过回顾，我们还不能理解我们做得如何。我们需要一些值得信赖的顾问（教练或者导师）给予我们中肯的反馈意见，因为我们不能完全客观地看待自己。自省非常重要，但是这并不能够代表全部。要做到真正的行之有效，这个模式必须包括听取来自他人的反馈意见。

对于如何形成"学习型组织"，大家有着各种各样的说法，但是我们中的大多数人确实需要通过不断的回顾和反思才能达到这个目的。回顾和反思应该贯彻于各个层级，不仅适用于研发人员，对于高级管理层同样重要。要鼓励所有相关人员倾听反馈，不断学习。

当某个变革负责人抱怨一些"外部的"事情时，他可能对这些事情完全没有或者很少有掌控力。在进行回顾和反思实践时，明确哪些是你能够掌控的，只有这样，你才能在这些事情上真正取得进展。

我们的好朋友，尤塔·埃克斯坦（Jutta Eckstein），在写硕士论文时得出了一些很有意思的结论。她一直在使用回顾的方式来支持组织进行变革。[8,8,8]

玛丽莲这样讲述她参与的一个项目：

在一次项目回顾后，我们讨论了一些执行不力的事情，但是我们也意识到这个经历可以在下个开发周期的时候帮助我们提高改善。团队中有个同事甚至把它称为一次"成功的失败"。我想，如果在失败以后我们不进行反思，不考虑改善计划，那么这样的失败就会是一次"彻底的失败"。

纪　念　品

　　我一直在收集自己参加过的所有学术会议的名牌，并且，我还把这些名牌都挂在办公室的墙上。这些名牌让我想起那些学术会议、想起我认识的朋友和我学习到的知识。

　　在引进一个新想法的时候，分发一些有代表意义的小纪念品，这有助于大家对这个想法保留鲜活的记忆。

◆◆◆

你是一个极其热衷于将新想法引入组织的布道者，你的资源有限。

　　在听到新想法的时候，大家可能会很兴奋，但极有可能第二天就忘记了前一天的热忱和兴奋。

　　我们的大脑只能存储一定的信息：今天的信息很快会被明天的信息所取代。每个人都需要一些提醒。一个和某个话题有关的物品可以让他们回忆起往事。可以帮人们放眼其他事情，或者参加新活动后还能记起你的新想法。

　　社会学家研究发现，无论是哪种文化，收到礼物，就算礼物很不起眼，也会让人产生责任感。在超市有销售人员以各种各样的方式送样品，就是因为这样带来的收益远远高于送出去的物品的价值 。

因此：

> 送一些可以帮助大家联想到新想法的小礼物作为纪念品。

小礼物可以是磁铁贴、小徽章、小托盘、杯子、铅笔或者是便条，在特殊纸上打印的"快速参考资料"，或者一些资料的复印件。发挥想象力去寻找和设计与新想法及活动有联系的一些东西。东西不要很贵。

分发太多纪念品会失去重点，这样的效果反而不好。如果看到有人扔掉小纪念品，也不要失望。并非所有人都懂得珍惜。对新想法不大有兴趣的人，不会有兴趣留着小纪念品。我们知道，如果手上有不大想要的东西，除了占地方，别无用处。大多数小纪念品早早晚晚都会被清理掉，这没有关系。

=========

这个模式可以帮助大家记住新想法。对新想法感兴趣的人通常会保留小纪念品，并且经常会把纪念品摆在比较显眼的地方。最初，纪念品作为小组的象征，帮助小组建立一个整体形象。过一段时间，这个纪念品还可以让大家记起这个话题。

但是，让组织赞助小纪念品可能不那么容易。这时，可以考虑自己出钱。其实不需要花很多钱，但管理团队和同事都会很佩服你对这个想法的信心。

在一个学术会议的海报分会场，对那些能画出我们张贴在海报上任何一种模式的参与者，我和同事会在他的工牌上贴一个写着"做得真棒！"的小标签。这个小贴签是一个很小的纪念品，但大家都很喜欢。很多自己认为没法画出模式的参与者还是被我们小得有些可笑的纪念品说服了。尽管这意味着他们需要花时间去读我们海报上的所有模式，并找到自己感兴趣的模式。

Net Solve 公司的总裁克雷格·提黛尔（Craig Tidal），无论新员工是前台秘书，还是经理，他都会向新员工传授客户交流的技巧。他会奖励答对者一张崭新的 2 元钞票。"其实，这就是一个小纪念品。但如果人们把它放在钱包里，它就会提醒大家我们有过这个活动。"他边说边露出狡黠的微笑。

发现和感悟

最初，这个模式所建议使用的是具体的小物件，例如杯子、徽章、T 恤衫和书籍。现在我们意识到其实这个模式是关于给某个人有意义的东西，并且通常这个礼物可能是无形而抽象的。

克里斯多夫·艾弗里（Christopher Avery）谈到"效率礼物"，对于你来说可能几乎没有任何花费，但对礼物接收者提供了极大的价值和意义，通常比一般传统交换更受人珍惜。效率礼物包括对机会或者威胁的提醒，审阅文件，或者做一个重要的引荐。可能的话，尽量经常提供这样的帮助，但是不要计较或者把礼物变成需要立即兑现的互惠要求，其实，人情债通常都是一种很好的维持协作关系的状态。告诉效率礼物的接收者以后再谈及回报或者让他们把这个礼物继续传送下去。

微不足道但是意想不到的奖励可以相当显著地增加员工对变革举措的满意度。戈登·白求恩，在任职美国大陆航空公司（Continental Airlines）执行官期间，带领大陆航空公司做大规模变革改进，当公司成功进入准时航空公司前五名的时候，他为每个员工发了一个让大家意想不到的 30 美金的小额奖金。约翰·麦克法兰（John McFarlane），前澳新银行（ANZ Bank）的执行官，在圣诞节时，送给每个员工一瓶香槟，感谢对他们在公司"绩效、成长和突围"变革举措中的努力。大多数变革领导者都会把这些举动称为微小甚至敷衍了事的象征，并且辩称这样的举动作用极其有限。收到礼物的员工可不这样认为：报告一致体现出，汇报这样的奖励在未来几个月甚至几年里对变革举措的积极主动性都有相当显著的正向影响。

试　　行

　　小时候，对我来说，自行车仅仅意味着两个轮胎和一个筐。你可以骑着它到小朋友家去玩或者骑着它上学。我很喜欢我的自行车，蓝色，三速，在沃兹超市买的，我至今记忆犹新。但我后来认识了卡尔，他有好多辆自行车，不但如此，他还参加自行车比赛。他总是穿着专业的骑行服并且戴着头盔，看起来很滑稽。当我知道他的自行车值多少钱时，吓了一大跳。花100美金买的自行车，我已经觉得很贵了。"你骑着试试看。"卡尔动员我说："你可以体验一下骑赛车的感觉。就算你穿着牛仔裤，你还是能感觉到区别的。"我将信将疑，想想只是在附近路上试一下，没有什么大不了的。于是，我跳上他的自行车。车座需要调一下。车把是向下的，所以感觉有点怪，但我还是可以骑的。我骑上车，哇，这个车简直就像有生命一样，好像它在替我踩脚蹬。"哇！"我尖叫起来，"这个车真是太棒了！"从此以后，我就再也离不开赛车了。

　　　如果组织对新想法还不够十分确信，可以建议他们试用一段时间，然后研究一下结果。

◆◆◆

你是一个极其热衷于将新想法引入组织的布道者。大家有无数个问题和各种各样的反对意见，让你觉得有些力不从心，疲于奔命。

在你试图引进新想法的时候，总有人会提出各种各样的反对意见。在决定正式采用新想法之前，要想平复所有人的焦虑，几乎是不可能的。

由于担心，我们不断地提问题，不停地只是谈论但不落实到行动上。就算对变化有恐惧心理，人们通常还是愿意做些尝试性的实验的。变化多少都会有风险。做个实验性质的尝试可以帮助我们积累经验，并且也可以有取消尝试的可能，重新回到原来的方式方法。

如果一个新想法可以分步引进，那么这个新想法的引进会比其他新想法的引进要快很多。如果人们可以先尝试一段时间，就可以有机会在自己的环境下尝试一下新事物。这可以减少他们的不确定感，同时可以对原来看起来很抽象的概念有一些实际的感觉。

通常，让人们有机会亲身体验一下比用言语和逻辑去说服的效果更好。"先试试看"更容易说服大家尝试一个"根本无法接受"的新想法；然后通过新想法的体验来鼓励大家接受。

因此：

建议整个组织，或者组织中的一部分，在某个时间段，先就新想法做一些实验性的尝试。

要对尝试性的试行时间段和内容，以及在试行结束时如何评估试行的结果，以及如何确认试行是否成功等细节提出详细的建议。一定要让人们感到试行时的风险有限；并且，在试行之后大家可以选择不去正式引进。

让大家知道，他们的担心不会因为是在做试行而被忽略，大家所有的观点都会记录下来。对于试行过程中仍然不肯暂时摒弃担心和怀疑的人，可以考虑运用**无畏**模式和**怀疑派带头人**模式。

如果在试行的过程中，有些不尽人意的地方，你要抱着这是一个可以学习的经验教训，而不是失败的态度。如果你安排有回顾时间，你就会发现成长就是一个试验的过程，一系列的试行、错误和偶尔的成功。试验的结果可能符合预期，也可能与预期不符，这都是试验过程的一部分。

如果你看到一些成功的事情，可以运用**自身经历分享**模式把这些成功的消息告诉大家。创建一个学习小组，让大家有机会探索更多的可能。

不要期待有限的试验可以一步到位，让所有人都同意引进新想法。这些试验只是我们投石问路的方式。你可以趁此机会找到创新者和早期多数者，并且再坚决的反对者在你证明他们的工作变得更容易后，可能也会慢慢接受新的想法。

========

这个模式可以提供一个验证新想法的机会。试行可以帮助大家感觉一下新的如何融入组织中。这个模式可以帮助你比较容易地找到基层支持，并且也可以名正言顺地继续引进新想法的工作。如果你的新想法好，它会自己证明自己的，并且试行有助于引起大家对新想法的兴趣。如果不是，它就会慢慢地从试验中逐步消失。

试行会增加工作量。就算你自己还是在学习过程中，大家会自然而然地将你看做试行的带头人。所以，在建议在组织中做试行之前，先做一些准备工作，例如，先尝试一下**不妨一试**模式。

埃伦（Ellen）设计了一个将个人分配到各个委员会的流程。因为这个新流程和原来的区别很大，所以引进中有很多人反对。埃伦耐心地和大家解释，但在计划书审批期间，大家又接连问了 30 分钟的问题。最终，为数很少的支持者说："显而易见，我们现在的流程有问题。我们需要改进现有的流程。这是我们想建议的，如果你们不喜欢，可以建议其他流程，但是，请大家提些建议改善我们的流程。"在大家安静了一会儿之后，埃伦建议先试用新流程一段时间，试行一年后，我们可以评估，改进。她同时也保证她会积极承担具体工作。计划书最终以 8∶3 的结果通过。

校长办公室的职员工作量很大。大学扩招了，所以事情、问题都增加到让大家不堪重负的程度。校长建议增加 3 名首席助理。但是，所有职员由于不适应多一层管理而提出了担忧。校长安排了几个讨论会，他解释了办公室日渐恶化的情况。他回答了一个接一个的问题，在最后一个讨论会上，他意识到大家还是忧心忡忡。于是，他建议老师们先同意试行几年，并且答应大家如果试行效果不好，他会再做调整。老师们终于同意了。在以后的几个月里，一旦有人提出对新组织结构有意见，马上就会有人提醒他，这个新组织结构还在试行期。

和重要人士私下交流

　　我慢慢开始注意到某个经理每次都会错过我介绍新想法的演讲。他每次都有听似合理的理由，但是，我可以感觉到他是在避免介入这个话题。他的下属员工也从来不参加我做的任何培训。一天，我到他的办公室，找他聊了一会儿："我知道你特别忙，来听我的演讲在时间上的确挺纠结的。你什么时间方便，我可以和你做单独的介绍，有什么问题我们可以一起讨论。"

　　他有点没有防备。他开始一边翻他的日历，一边说："嗯，的确时间上挺纠结的。我下星期五早上 7:00 有时间，但是对你来说可能太早了。"他一定是这样希望的。

　　我立刻把时间记下来："太好了，谢谢你抽时间出来。"在我们开会的前一天，我特意到他办公室，和他说："明天见！"星期五的早上，我们先花了半个小时交流了一下新想法，他了解到我的新想法并不是他原来所想的单纯的新技术，而是一些可以具体实施到他的工作领域中的想法，他看起来放松多了。之后，他虽然没有转变为一个热衷支持者，但也没有再讲过任何对新想法不利的话，他部门的人也逐渐开始参加我的培训课了。

有些时候，经理很难在集体会议中被说服，你可以和他们单独谈谈，帮助他们解除顾虑。

◆◆◆

你是一个将新想法引入组织的专职负责人，你要得到管理团队的支持。总会有让人头痛的经理没有被你的讲演说服。

反对你的新想法的经理有能力让你新想法的引进受到阻碍。

经理们通常都不在意具体的技术细节。在集体会议场景，他们通常不会像面对面交流时那么集中精力。经理们经常会对新想法有些不知所措，因此他们也不愿意不做更多思考就盲目地做决定。你不能在公开场合逼迫经理做决定，可以在私底下慢慢地给他介绍新想法可以带来哪些好处以及一些采用新想法后可以取得哪些成绩。大多数经理在决定公开支持新想法之前，都需要一些时间考虑。

由于职责大多集中在组织的上层领导团队，所以，经理们迫切需要知道周围发生的事情，同时要又意识到保证信息可靠性的困难。对信息和控制的需求让他们慢慢除了控制管理系统，也建成详细的信息系统，就算这样，他们还是会在金字塔的顶端感到孤单寂寞。

一些高层管理者极其"自我陶醉"，并且，对不同意见和被怠慢十分敏感。他们不能容忍异议。他们对怀疑自己的员工和持有坚强反对意志的员工，可以非常无情。他们防御心态严重，他们可以对自己一无所知的事情下结论。就像一个公司的高级执行官直率地说过的："我不是到这儿来听员工意见的！"

因此：

安排机会和经理单独交流，向他们介绍新想法，消除他们对新事物的顾虑，以及他们对引进新事物所需精力的顾虑。

=========

　　和他们开诚布公地介绍你所知道的信息,和你可以提供哪些帮助。不要过分夸大你的新想法可以带来的好处。过度推销会使大家对你的新想法产生怀疑。和他们在一起时,作为一个热衷引进新想法的布道者,你要让他们感觉到你的热忱。鼓励经理提出问题,让他了解技术细节。他们在众人面前,也会和普通人一样,因为怕丢面子而不会问这样的问题。

　　给管理团队准备的介绍信息要量身定制。准备一些关于经费和这个新想法可以节省资源的数据,注意不要有太多让管理团队头晕的数据。给他们一定的信息,但不要让他们被过度的技术细节吓倒,适可而止。第一次听到新想法的时候,他们通常都只想知道一个整体的概念和新想法对他们有什么影响。

　　你可以试着给他们一些主意,最好让他们感到他们对这些主意有贡献。在你和他讲解你的观点时,先研究一下他在想什么。如果你觉得他的想法是错的,试着给他讲解他可以怎样受益于另外一个做法。不要把他们的观点扔在一边,相反,认真考虑,分析,理解,很多时候,你会发现他们的观点还是很可观的。如果真的可以证明另外一个观点可以让他受益,你再正面地反对他的观点。

　　要坚持设身处地考虑经理的感受,但不要期待他会考虑你的感受。你要知道,在外表一贯正确的同时,他们的内心其实很脆弱。一定要夸他们取得的成就,使他们保持兴趣和决心,但也不要过分,不然就有拍马屁的嫌疑。一个自负但又聪明的人可以看透阿谀奉承,更喜欢那些真心赞美夸奖他们的人。你要让他们感觉到你会维护他在公司内部和外部的良好形象。

　　劝说,但是不要挑拨。保持平静,尤其在他开始圆滑地对付你或者开始公开表示反对的时候。最好的销售人员会告诉你,要想说服其他人,首先要了解他们的需求,用他们的思维与想法和他们交流,不是你自己的。这样做的原因是,在和这样的经理交谈过程中,他会在某个时候突发灵感，一下子想通了，他是自己意识到的，所以他会觉得这个想法是他自己的，也因此他自然而然地更愿意谈及他的想法，并且也愿意为了下一步的推进而寻求帮助。

如果你既坚持又有耐心，但仍然无法如愿以偿地与经理坐下来单独交谈，这有一个小技巧帮你应对这种比较极端的状况。等你看到这个经理从办公室去食堂的时候，和他一块儿，边走边聊，试着用一些比较有趣的信息激发他的兴趣。在你脑子里，准备好一个两分钟的电梯演讲。一个好的销售人员会好好利用各种各样的机会，无论是预演过的、组织好的还是那些临时找到的机会。

要牢记，你的目的是和经理建立信任的纽带。这要花些时间。需要这种特殊重视的经理通常都有些不安全感，或者曾经有过前车之鉴。所以，你要有耐心，并且要有强大的内心来面对这种情况。

一旦获得了这个经理的支持，一定要和他保持联系，以免他把你忘在脑后。

========

这个模式可以帮助你获得管理团队的支持。在给你机会讲你的新想法和达到你的目的的同时，也可以帮助经理维护他的尊严。

你和经理的单独会议可能会被其他同事看成走不正常的渠道或者不符合常规的操作。和大家开诚布公，让他们知道你和经理谈过了，但不要把交谈的细节说出去，尤其要注意，这可能会给经理带来不好的影响。

大卫·波图克（David Pottruck），是嘉信理财（Charles Schwab）公司的二把手，他经常和他的老板拉里·史杜斯基（Larry Stupski）在高级管理会议上意见相左。波图克犯了两个错误：第一，他没有和其他与会者达成同盟；第二，他用非常不友善的方式表达他的不同意见。之后，波图克和他老板进行单独的沟通，并且，提出了一个解决方案。他以后再也不会公开反对史杜斯基。他可以不同意，但只会在私下表达他的不同意见。通过和他老板的私下沟通，他成功地使自己的想法在管理会议上获得批准，并且，节省了很多力气去说服人。

安娜的老板很难在集体会议上被说服。说实话，在集体会议上说服他几乎比登天还难。老板只会在他获得所有相关信息并且消除所有顾虑之后，才做决定。安娜听说下一次会议上要讨论一个重要的议题。于是，她提前去找老板单独开了个单独小会，把他所有的问题和顾虑一条条地提前做出解答。

发现和感悟

这个模式可以运用在一个组织的任何层面上。它不只限于运用在行政高管这个层面。这个模式的"通用人群"是有某些程度的影响力并且担心在其他人面前显得无知丢脸的管理者。你的工作就是鼓励"通用人群"在确保你不泄露谈话内容的前提下，放心提问和发表观点及意见。

下面的故事体现了这个模式的价值。

一个布道者努力将敏捷软件开发引入组织中。他以为他可以将所有的高管汇集在一起，详细解释敏捷，并且回答他们提出的所有问题。与其计划相反，他把高管们集中一起，但是没有一个人提问。等听说这个模式后，他简单总结说："和高管们一起进行集体讨论是一个极不可行的主意！"

外部模式参考

在整个第Ⅲ部分，我们一直都有参考我们模式语言之外的其他模式。这主要出于几方面的考虑。首先，表明我们并没有在象牙塔里埋头写我们的模式，我们知道其他人的贡献并在书中引用和提及他们的工作。其次，这也说明对于捕捉下那些已经有完好记录的好想法，我们毫不迟疑。最后，这也说明模式的概念已经在一个社区里日益茁壮成长。我们需要向模式社区表明一点：我们的工作和其他模式作者的工作息息相关。这里针对我们参考的其他模式提供一些信息，供大家进一步阅读。

名称	说明
1. 头脑风暴 Brainstorming	把所有团队成员召集在一起，集思广益，交流想法。 *http://www.charlesweir.com/Publications.html*
2. 咨询卡 Cardboard Consultant	向其他人清楚地解释问题或者事情。 *http://www.charlesweir.com/Publications.html*
3. 公共聚餐区 Communal Eating	给每个机构和社会团体指定一个可以聚餐的场所。 C.A. Alexander et al.，*A Pattern Language*，Oxford University Press，1977.

名称	说明
4. 多元化团队 Diverse Groups	把不同背景的成员纳入一个团队中，一起建立需求。 J.O. Coplien and N.B. Harrison，*Organizational Patterns of Agile Software Development,* Prentice-Hall, 2004.
5. 物色资深专家 Get a Guru	管理者要有彼此信得过的高手并在技术问题上仰赖他们。 D.S.Olson, and C.L. Stimmel，*The Manager Pool*，Addision-Wesley，2002.
6. 逐步加强 Gradual Stiffening	欠周密的结构可以在以前的工作基础上逐步变得周密、强大。 C.A. Alexander et al.，*A Pattern Language*，Oxford University Press，1977.
7. 整体多元化 Holistic Diversity	从不同学科背景物色合适的人选，组建成一个多样化的团队。 J.O.Coplien and N.B.Harrison，*Organizational Patterns of Agile Software Development*，Prentice- Hall，2004.
8. 内向变外向 Introvert-Extrovert	把自己培养成外向、勇敢的人，知道何时要有得体的表现，充分积累资源，扮演好这样的角色。 *http://csis.pace.edu/~bergin/patterns/introvertExtrovert.html*
9. 及时通气 No Surprises	对于非常信赖自己的团队，在不会使其丧失信心的情况下，尽早公布改革计划并与他们协商解决方案，通过这种方式来调整进度或承诺。 D.M. Dikel， D. Kane and J. R.Wilson，*Software Architecture: Organizational Principles and Patterns*，Prentice-Hall，2001.
10. 保护伞角色 Patron Role	物色一个影响力大、级别高的管理者来充当项目的拥护者。 J.O. Coplien and N. B. Harrison，*Organizational Patterns of Agile Software Development*，Prentice-Hall，2004.
11. 逐步成长 Piecemeal Growth	逐步增强力量来鼓励改变和成长，并从局部寻找和开拓更多成长机会。 B. Foote and J. Yoder，"*Big Ball of Mud*：" *Pattern Languages of Program Design 4*，N. Harrison，B. Foote，and H. Rohnert，eds.，Addison-Wesley，2000.
12. 甘当"小白" Shameless Ignoramus	管理者在谈到技术问题的时候，要放弃"假装自己是百科全书"的想法，甘当"小白"，虚心向他人请教。 D. S. Olson and C. L. Stimmel，*The Manager Pool*，Addison-Wesley，2002.

名称	说明
13. 团队空间 Team Space	为了尽可能最大化有效工作时间，允许团队成员有自己的私人空间来做事情，从开会讨论决定，到发起社交活动，都可以。 Taylor，P.，"*Capable， Productive，and Satisfied: Some Organizational Patterns for Protecting Productive People*" *Pattern Languages of Program Design 4*，N. Harrison，B. Foote，and H.Rohnert，eds.，Addison- Wesley，2000.
14. 有备而战 Train Hard, Fight Easy	建立团队意识，提供技能集体培训，训练团队协同进行创新。 D.S. Olson and C.L. Stimmel，*The Manager Pool*，Addision-Wesley，2002.
15. 工作社区 Work Community	在工作场所营造社区氛围，建立一个小规模的、志同道合的工作圈。 C. A. Alexander et al.，*A Pattern Language*，Oxford University Press， 1977.

模式快速指南

这个附录为我们第一本和这第二本书中介绍的所有模式提供了一个快速指南。

模式

名称	说明
1. 增加正能量 Accentuate the Positive	在变革举措中积极地、正面地向其他人施加影响，鼓励大家相信变革会发生，用希望来激励人们，而不是让大家对变革心生恐惧。
2. 寻求帮助* Ask for Help	向组织引入新的想法，是一个非常艰巨的任务，需要物色和寻求合适的任务和资源，帮助你并参与变革推进。
3. 循序渐进* （Baby Steps，之前叫"按部就班"）	一步一个脚印，逐渐向目标迈进。
4. 专家推动* Big Jolt*	为了进一步公开变革行动和引起大家的广泛关注，邀请知名度高的专家来到组织，举办一个大型活动来展现新的想法。
5. 牵线搭桥* Bridge Builder	请已经接受新想法的人和尚未接受的人结对进行交流和沟通。

名称	说明
6. 自带午餐* Brown Bag*	利用人们的常规午餐时间，提供一个便利、放松的环境，让大家了解新想法。
7. 怀疑派带头人* Champion Skeptic*	求助于仍然对新想法持有怀疑态度的意见领袖，即使自己无法改变他们的想法，也可以从他们的意见中获取有用的信息，从而改进自己的变革推动举措。
8. 具体行动计划 Concrete Action Plan	向着目标前进，在进行下一步行动计划时，要明确落实具体行动。
9. 关系网 Connector	求助于组织内部人缘好的人士，让他们帮助你传播关于创新的资讯。
10. 公司天使 Corporate Angel	为了使创新行动向组织目标看齐，要向高层执行主管寻求支持。
11. 走廊政治* Corridor Politics*	在进行正式投票决定之前，与决策者以及有影响力的关键人物进行私下沟通，确保他们完全理解最终决策所造成的影响。
12. 专职负责人 Dedicated Champion	在引入变革的过程中，为了提升效率，找一个正当的理由，把变革推进工作正式纳入自己的日常工作职责中。
13. 准备食物* Do Food*	提供食物，把一次普通的聚会变成一个特殊的活动，有效提升对参与者的影响力。
14. 电子论坛 e-Forum，已归入"持续公关"	建立一个电子公告牌、信息分发名单、邮件列表或有可写权限的网页，让人们可以从中了解更多信息。
15. 早期采用者 Early Adopter	赢得那些有望成为新想法意见领袖的人支持。
16. 早期大众* Early Majority*	为了鼓励组织内部能够有更多人支持新的想法，首要任务是说服围观的大多数人，让更多的人接受新的想法。
17. 消除障碍 Easier Path	千方百计消除变革之路上的障碍，帮助大家更容易接受新的想法。
18. 电梯演讲 Elevator Pitch	随时准备好几句言简意赅的话，在有限的短时间内向其他人介绍自己的新想法。

名称	说明
19. 情感连接 Emotional Connection	与受众建立有效的情感联系,这样做通常更容易说服他们接受新的想法（相比只是陈述事实）。
20. 布道者 Evangelist	为了开始向组织内部引入新的想法,甘愿使劲浑身解数向周围的人传递自己的热情和热忱。
21. 愿景优化 Evolving Vision	在变革过程中循序渐进和稳步前进时,要定期留出时间进行回顾和反思,重新评估自己的愿景。
22. 外部验证* External Validation*	为了提升新想法的可信度,从组织以外的渠道获取有用的资讯。
23. 无畏* Fear Less*	尊重怀疑派,倾听他们的想法,从他们的观点中获得有价值的信息,化阻力为优势,消除他们对新想法的抵触。
24. 未来承诺 Future Commitment	提前邀请其他人做一些可能稍后才用得上的事,让他们有充足的时间完成任务。如此一来,你在变革举措中更有可能获得其他人的帮助。
25. 关键人物 Go-To Person	确定哪些人可以在变革举措中帮助你解决关键问题。
26. 集体形象* Group Identity*	给你进行的变革行动正名,取一个朗朗上口的名字,帮助和鼓励所有人了解正在进行的变革并积极参与其中。
27. 专家团支持* Guru on Your Side*	赢得有影响力的资深专家的支持,这些人在组织内部各个阶层中都受人尊重,有良好的声誉。
28. 专家评审* Guru Review*	把大家都信任的顾问和大力支持新想法的同事召集在一起,为管理层和研发人员评估新想法和提意见。
29. 分享个人成功经历* Hometown Story*	帮助大家看到新想法的用处,鼓励有成功经验的人以非正式的方式轻松分享他们自己的故事。
30. 设想未来 Imagine That	为了快速推动变革,吸引其他人参与,大家一起设想未来实施新想法后的种种可能性。
31. 创新者 Innovator	启动变革举措的时候,要求助于那些喜欢新想法的同事。
32. 全民总动员* Involve Everyone*	为了使新的想法可以在组织内部成功推进和普及,每个人都有机会为此献计献策,做出个人应有的贡献。

名称	说明
33. 试试看* Just Do It*	不要一味地等待你所期待的资源和知识都兼备的完美时刻的来临，反而要勇敢地跨出第一步，试试看，通过学习和实践来发现利与弊。
34. 适可而止* Just Enough*	提供的信息要适量和适度，要让大家容易理解，选择合适的时机传递恰如其分的信息，这样能够减轻人们对新想法的困惑，千万不要过度兜售新想法，过量信息的轰炸容易引起大家的反感。
35. 了解自己 Know Yourself	在启动变革之前以及领导变革的整个漫长进程中，考量一下自己是否仍然怀有一份真正的持久不变的激情，是否有足够的才能达成目标。
36. 基层支持* Local Sponsor	向一线经理寻求帮助；如果老板全力支持你开展工作引入新的想法，你就可以很快取得成效。
37. 地理位置是关键* Location, Location, Location*	举办活动来推广新的想法时，要充分考虑参与者在活动中感受到的舒适度和愉悦度，让大家在不受干扰的情况下倾听新的想法和参与相关的主题活动。
38. 短时简单有成效 Low-Hanging Fruit	为了体现变革举措的进展，可以选择完成一项用时短、简单但影响大的任务并公开取得的成果。
39. 辅导员* Mentor	项目团队打算开始实施新的想法时，身边随时需要有理解这个新想法的人提供帮助。
40. 流言终结者 Myth Buster	找出与变革举措密切相关的误解，及时、直接地处理问题。
41. 行动计划* Next Steps*	在一项活动或者一次谈话接近尾声的时候，花一些时间明确参与者下一步要采取哪些行动。
42. 持续公关* （Persistent PR*，之前叫周围空间）	通过各种手段和形式，让新想法的资讯不断出现在大家眼前。
43. 个人沟通 Personal Touch	为了让人们信服新想法的价值，向他们展示新的想法对个人也非常有用、有价值。
44. 以计为首 Pick Your Battles	投入精力解决现有的矛盾之前，扪心自问，这个问题是否真的非常重要，自己有没有资源可以攻克它。

名称	说明
45. 搭顺风车* Piggyback	为了使人们不那么畏惧新的想法,可以在组织内现有实践基础上逐步推进,用人们熟悉的语言进行交流,顺势而为。
46. 播种* Plant the Seeds	把握一切可能的机会,哪怕很小,让大家对新的想法产生兴趣。
47. 合适时机* The Right Time*	安排活动或寻求帮助的时候,要选好时机,充分考虑各种关系和职责可能出现的冲突。
48. 特邀嘉宾* Royal Audience*	为管理层和组织内的成员安排与特邀来访者(例如业内权威人士)的互动和交流。
49. 寻求安慰* Shoulder to Cry On*	为了避免在事情进展举步维艰的时候丧失斗志,让每个人都有机会找到与自己同病相怜的人,相互扶持和安慰。
50. 真诚道谢 (Sincere Appreciation,之前叫表达感谢)	用最诚挚的方式向每一个做出贡献的人表达感谢,这样做有助于让大家觉得自己的所作所为是有人欣赏的。
51. 小有成绩* Small Successe	及时庆功,即使是微不足道的小成绩,尽量不要受到障碍和进展缓慢所引起的不良情绪的影响。
52. 成功在望* Smell of Success	一旦努力成果有成功的苗头,就要把握住这个机会向大家布道,让人们看到成功近在眼前。
53. 保持联系* Stay in Touch*	一旦激发起兴趣,就要和人们保持联系,不要淡忘他们,否则他们也会淡忘你。
54. 学习小组* Study Group	把有兴趣探索新想法或想继续了解新想法的同事组成一个小组。
55. 持续的动力* Sustained Momentum	在组织内部,选择积极主动的方法使大家持续关注这个新的想法及其进展。
56. 量身定制* Tailor Made*	向管理层和行政领导指出你的新想法要付出代价以及会获得哪些收益,有针对性地说服他们。
57. 投石问路 Test the Waters (归入"试试看")	如果有新的机会不请自来,看是否有人有兴趣使用模式语言中所描述的几个模式进行尝试,然后再评估结果。

名称	说明
58. 反思时间* Time for Reflection*	阶段性地从过去的经历中总结经验和教训，评估一下哪些应用得当，哪些有待改善或需要另辟蹊径。反省需要有来自外界的反馈。
59. 纪念品* Token	要想使新的想法在人们的脑海里历久常新，可以分发一些有意义的纪念品，让他们一看到就能立刻想起正在引入的新想法。
60. 全员大会 Town Hall Meeting	安排活动来分享新想法的更新状态，获取反馈，建立支持，发现新想法，引入新成员，这样的活动要尽早安排，并且贯穿于整个变革行动之中。
61. 试行* Trial Run	如果组织不愿意承诺推进新的想法，建议做一个短时间的试验，再从试验结果中分析结果和总结经验。
62. 及时提醒 Wake-up Call	为了鼓励人们关注自己的想法，可以先指出自己确信迫切需要采取变革行动的问题。
63. 与重要人物私下交流* Whisper in theGeneral's Ear*	管理层和各个层级的其他权威人士在公开场合往往都表现得很难被当众说服，所以最好与他们进行私下沟通，打消他们的顾虑。

表格中标有*的模式，总结了《拥抱变革》出版以来所做的一些更新和更正。

注　释

（感谢读者潘玉琪友善提醒。为了方便大家查阅，这里全部保留了英文注释。）

第 I 部分

第 1 章

1. http://www.learnical.com/playing-fearless-change-patterns-lego/
2. Preston Smith, *Flexible Development* (San Francisco: Jossey-Bass, 2007).
3. Christopher Alexander, *The Timeless Way of Building* (New York: Oxford University Press, 1979).
4. Dan Straker, *Changing Minds* (Crowthorne, UK: Cromwell Press Group, 2010).
5. David Kolb, *Experiential Learning Experience as a Source of Learning and Development*(Englewood Cliffs, NJ: Prentice Hall, 1984).
6. Dale Carnegie, *How to Win Friends and Influence People* (New York: Simon and Schuster, 1964).
7. Christopher Alexander, *A Pattern Language* (New York: Oxford University Press, 1977).
8. Charles Duhigg, *The Power of Habit* (Random House, 2014), 10.
9. James E. Zull, *The Art of Changing the Brain* (Sterling, VA: Stylus Publishing, 2002), 191.
10. http://fearlessjourney.info/
11. Mary Lynn Manns and Linda Rising, "Additional Patterns for Fearless Change," in *PLoP '08: Proceedings of the 15th Conference on Pattern Languages of Programs* (New York: ACM, October 2008).
12. Mary Lynn Manns and Linda Rising, "Additional Patterns for Fearless Change II," in *PLoP '09: Proceedings of the 16th Conference on Pattern Languages of Programs* (New York: ACM, August 2009).
13. Mary Lynn Manns and Linda Rising, "Additional Patterns for Fearless Change III," in *PLoP '10: Proceedings of the 17th Conference on Pattern Languages of Programs* (New York: ACM, October 2010).

第 2 章

1. Timothy Wilson, *Strangers to Ourselves* (Cambridge, MA: Belknap Press, 2004).

2. "Good Group Tip: My Part," http://www.CraigFreshley.com.

3. Philip Gary.

4. Karl Weick, "Small Wins: Redefining the Scale of Social Problems," *American Psychologist*(January 1984): 40–49.

5. Peter M. Gollwitzer and Paschal Sheeran, "Implementation Intentions and Goal Achievement: A Meta-analysis of Effects and Processes," *Advances in Experimental Social Psychology* 38 (2006): 69–119.

6. Stephen Spiller and Amy Dalton, "Too Much of a Good Thing," *Journal of Consumer Research* 39, no. 3 (October 2012): 600–614.

7. Forbes.com, Entrepreneurs, "Healthcare Costs: Low-Hanging Fruit," April 4, 2014.

第 3 章

1. https://soundcloud.com/techwell/want-to-gain-peoples-attention

2. Anthony K. Tjan, "The Power of Restraint: Always Leave Them Wanting More," http://blogs.hbr.org/2013/10/the-power-of-restraint-always-leave-them-wanting -more/?utm_source=feedburner&utm_medium=feed&utm_campaign=Feed%3 A+harvardbusiness+%28HBR.org%29&cm_ite=DailyAlert-101613+%281%29 &cm_lm=sp%3Alinda%40lindarising.org&cm_ven=Spop-Email

第 4 章

1. Formerly the Persistent PR pattern.

2. Daniel Goleman, "The Must-Have Leadership Skill," *HBR Blog Network*, October 14, 2011, http://blogs.hbr.org/2011/10/the-must-have-leadership-skill/

3. Formerly the Just Say Thanks pattern.

第 5 章

1. Jeffrey Pfeffer, "Win at Workplace Conflict," *HBR Blog Network*, May 29, 2014.

2. Cordelia Fine, *A Mind of Its Own* (New York: W.W. Norton & Company, 2008).

3. Richard Thaler and Cass Sunstein, *Nudge* (New York: Penguin Books, 2009).

第 II 部分

1. Formerly the Step by Step pattern.
2. Formerly the In Your Space pattern.

第 III 部分

1. Allen Carr, *The Easy Way to Stop Smoking* (New York: Clarity Marketing USA LLC, 2004).
2. Noah J. Goldstein, Steve J. Martin, and Robert B. Cialdini, *Yes: 50 Scientifically Proven Ways to Be Persuasive* (New York: Free Press, 2008), 42.
3. Neena Newberry, "How to Keep Your Good Ideas from Being Shot Down," *McCombs Today*, December 2, 2010. http://www.today.mccombs.utexas.edu/2010/12/how-tokeep-your-good-idea-from-being-shot-down
4. Alan Deutschman, *Change or Die* (New York: HarperCollins, 2007), 39.
5. Dan Pink, *Drive* (New York: Riverhead Hardcover, 2009).
6. Albert Bandura, *Social Foundations of Thought and Action: A Social Cognitive Theory*(Englewood Cliffs, NJ: Prentice Hall, 1986).
7. Virginia Satir et al., *The Satir Model* (Palo Alto, CA: Science and Behavior Books, 1991).
8. David Collinson, "Prozac Leadership and the Limits of Positive Thinking," *Leadership* 8, no. 2 (May 2012).
9. Alan Deutschman, "Change or Die," *Fast Company* (May 2005). http://www.fastcompany.com/magazine/94/open_change-or-die.html?page=0%2C0
10. Matthew Feinberg and Robb Willer, "Apocalypse Soon? Dire Messages Reduce Belief in Global Warming by Contradicting Just-World Beliefs," *Psychological Science* 22, no. 1(January 2011): 34–38.
11. Paul Tough, *How Children Succeed* (New York: Mariner Books, 2012), 92.
12. http://www.psych.nyu.edu/gollwitzer/
13. Charles Duhigg, *The Power of Habit* (New York: Random House, 2012), 6.
14. Dennis Sparks, "From Hunger Aid to School Reform," *Journal of Staff Development*(2004) Vol 25, Issue 1: 46.
15. http://www.inudgeyou.com/

16. Hayagreeva Rao and Robert Sutton, "The Ergonomics of Innovation," *McKinsey Quarterly* (September 17, 2008): 98.

17. http://en.wikipedia.org/wiki/Kurt_Lewin

18. Robert Cialdini, *Influence: The Psychology of Persuasion* (Boston, MA: Allyn and Bacon, 2008).

19. Johanna Rothman, *Which Obstacle Should You Tackle Today?* (2010). http://www.jrothman.com/2010/01/which-obstacle-should-you-tackle-today/

20. Daniel H. Pink, *To Sell Is Human* (New York: Riverhead Trade, 2013).

21. Robert B. Cialdini, *Yes: 50 Scientifically Proven Ways to Be Persuasive* (New York: Simon & Schuster, 2008).

22. Robert I. Sutton and Huggy Rao, *Scaling up Excellence: Getting to More without Settling for Less* (New York: Crown Business, 2014).

23. James Carville and Paul Begala, *Buck up, Suck up . . . and Come Back When You Foul up*(New York: Simon and Schuster, 2003).

24. John P. Kotter and Dan S. Cohen, *The Heart of Change* (Cambridge, MA: Harvard Business Review Press, 2012).

25. http://publicquotes.com/quote/13466/if-you-can-t-write-your-idea-on-the-back-of-mycalling-card-you-don-t-have-a-clear-idea.html

26. Daniel H. Pink, *To Sell Is Human* (New York: Riverhead Trade, 2013).

27. Peter J. Denning and Nicholas Dew, "The Myth of the Elevator Pitch," *Communications of the ACM* 55 (June 2012): 6.

28. Craig Harrison, "Build New Relationships: Your 16-Second Success." http://www.expressionsofexcellence.com/ARTICLES/elevate_ISOs.htm

29. Norelli Law. http://www.norellilaw.com/ronald-c-reece-phd.php

30. Al Kuebler, "What My Clients Taught Me," *Computer World* (August 2008). http://www.computerworld.com/action/article.do?command=viewArticleBasic&articleId=9112546

31. Antoine Bechara and Antonio R. Damasio, "The Somatic Marker Hypothesis: A Neural Theory of Economic Decision," *Games and Economic Behavior* 52 (2005): 336–372.

32. Steven W. Anderson et al., "Impairment of Social and Moral Behavior Related to Early Damage in Human Prefrontal Cortex," *Nature Neuroscience* 2, no. 11 (1999): 1032–1037.

33. Daniel Kahneman, *Thinking Fast and Slow* (New York: Farrar, Straus and Giroux, 2013).

34. Gardiner Morse, "Decisions and Desire," *Harvard Business Review* (January 2006): 42, 44–51.

35. Maynard Brusman, "Leadership Secrets for Emotional Persuasion." http://ezinearticles.com/?Leadership-Secrets-For-Emotional-Persuasion—The-Brain-Science-of-Persuasive-Powers&id=1379252

36. Barry L. Duncan, Scott D. Miller, Bruce E. Wampold, and Mark A. Hubble, eds. *The Heart and Soul of Change: Delivering What Works in Therapy* (2nd ed.) (Washington, DC: American Psychological Association, 2010).

37. John P. Kotter and Dan S. Cohen, *The Heart of Change* (Cambridge, MA: Harvard Business Review Press, 2012).

38. Stephen Denning, *The Leader's Guide to Storytelling* (San Francisco: Jossey-Bass, 2011).

39. Kare Anderson, "Stanford's Smashed Melons Experiment: Scaling Capacity to Sway and Grow," *Forbes Leadership* (December 29, 2013). http://www.forbes.com/sites/kareanderson/2013/12/29/stanfords-smashed-melons-experiment-scaling-capacity-tosway-and-grow/

40. Martin E.P. Seligman, *What You Can Change and What You Can't: The Complete Guide to Successful Self-Improvement* (New York: Knopf, 1993).

41. *Leadership Talks Archive* (February 27, 2004). http://www.leadershipforchange.org/talks/

42. Robert B. Cialdini, *Yes: 50 Scientifically Proven Ways to Be Persuasive* (New York: Simon & Schuster, 2008).

43. Dan Gilbert, *Stumbling on Happiness* (New York: Vintage Books, 2006).

44. Heidi Grant Halvorson, *Succeed: How We Can Reach Our Goals* (New York: Penguin Book, 2012).

45. Jeffrey Gandz, "Go To People: What Every Organization Should Have*," Ivey Business Journal* (2007). http://www.iveybusinessjournal.com/article.asp?intArticle_ID=675

46. Craig Freshley, *Good Group Decisions* (Cohousing Books, 2010). http://www.craigfreshley.com

47. Eknath Easwaran, *Conquest of Mind* (Tomales, CA: Nilgiri Press, 2010).

48. Richard N. Bolles, *What Color Is Your Parachute?* (Berkeley, CA: Ten Speed Press, first published in 1970; updated annually). The Library of Congress lists this book as one of "25 Books That Have Shaped Readers' Lives."

49. Michael Watkins, *The First 90 Days* (Cambridge, MA: Harvard Business Press, 2003).

50. Nancy Kline, *Time to Think* (London: Ward Lock Wellington House, 1999).

51. James Pennebaker, *Opening up* (New York: Guilford Press, 1990).

52. Timothy D. Wilson, *Strangers to Ourselves* (Cambridge, MA: Belknap Press, 2002).

53. Cordelia Fine, *A Mind of Its Own* (New York: W. W. Norton and Company, 2006).

54. Stephen R. Covey, *The 7 Habits of Highly Effective People* (New York: Simon & Schuster, 1989), 66–67.

55. James Carville and Paul Begala, *Buck up, Suck up . . . and Come Back When You Foul up*(New York: Simon & Schuster, 2003).

56. Interview with Jane Goodall, *Harvard Business Review* (April 2010): 124.

57. John Kotter, *Leading Change* (Cambridge, MA: Harvard Business School Press, 1996).

58. Karl E. Weick and Richard L. Daft, "Toward a Model of Organizations as Interpretation Systems," *Academy of Management Review* 9, no. 2 (1984): 284–295.

59. Art Kleiner, "The Dueling Myths of Business," *Strategy+Business* (February 26, 2013). http://www.strategy-business.com/article/00151?pg=0

60. Kristin Szakos and Joe Szakos, *We Make Change: Community Organizers Talk about What They Do—and Why* (Nashville, TN: Vanderbilt University Press, 2007).

61. Edward de Bono, *Six Thinking Hats* (Boston, MA: Back Bay Books, 1999).

62. Jean Tabaka, *Collaboration Explained: Facilitation Skills for Software Project Leaders* (Boston, MA: Addison-Wesley, 2006).

63. "In Summer of Angry Voters, Whither The Town Hall?" *NPR All Things Considered*(August 25, 2011).

64. David A. Garvin and Michael A. Roberts, "Change through Persuasion," *Harvard Business Review* (February 2005): 104–112.

65. Bob Doppelt, *The Power of Sustainable Thinking* (London: Routledge, 2008), 70.

66. David Collinson, "Prozac Leadership and the Limits of Positive Thinking," *Leadership* 8, no. 2 (May 2012).

67. John P. Kotter and Dan S. Cohen, *The Heart of Change* (Cambridge, MA: Harvard Business Review Press, 2012), 3.

68. Bob Sutton, "Work Matters." http://bobsutton.typepad.com/my_weblog/2012/02/my-main-focus-for-2011-scaling-good-behavior.html

69. Thomas L. Friedman, *The World is Flat* (New York: Farrar, Straus and Giroux, 2005).

70. David A. Garvin and Michael A. Roberts, "Change through Persuasion," *Harvard Business Review* (February 2005): 104–112.

71. Hayagreeva Rao and Robert Sutton, "The Ergonomics of Innovation," *McKinsey Quarterly* (September 17, 2008).

72. A. Lamott, *Bird by Bird: Some Instructions on Writing and Life* (New York: Anchor Books, 1995).

73. D. Whyte, *The Heart Aroused: Poetry and the Preservation of the Soul in Corporate America*(New York: Currency Doubleday, 1994).

74. P. Senge et al., *The Dance of Change: The Challenges to Sustaining Momentum in Learning Organizations* (New York: Doubleday, 1999).

75. Robert Cialdini, *Influence: Science and Practice* (Boston: Pearson, 2008).

76. Seth Godin, blog post, January 6, 2014. http://www.sethgodin.com

77. Mario Livio, *Brilliant Blunders* (New York: Simon & Schuster, 2013).

78. Chip Heath and Dan Heath, *Switch: How to Change Things When Change Is Hard*(New York: Crown Business, 2010).

79. Neal Pierce and Curtis Johnson, *Boundary Crossers: Community Leadership for a Global Age* (College Park, MD: Academy of Leadership, 1998), 70.

80. Tom DeMarco, *Slack* (New York: Crown Business, 2002).

81. Edward de Bono, *Six Thinking Hats* (Boston, MA: Back Bay Books, 1999).

82. Dayleyagile. http://www.dayleyagile.com/2009/05/losing-my-champion-skeptic/

83. Kenneth G. Brown, *Influence: Mastering Life's Most Powerful Skill* (Great Courses).

84. C. A. Alexander et al., *A Pattern Language* (Oxford, UK: Oxford University Press, 1977).

85. Brian Wansink, *Mindless Eating* (New York: Bantam Dell, 2006), 97.

86. Formerly the In Your Space pattern.

87. G. A. Moore, *Crossing the Chasm* (New York: HarperCollins, 1999).

88. B. Waugh and M. S. Forrest, *Soul in the Computer* (Makawao, HI: Inner Ocean, 2001).

89. B. Waugh and M. S. Forrest, *Soul in the Computer* (Makawao, HI: Inner Ocean, 2001).

90. Roger Fisher, William Ury, and Bruce Patton, *Getting to Yes* (New York: Simon & Schuster, 1987), 17–55.

91. Seth Godin, daily email, December 4, 2013. http://www.sethgodin.com

92. Dale Emery, "Rewriting the Story of Resistance." http://www.ayeconference.com/rewriting-the-story-of-resistance/

93. Henri Tajfel, "Experiments in Intergroup Discrimination," *Scientific American* (1970): 96–102.

94. Janelle Weaver, "Get out the Vote," *Scientific American Mind* (January/February 2012): 22.

95. Leo Widrich, "What Listening to a Story Does to Our Brains," bufferapp.com (November 29, 2012). https://blog.bufferapp.com/science-of-storytelling-why-tellinga-story-is-the-most-powerful-way-to-activate-our-brains

96. Everett M. Rogers, *Diffusion of Innovations*, 5th ed. (New York: Free Press, 2003).

97. M. J. Wheatley, *Leadership and the New Science: Discovering Order in a Chaotic World,* 2nd ed. (Oakland, CA: Berrett-Koehler, 1999).

98. S. Godin, "In My Humble Opinion,*" Fast Company* (November 2001): 80.

99. C. A. Alexander et al., *A Pattern Language* (Oxford, UK: Oxford University Press, 1977).

100. N. Kerth, *Project Retrospectives: A Handbook for Team Reviews* (New York: Dorset House, 2001).

101. B. Anderson, "Toward an Architecture Handbook,*" OOPSLA Addendum to the Proceedings* (Washington, DC: ACM Press, January 1994).

102. Atul Gawande, "Slow Ideas," *The New Yorker* (July 29, 2013). http://www.newyorker.com/reporting/2013/07/29/130729fa_fact_gawande?currentPage=all

103. Lasse Koskela, posted on JavaRanch. http://www.javaranch.com

104. W. S. Brown, *13 Fatal Errors Managers Make and How You Can Avoid Them* (New York: Berkley Books, 1985).

105. Adam Grant, *Give and Take* (New York: Viking Adult, 2013).

106. Robert B. Cialdini, *Influence: Science and Practice* (Boston: Allyn & Bacon, 2008).

107. Erich Gamma et al., *Design Patterns: Elements of Reusable Object-Oriented*

Software(Reading, MA: Addison-Wesley, 1995).

108. John Chapman (1774–1845), often called Johnny Appleseed, was an American pioneer nurseryman who introduced apple trees to large parts of the Midwestern United States by spreading apple seeds randomly everywhere he went.

109. Tom DeMarco, *Slack* (New York: Crown Business, 2002).

110. R. Edler, *If I Knew Then What I Know Now: CEOs and Other Smart Executives Share Wisdom They Wish They'd Been Told 25 Years Ago* (New York: G. P. Putnam's Sons, 1995).

111. "Gratitude Healthy: 10 Reasons Why Being Thankful Is Good for You." http://www.huffingtonpost.com/2012/11/22/gratitude-healthy-benefits_n_214 7182.html

112. Adam M. Grant and Francesca Gino, "A Little Thanks Goes a Long Way: Explaining Why Gratitude Expressions Motivate Prosocial Behavior," *Journal of Personality and Social Psychology* 98, no. 6 (2010): 946–955.

113. AMACOM, 2013.

114. D. Baum, *Lightning in a Bottle: Proven Lessons for Leading Change* (Ft. Lauderdale, FL: Dearborn, 2000).

115. L. Hohmann, *Journey of the Software Professional* (Upper Saddle River, NJ: Prentice-Hall, 1997).

116. J. Kerievsky, "A Learning Guide to Design Patterns." http://www.industriallogic.com/papers/learning.html.

117. D. Whyte, *The Heart Aroused: Poetry and the Preservation of the Soul in Corporate America*(New York: Currency Doubleday, 1994).

118. Jason Selk, *Executive Toughness* (New York: McGraw-Hill, 2012).

119. D. Dauten, *The Gifted Boss* (New York: William Morrow & Company, 1999).

120. D. Baum, *Lightning in a Bottle: Proven Lessons for Leading Change* (Ft. Lauderdale, FL: Dearborn, 2000).

121. A. Layne, "Training Manual for Change Agents,*" Fast Company* (November 2000).

122. J. C. Collins and J. I. Porras, *Built to Last: Successful Habits of Visionary Companies*(New York: HarperBusiness, 1994).

123. Anne Frank, *The Diary of a Young Girl* (New York: Bantam Books, 1967).

124. Timothy Wilson, *Strangers to Ourselves* (Cambridge, MA: Belknap Press of Harvard University Press, 2004).

125. Jutta Eckstein, *Retrospectives for Enabling Organizational Change*, master's thesis for master of arts in business coaching and change management, Europäische Fernhochschule Hamburg, University of Applied Sciences in Hamburg, Germany.

126. Shelter Chieza, "Money Is Not Everything," *The Herald* (December 28, 2013). http://www.herald.co.zw/money-is-not-everything/

译者后记：我的变革之旅

2009 年是我职业的一个转折点。这一年，爱立信公司内部一个 2200 人的传统产品开发部门正式开启大规模敏捷转型之旅。和以往相比，采取的转型策略很是不同。不是请来外部咨询公司来做策略和执行，而是花重金请来外部敏捷教练，一边培训内部敏捷教练，一边帮助组织转型。其愿景是可以让这个两千多人的大组织持续学习和持续进步。经过组织的精挑细选，我也从大型通信产品的系统架构师转型为内部教练。随之而来的是为期半年的"培训培训师"和"教练教练"全职培训项目。其他 15 名内部教练和我一起参加培训、教练和实战，最后转型为全职精益敏捷教练，为这个人员规模为 2200 人的组织服务。

这是我一生中最受益的机会之一，因为公司请来国际敏捷圈里面的大咖，基本都是从浅到深，手把手地教我们，所有的实战都是在帮助这个大部门实现转型的过程中进行的。一共有 9 个国际大咖级教练，在帮助部门转型的同时，共同培训我们 16 个内部教练。培训内容从敏捷，精益，Scrum，Kanban，技术实践，用户故事，产品待办列表，到 ScrumMaster 及产品经理等个人教练，再到团队教练，领导力教练，组织层面的转型，组织引导工具，等等。每个大咖都有自己的专长，所以我们的学习内容极其广泛。这样的比例，这样的经历，在国际敏捷转型的圈子里，至今仍然是一个创举。

这段经历对我的理念也有着很深远的影响。这些国际大咖的意愿不是在爱立信吸金，而是想帮助爱立信达到"可以自给自足"的状态，帮助参加培训的内部教练有足够能力和精力帮助组织持续成长。

不只是我个人从中受益匪浅，我当时所在的传统产品开发部门也受益良多。我们成功转型的经历可以参见很多文献，我在这里就不再一一细说。这段经历对我做教练之后的理念影响很大，因此也总是努力使自己所帮助的组织能够达到自给自足的状态，让我的团队可以起身去帮助其他组织。在评估教练需求优先级的时候，对于那些希望"自给自足"的组织，我一向把他们的优先级提得比较高。

这段时间的学习、经历、经验和建立起来的敏捷圈子的人际网络，让我有机会持续学习和持续成长。时光飞逝，转瞬间过去七年，期间的学习和成长让我开心，也给我动力让我持续前行并保持持续成长。2010 年，受聘为 7000 多人核心网研发部门的转型顾问，2013 年作为亚太区精益敏捷总教练为员工人数 3 万+的亚太区提供支持，2015 年成为爱立信全球变革支持中心总监，负责爱立信全球的转型支持工作。

回首过去，我对整个个人职业的变革感到喜悦和满意，但时不时也体会到些许艰辛和不易。这种感觉在最开始的时候尤其强烈。

首先是思维上的挑战。技术出身的我，最开始转为非生产力人员的那一刻，心里颇有些不适应。在很多时候，团队还做白板计划时，解决方案就已经在我脑子里形成了，但我得忍住，必须等团队充分讨论，让团队挖掘他们自身的潜力，给团队团队自我成长的空间，让团队能力得以不断成长。

其次是知识方面的挑战。尽管我上过专业的领导力课程，也在麦吉尔大学高级工商管理硕士（EMBA）学习过，但 2009 年一下子从技术人员转为教练的角色，还是有很多地方需要学习、实践和适应。为了做好组织转型，我重新阅读也从头学习了许多关于变革和领导力的书籍，从浅到深学习专业教练的技能，并进一尝试在不同层面实践所学到的理论。真心感谢爱立信为员工提供的多种多样的专业培训机会和实践机会，我如愿以偿得以把学习到的变革理论、专业教练和心理学及脑科学的知识连接起来。

然后是时间。好多时候，真的希望可以多一些时间。除了普通的公司的业务，还要从其他地方学习。作为 IEEE Softare 顾问委员，我要审阅很多材料，尤其我负责的敏捷这个方向，更要花时间查看。

学术界和业界的最新研究和实践，以便定夺方向。此外，我是一向出名的喜欢玩：划船比赛，攀岩，潜水，爬山，等等。学和玩，一个都不能少的情况下，总感到时间不够用。

最后一个也是可能是最重要的一个。因为在负责引进新工作方式，多多少少都会遇到阻力。在我开始在内部培训教练时，我经常在选择内部教练候选人和后来培训中经常半开玩笑半认真地说："敏捷教练要有宽阔的胸怀（a big heart）。"

　　回首过去，敏捷旅途中有好几次经历让我终身受益的经历，其中之一就是有机会与 Linda 成为亲密的朋友。Linda 是我所接触的大咖之一。第一次见到她时，是我读《拥抱变革》英文版六年之后，当时非常激动，觉得和她一见如故。我们有很多相似的"原则"，比如站着办公，能站着就不坐着，能帮助到人的时候一定尽力帮忙，在灵活的同时也不乏认真。同时，我从心底里佩服她旺盛的精力，欣赏她的开朗乐观，赞同她的平和心态，惊叹她的谦虚好学。如同心有灵犀，Linda 也很喜欢我，说我们有很多相似的地方。我们的联系互动也渐渐频繁起来。记不得从哪一天起，Linda 介绍我时，开始说我是她的"干女儿"（adoptive daughter）。从认识 Linda 开始，从生活到工作，Linda 妈妈都给与我极大的帮助。

　　在敏捷圈和公司，总有小伙伴们问我："你已经这么忙了，为什么还要翻译书呢？为什么不自己写而要翻译呢？"知道我和 Linda 的关系以及我对 Linda 的欣赏，小伙伴们可以理解我为什么把自己写书的优先级放在翻译 Linda 书后面了。这里，我也想和大家分享一个消息，我自己的书在你读到这本书的时候也开始启动，中英文双语，将和大家分享自己在敏捷旅途中积累的一些经验和心得，话题包括大规模敏捷转型、领导力、教练和变革管理等各个方面。

　　Linda 给我的帮助要从她的前一本《拥抱变革》说起。早在 2005 年，当时的我是大型传统产品的系统架构师，一直纠结于怎么引进新工具、新想法和新流程等。一次很偶然的机会，我在公司图书馆里看到了《拥抱变革》这本书。在 IT 和通讯类书籍中找到这样一本轻松易读（犹如她们与我对话一般亲近）的书，让人顿时觉得眼前一亮，一下子爱上了它，并开始有意无意地尝试运用其中介绍的好几个模式并成功推进了好多个新的想法。2007 年，我开始在麦吉尔大学读高级管理人员工商管理硕士（EMBA，Executive Master of Business Administration）的课程，深入学习变革、组织行为和领导力等。尽管学到的理论更多，但仍然对《拥抱变革》中那些方便有效的模式念念不忘，所以在 2009 年转型为全职教练的时候，我再一次阅读这本书，希望从中寻找灵感。2010 年，我最初在爱立信内部培训的敏捷教练也开始模仿我受培训的经历。我总是推荐这本书，因为我确认他们肯定会受益匪浅。当知道这本书要翻译成中文时，我自告奋勇找到文老师请缨翻译工作。当时的我作为爱立信亚太区精益敏捷转型的总教练，需要为亚太区 3 万+员工提供支持，时不时还要去瑞典总部，"忙"就一个字，所以基本上只能在飞机上、机场休息室和周末陪儿子做项目的时候做翻译。让繁忙的日子更加繁忙的是，我一边翻译书，还要筹划 2013 年爱立信东北亚区的精益敏捷学术会，北京主会场，7 个城市直播，7 个分会场。

为了赶在 Linda 到北京之前印刷出版，我没有能够在第一本书的译者序中或后记中分享自己的实践经验，这也是我当时深感遗憾的事情。幸运的是，这个分享经验的想法能够在三年后得以实现。现在，我把自己职业的转型和我运用模式的部分经验，总结在这篇后记中，希望能够给大家带来更多的实际作用。

当年最后通读第一本书的译文时，我尝试着梳理了一下自己对模式的理解和运用，统计在筹划学术会时运用了多少个模式，哪些模式还可以继续使用。第一次统计时是 28 个，每个模式都过了一遍，还真的又找到几个可以运用的。现在，我挑出几个基本和学术会相关的模式，和大家分享一下自己的心得和经验。

寻求帮助

在大家看来，当时的亚太区精益敏捷总教练和东北亚研发学院精益敏捷总监，现在的全球变革指导中心总监，我组织活动的时候可能不需要有太多地方需要找人帮助。其实，需要人帮助的地方总是有的，并且这个模式还可以和另外一个模式结合用，想办法让大家加入活动，人人都有归属感。

同时，在主办精益敏捷学术会的时候，范围之广，琐事之多，很多地方都需要寻求他人的帮助。我的体会是："只要用心，你就可以得到其他人的帮助。"有时候，你所得到的帮助甚至远远超出你的预期。

当时，公司的供货商对会议舞台背景设置的估价远远超出我们的预期，负责这项任务的 Jessey 对此不知如何是好。我对这件事情也感到有些棘手。一边是公司政策，一边是实际问题。在北京和几个部门经理开会的时候，我顺便聊到这个事情，一个经理说："这事儿好办。"事后果然水到渠成，我们顺利地把天文数字般的报价减掉一个零！

那时，上海研发中心有个叫定军的工程师特别有想法。我和他聊天时提到我们的学术会，"特意"提到想做但还不是很有头绪的几个事情。他立刻对我说："我帮你做一个 APP 吧，大家会前、会中以及会后都可以用。"最后，我们的学术会不但在公司全球甚至在外部的敏捷圈子中都小有名气，这个 APP 同样也名声在外。后来，公司内部在德国和克罗地亚的其他几个会议也都首选我们的 APP。其实说起来，定军也是我在推广技术实践时寻求帮助的过程中用心寻来的。

一定记得尝试**寻求帮助**。很多时候，你的收获将超乎你的预想。

循序渐进

通讯行业总是有很多软件、硬件以及软硬件集成的产品。当然还包括现场可编程门阵列和特定用途集成电路，这些产品总是要相对复杂一些，有特殊状况需要考虑。

2012 年，有个经理 Mikael 被派到中国，他来自瑞典北部，是一个极其传统的瑞典人，很善良，对新事物的接受有些挑战。每次说起新的尝试，他总是说他最有名的口头禅："是的，但是，但是，但是……（yes, but, but, but……）"记得是 2013 年 6 月，我有一次在北京和他领导的团队一起做工作坊。等我快中午的时候从其他地方赶到现场时，两位内部教练看到我如同见了救星，说这一早上他已经说过无数次"是的，但是，但是，但是……"关于这次学术会，他的态度大家想必也猜到了他的态度："是的，但是，但是，但是……"他们部门的确存在特定用途集成电路的打版问题。于是，我和他聊了聊业界的最新实践，也聊到我们其他产品的成功尝试，在听过无数次"是的，但是，但是，但是……"之后，我终于听到他说："如果有足够的关于现场可编程门阵列和特定用途集成电路的实践分享，他的部门还是可以参加的。"

于是，我开始寻觅业内最新实践，找具有类似挑战的案例，最终找到演讲嘉宾来做分享。在话题选取过程中，我一直都在和他沟通，给他最新消息。他的态度仍然是"是的，但是，但是，但是……"但是，每次"但是"之后的内容都有进展，说明他已经慢慢以开放的心态看待问题了。

学术会之前，听说他已经安排自己的部门经理选好话题，认真参加。开会的时候，看到他带着他的部门经理从滚梯走上来，我的心里说不出有多开心。他也很自豪地说："我带大家来啦！"Mikael 真的带领自己的部门经理认真参加，而且，在和硬件有关的话题分享中，他都指定人选前来参加并回去做内部分享。

另外一个人们经常问我的问题是"如果部门经理和高管怎么的对敏捷不感冒，怎么办呀？"这里，我再分享一下自己的另外一个例子。2014 年，东北亚研发学院的老大回瑞典，9 月份新老板走马上任。第一个一对一的谈话，老板很直接，说："我一点也不了解精益敏捷，但是我从瑞典和东北亚区里，对你和你的团队都有好评。在我搞清楚之前，你就继续做吧。"从那之后，一旦看到可以帮助老板理解的信息，尤其是与其原来背景和经验相关的信息，我都会转给他。他到瑞典开会之前，我也会稍微做些安排。到年底 12 月，又是一次一对一谈话的时候，我觉得时机成熟，于是就谈到瑞典几个高官级别的管理团队什么时候上过什么样的课程以及大家对课程有哪些反馈。他停顿几秒钟后说："明年年初，我们东北亚研发学院管理团队没有上过课的或者希望复习的，我们统统安排一次精益敏捷课，不要你团队的那些教练上，你来给大家上。"

我们如期上课，老板也对极限编程和大规模转型模型等概念都有了了解。转眼到 2015 年 4 月爱立信全球研发峰会的时候，老板给东北亚研发学院研发峰会开场，我团队有个教练很激动，到后来见到我时，她说："亲爱的，你都干啥了？你是怎么做到的，能让老板从以前从来不提精益敏捷，一下子在今天 30 分钟开场中提到精益、敏捷、Evelyn以及 Evelyn 的团队这么多次？"

一步登天听起来难，做起来更难。更何况，在变革管理中，一步即达的变化是不能长久的，要好好考虑怎样一步步、循序渐进地引入变革和新主意，这是为成功变革打下牢固基础的前提。

专家推动

尽管精益敏捷转型的旅程已经有一段时间，但仍然由于各种各样的原因，有些部门仍然只是在"做敏捷""做精益"。随之而来的就是一些员工对精益敏捷心存顾虑。更何况，总有人告诉你："我们部门很特殊，我们产品很特殊，我们……很特殊。"

开学术会的时候，我在精心挑选外界话题和内部话题的同时，也考虑到专家推动模式的运用。对于心存疑虑的同事，我会找机会安排他们和外面请来的大咖一起，坐下来聊聊他们心中的顾虑，也听听大咖们分享他们的自身经历和外部的实践。就像书中说的一样，大咖们所说的内容和我们内部教练所传授的信息大同小异，但功效却完全不同。我亲眼看到那些抱怀疑态度的同学两眼发光地频频点头，好像原来那些疑虑一下子都烟消云散了。

同时，这样的天赐良机也可以让那些对转型非常投入的同事可以和专家坐下来聊聊。记得当时 Linda 的一日三餐，我都是有计划地选择人选。例如，Lightly Calvary 刘丛和 Hector，他们对转型十分支持，也非常有激情。我特地安排他们和 Linda 一起吃中餐。听到这个安排之后，他们特别开心，饭后，更是激情倍增，一再感谢我给他们安排的这个机会。

考虑自身可以借助的资源，同时寻找外界可以联系到的专家，再在合适的时机加以运用，可以产生正能量，转变一部分人对变革的心态和看法。

牵线搭桥

因为这样的学术会规模比较大，所以我想邀请所有的瑞典研发产品的老大来做开场。那时，整个公司一共有三个研发老大，Gerry，Sam和Mary。他们每个人的部门大概有1万多到4千多名员工。

我和Gerry的个人关系不错，他是看着我从集成测试、软件开发、项目管理到系统设计一步步成长起来的。我也帮过他的部门，我和我的教练团队在他的部门中有很赞的口碑。Sam和我比较熟悉，我也帮助过他的部门，所以我也不担心他会拒绝。只要时间合适，让他飞过来肯定没有问题。和Mary的关系就很奇特。她每次见到我，总是很亲近，在拥抱之后总是问及我在中国的生活状况和我儿子的学习适应状况。但她从来没有问过我有关精益敏捷转型的事。我曾经帮她手下一个五六百人的部门做敏捷转型。他们在加州的总部还特地做视频来记录我是如何帮助他们做精益敏捷的，水平堪比好莱坞大片，各个部门的信息屏都有播放。她也写信感谢过我，但在见面的时候，她从来没有借这个机会和我聊一聊她们部门的状况。Gerry和Sam就不同，在寒暄之后，他们总有很具体的问题和我一起聊。或者，一旦他们知道我要到瑞典，就会约好一起喝咖啡或者中饭。

于是，我想请他们其中一个人来牵线搭桥。在Lynn上找到Gerry之后，我和他分享了自己的顾虑。Gerry立刻说没有问题，交给他处理。同时他还透露道，他们三个两个星期后都要在瑞典开会，可以趁此机会讨论怎样支持我的学术会。最后他建议说："你和Sam也打个招呼。"于是，我如法炮制，只不过在Lync上Sam总是显示在开会，于是乎，我就写了个邮件给他。结果第二天早上收到回信，说他没有问题，大力支持。

后来，他们一起开会研究了怎么支持学术会，怎么让大家感受到他们对精益敏捷的支持以及精益敏捷转型对公司的重要性。由于时间关系，他们不能都来参加大会，于是通过商量，找了和他们平级、负责所有研发系统技术部的老大 Larry 来参加大会。同时，他们每个人还准备了一个几分钟的开场白视频，在学术会开场的时候播放。

在开会当天，Larry 代表其他管理团队成员做开场，还谈到持续集成、持续交付等的重要性以及我们所面临的挑战。之后，Gerry，Sam 和 Mary 的视频先后也播放出来。当时，Linda 也在底下听，她非常震撼。她后来不停地赞叹而且在外面做演讲的时候也夸到爱立信当时管理几万名研发人员的几个老大对精益敏捷的了解竟然如此清晰。

怀疑派带头人

在举办学术会和几乎所有活动的时候，我都会琢磨如何寻找合适的怀疑派带头人。这个人的作用非常关键，选得越好，对这个活动的帮助越大。

在筹办学术会的时候，我特地找了几个怀疑派带头人加入评审委员会以及组织委员会。他们起到了极其重大的作用，他们的很多顾虑对学术会都有极大的帮助。例如，我本来希望像外面的学术会一样开设教练诊所的服务。有一次开会的时候，一个怀疑派带头人提到很多人对精益敏捷有不同程度的困惑，是不是可以找机会让大家谈谈自己的顾虑，同时也听听专家的意见。于是，我们建立了一个特殊形式的教练诊所。在这个诊所里，话题是公开提出来的，其他来问诊的人也可以补充，深入话题。此外，诊所分科设置，比如 Linda 和我在"变革管理科"，通过会诊等形式，教练诊所的反响非常好。用同事的话来说，可以落地，可以排除他们心中的疑惑。

使用这个模式的时候，唯一要记得是，千万要保持正能量，不要让怀疑派带头人把整个举措的正能量降低，不然就与你的初衷南辕北辙了。

关系网

公司东北亚总部在北京，但由于儿子读书的关系，我一直是在上海办公，所以在北京开展工作的时候，刚开始觉得不是那么得心应手。

在上海，人熟，我在公司内的办事效率一直都是事半功倍。但是，这次学术会的主会场在北京，研发人员两千多，员工总数近万名，人多，部门多，但是关系不多。

正在发愁的时候，我想到了这个模式。首先是行政秘书 Fanny，她一向都很给力，又靠谱。争取到她的帮助极其重要。Fanny 清楚我的需求之后，就带领研发学院内部的秘书承包了很多事情。此外，各个秘书的关系网对学术会的帮助也很大。

由于是 7 个城市直播，所以对网络的要求很高。我需要得到 IT 部门的支持。IT 部门的老大是我原来在上海的朋友，他二话不说，立刻发邮件给他的同事，要求全力支持。我看了看邮件收信人，发现一个熟悉的名字："这不是清华高我两届的师姐吗？"清华女生人数少而又少，我很确定她还记得我。于是，开会的开始也成了"师姐师妹认亲会"。之后，所有和 IT 相关的支持都一路绿灯。不但如此，我还发现由于工作和性格的关系，师姐和公司各个部门的人都很熟悉。于是，好多大公司内部让人头大的流程和关系，都变得处处绿灯，获得的支持都是最快的，质量也是一流的。

走廊政治

2012 年，我在上海主办了第一次内部精益敏捷学术会。请来 Craig Larman，Jurgen Appello 和 Lyssa Adkins。那次学术会和 2013 年这次学术会，我其实都有计划地运用到走廊政治这个模式。

公司领导层对精益敏捷转型态度和支持程度不同。敏捷教练必须掌握并清楚这一点。在本书中，如何了解周围的人，作者也有专门的章节来讲解。

为了能让我的提议可以在东北亚区内管理团队会议中顺利通过，我对管理团队里面的人做了进一步的分析。根据平时开会时个人发言程度、对转型的支持程度以及老大观点对个人意见影响程度等，我进行了详细的分析。之后，我确定几个关键人物，分别找他们聊天。想必你也猜到了，前面介绍的"是的，但是，但是，但是……"Michael就是其中之一，不然他在会议上的表现完全可以预见，他引发的副作用也可以预见。还有一位在会上总有一些让你想不到的想法，所以我会先厘清他对学术会的整体看法，得到他的支持。在会议上，他的那几个让你不好预期的主意，不外乎都是"请瑞典哪些人来""我们 7个城市直播怎样可以确保质量"等。还有一个平时私交很好但工作上公事公办的财务总管。在会议之前，我们也聊过财务上的计划，比如通过开课程以及我在东北亚区精益敏捷项目的收益（我在东北亚区的精益敏捷教练团队和项目以及所负责的爱立信全球转型支持中心，是自负盈亏的，所以我们为内部其他组织提供教练服务是收费的。由于"生意兴隆"，我所负责的这两个成本中心年年都有不少的结余），所以和财务总管的沟通也比较顺畅。

　　会前准备过程中，我把开学术会的建议书变成对学术会的介绍，这样一来，无需表决就把主体改成怎样把这次精益敏捷大会办好，还顺便讨论了下一年会议选址等问题。

　　我的个人感受是，如果想推广新想法，正能量很重要。在有新提议的时候，准备充分可以让你事半功倍。

　　想要分享的还有很多很多，我就不在这里一一总结了。希望我的这些信息，可以起到抛砖引玉的作用。你可以在自己周围和组织中逐步开始尝试。

　　变革的确不容易，但有很多引导技巧可以帮助我们化难为易，让我们的变革、转型和新想法传播之旅变得更顺畅，更开心。

　　最后，欢迎大家和我分享你对这本书或变革管理的任何想法，可以通过我的个人微信公众号"卓越敏捷领导力"联系我。

　　愿大家从 1 到 100，用心求变……

著译者简介

Mary Lynn Manns（玛丽莲·曼斯）博士

    北卡罗莱纳大学阿什维尔分校的管理学教授，她还被授予了在她从事的领导变革领域的社会关系学客座教授的荣誉。她在英国莱斯特德蒙特福特大学（De Montfort University in Leicester，UK）获得了博士学位，她的博士论文方向就是如何将模式推广到企业。她一直在这个领域中孜孜以求地努力工作，在各种类型的学术会议上和企业组织内部做了大量的推广和演讲介绍，她合作过的企业包括微软、亚马逊、雅芳和宝洁公司。

    在她所在的大学里，她指导各个年龄段的学生学习作为社会企业家领导变革和竞争的各种工具（模式）。在 2013 年，她受邀在毕业典礼上发表演讲，她改变传统的演讲模式，鼓励毕业生们站起来，放轻松，舞动脚步，从这一刻的改变开始迈开改变世界的第一步。在闲暇时间，她通过领导"让笨手笨脚的人跳起尊巴舞"，训练和帮助有需要的人实现个人的转变。

Linda Rising（琳达·瑞欣）博士

　　独立顾问，居住在田纳西州（纳什维尔东部）的朱丽叶山。她在亚利桑那大学获得了博士学位，她的研究方向是基于对象的设计指标以及涵盖电信通信、航空电子设备以及航空武器系统的大学教学与工业应用。在模式、项目回顾、变革流程和大脑是如何工作的这些主题上，她是一位国际上知名的演讲者。她还是一系列出版物的作者，同时她还出版了四本著作：《通信中的设计模式》（*Design Patterns in Communications*）；《模式年鉴》（*The Pattern Almanac 2000*）；《模式手册》（*A Patterns Handbook*）；《拥抱变革：从优秀走向卓越的48个组织转型模式》。她还是一个业余直笛演奏家，有超过五十年的业余演奏经验。她和她的丈夫卡尔·雷默（Karl Rehmer）是三个表演小组的成员。他们也喜欢脚踏车骑行，即使在田纳西州相当陡峭的丘陵地带，他们还是乐此不疲。他们同时也是威尔逊县人类栖息地组织的董事会成员。如果想进一步了解，请访问 lindarising.org。

Evelyn Tian（田冬青）

爱立信全球变革指导支持中心总监，也是国际 Scrum 联盟认证企业级教练(CEC)，敏捷领导力培训师(CALE)及 Scrum 讲师(CST)。同时，她也是认证精益教练，认证资深专业教练，绩效教练及高管教练。她在精益敏捷，大规模组织转型与变革管理，敏捷领导力以及敏捷教练等方面有丰富的经验，造诣深厚，颇有心得和建树。她是国际敏捷社区的活跃分子，经常受邀在国内外学术会上发表演讲。她是国际电子电器工程师协会软件顾问委员。除此以外，Work Hard, Vacation Hard 是她的座右铭，她对户外运动很着迷，尤其热爱高山及越野滑雪，潜水，攀岩及划船。

仲若冰

爱立信东北亚区软件及系统采购资深采购经理。若冰的日常工作与公司内各个职能部门如产品开发和管理人员、法务、供应链运营等有着密切的合作和互动，她对精益敏捷一直抱有深厚的兴趣，也有诸多涉猎。若冰自大学毕业以后在电信行业工作近 20 年，从最初的无线网络规划工程师转型到现在的采购经理，她本人的从业经历也面临着多次变革的考验，"以大无畏精神实施变革"是她坚定奉行的信念。